동학농민혁명의 지역적 전개와 사회변동

동학농민혁명의 지역적 전개와 사회변동

초판 1쇄 발행 1995년 4월 20일
초판 3쇄 발행 2012년 6월 25일

지은이 동학농민혁명기념사업회
발행인 이 미 숙
디자인 EG 디자인
C T P 진흥프로세스
인 쇄 새한인쇄사
제 본 다원문화사사
발행처 **새길** 아카데미
주 소 서울특별시 마포구 서강로 11-24
주문처 02-325-5966 FAX 02-324-6799

동학농민혁명의 지역적 전개와 사회변동

동학농민혁명기념사업회 저

새길 아카데미

■ 머리말

1994년은 동학농민전쟁 100주년이 되는 해였다. 그리하여 여러 가지 기념사업이 펼쳐졌는데 그 중에서도 전주의 '사단법인 동학농민혁명기념사업회'가 그 단초적 역할을 했다.

또 여러 학술단체와 기념단체에서 각종 행사를 벌이는 중에 학술부분이 상당히 비중 있게 다루어졌다. 어떤 점에서 보면 그 이념적 지향이나 진행 과정, 영향 등을 분석한 학술부문이 가장 기초적 사업이 되기도 했다.

그 학술적 분석은 동학사상과 그 파급 영향, 조선후기 민중운동과의 연결, 농민전쟁의 사회경제적 배경, 그리고 그 결과와 사회 변동의 수준 등에 모아졌다.

한편 그 평가는 한국 근대 민족민중운동의 단초를 열었다든지, 근대화의 기초를 만들었다든지 신분제의 해체를 가속화하고 근대적 평등을 실현하는 데에 초석이 되었다는 긍정적인 쪽으로 내려지기도 했다. 그러나 또 한편으로는 충군애국(忠君愛國)의 봉건적 가치를 추구했다거나 민씨정권을 타도하고 단순한 부정부패를 부정하는 수준이었다거나 동학사상의 실현을 본질로 하는 보국종교운동이었다는 어쩌면 부정적 한정적 측면을 강조·평가하기도 했다.

아무튼 이런 평가와 주장은 농민전쟁의 역사적 해석이 다양하고 또 그 영향이 컸음을 의미한다.

'동학농민혁명기념사업회'에서는 1993년도에 「동학농민혁명과 사회변동」이라는 성과를 내놓았다. 이 책의 제1부에서는 농민전쟁의 본질, 동학의 역할, 반제국주의 문제 등을 다루었다. 이는 총론에 해당하는 것이다. 제2부에서는 집강소의 성격, 갑오개혁과의 연관성, 그 후의 민족운동 등을 다루었다. 이는 각론에 해당할 것이다.

그리고 이를 발표할 때 전문 연구자들의 토론 내용을 소상히 게재하여 그 논쟁점을 부각시켰다.

이 책이 발행되었을 당시에 학계에 상당한 영향을 끼쳤고 어떤 점에서는 학문적 연구 수준을 한 단계 끌어올렸다는 평가도 받았다.

'동학농민혁명기념사업회'에서는 그 후속작업으로 1994년도에는 지역 사례를 중심으로 각 전문 학자들의 발표와 토론을 가졌다.

실제 동학농민전쟁은 그 사건 규모에 비추어 관변측의 일방적 사료만이 전해졌고 농민군의 기록은 격문, 폐정개혁 요구 조항 등 부분적으로만 전해졌던 탓으로 사료의 빈약을 면치 못했다.

일단 의미 규정을 도모할 때 여러 사례를 종합·분석하여 그 결론에 도달했어야 했다. 그러나 먼저 결론부터 내리는 모순을 범한 사정이었음을 고백하지 않을 수가 없겠다. 이런 현실 조건에서 지역 사례를 종합·분석해야 할 당위성이 인정되었다. 그리하여 발굴된 사료를 토대로 각 지역 사례를 분석한 것이다.

먼저 박명규 교수의 지방사 연구의 방법론과 중요성을 강조하는 연구를 주목할 필요가 있다. 이어 충청도지역, 호남지방, 황해도지방, 경상도지방의 전개 과정과 성격 또는 특징을 추적했다. 이에 따라 중심부와 주변부의 구분과 성격의 차이 등이 드러났고 각기 특성을 지니고 있음도 상당히 규명되었다고 본다.

이 책은 지역 사례 연구의 첫 성과였다. 그러나 여기에는 결함도 두어 가지 지니고 있음을 지적해 둔다.

첫째는 지역 구분이 도식화(圖式化)되어 있다는 점이다. 다시 말해 행정구역인 도별(道別)로 구분했다는 것이다. 이는 인문지리로 보아서나 당시의 전개 상황에 비추어 보아도 합리적이지 못하다. 더 설명하면 남해안의 경상우도와 전라좌도지역은 전개 양상으로 보아 한 권역(圈域)이었다. 또 충청도 내륙과 경상좌도지역인 상주·예천·김산은 한 권역이었고 충청도의 청풍 등지와 강원도 해안지역은 연계 활동을 전개했으며 전라도 서해안과 충청도 내포지역도 긴밀히 연계되어 있었다. 이런 점을 이 책에서는 별로 감안치 않고 있으면서 그 사회경제적 조건도 규명치 못하고 있다.

둘째는 황해도지역 이외 북한지방에 대한 분석이 결여되어 있다는 점이다. 이는 사료의 미비도 있고 현실 조건이 허용치 않은 사정도 있다.

그러나 종합적으로라도 최소한의 논급이 있어야 옳을 것이다. 이를테면 이가 빠져 있는 양상이다.

이런 결함에도 불구하고 이 책은 지역 사례의 첫 소중한 성과로서 동학농민전쟁을 고부 또는 호남지역에 국한된 사건으로 규정했던 국지적 사건 인식을 벗어나 전국적인 농민전쟁이었음을 실증하는 중요한 역할을 하고 있다.

그리하여 이 필진에 참여한 연구자들의 노고에 감사 드린다. 또 이 책이 나오기까지 여러모로 애쓰신 사단법인 동학농민혁명기념사업회의 관계자 여러분과 재정지원을 아끼지 않은 전북은행측에 특별히 감사하는 마음을 표한다.

동학농민전쟁 100주년 되는 해 마지막 달에

동학농민혁명백주년기념사업단체협의회 공동대표 이이화.

■책을 내면서

이 책은 동학농민혁명기념사업회와 전북일보사가 공동으로 주최하고 호남사회연구소가 주관하여 '동학농민혁명의 지역적 전개와 사회변동'이라는 주제로 1994년 6월 전주에서 개최된 '동학농민혁명 백주년기념 학술회의'의 발표와 토론 내용으로 구성되었다.

개별 논문의 제목이나 본문 서술에서 이 사건의 명칭을 '농민혁명' 또는 '농민전쟁' 등으로 각기 다르게 쓰고 있어서 독자들의 입장에서 보면 혹 혼란을 줄 수도 있지만 아직 학계의 합의를 이끌어 내지 못한 상태이므로 필자의 입장을 존중하여 그대로 두었다. 독자들의 양해를 바란다.

끝으로 학술회의의 주최와 주관을 해주신 전북일보사와 호남사회연구소 관계자 여러분께 감사말씀을 드린다. 그리고 학술회의에 대한 적극적인 지원과 편의를 제공해 주신 전북은행에도 감사의 말씀을 드린다.

1995년 2월

사단법인 동학농민혁명기념사업회 학술분과

신순철·박맹수·박명규

동학농민혁명의 지역적 전개와 사회변동

차 · 례

제1부

동학농민전쟁과 지방사 연구

박명규(서울대 사회학과 교수)

1. 머리말

한 역사적 사건을 정확히 이해하기 위해서는 그 사건이 일어난 시기 못지 않게 그 사건이 전개된 지방의 특징을 밝혀야 한다. 시간적 배경과 공간적 환경은 마찬가지로 역사적 사건의 성격을 규정하는 중요한 요인이 되기 때문이다. 우리는 가끔 공간적인 조건을 지나치게 단순한 것으로 넘겨 버리는 경우가 있다. 비록 시간만큼 다양하고 민감하게 작용하지는 않을지라도 공간적 조건은 그 속에서 전개되는 사건의 성격과 방향에 적지 않은 영향을 준다.[1)]

이 글은 동학농민전쟁에 대한 지방사 연구의 필요성을 주장하려는 의도로 쓰였다. 동학농민전쟁은 한국 근대사에서 대단히 중요한 사건으로 많은 연구가 축적되어 왔다. 그 동안의 여러 연구 작업과 최근의 언론을 통한 대중화에 힘입어 이제 동학농민전쟁은 최소한 '동학란'이라는 평가는 벗었고 또 전라도 고부지역에 한정된 국지적 민란이었다

1) 물론 공간적 조건이라고 할 때 그것을 자연지리학적 의미에서의 공간적 위치로 해석할 필요는 없다. 공간은 그 자체가 사회적, 역사적인 것이어서 자연조건과 사회문화적 조건이 한데 결부되어 역사적 내용을 규정하는 것이기 때문이다.

는 제한된 시각도 거의 자취를 감추었다고 생각된다. 동학농민전쟁은 한국 근대사에서 실현되지는 않았으나 잠재적인 가능성이 있었던 '아래로부터의 근대화' 노력의 일환으로 그 역사적 의의가 높이 평가되고 있다.

그러나 이처럼 동학농민전쟁에 대한 연구가 진전되고 그 역사적 의의가 높이 평가되는 것에 비추어 볼 때 실제 이 사건의 구체적인 모습은 충분히 밝혀졌다고 할 수 없다. 관변기록에 비교적 상세히 알려져 있는 지역별 전투 상황이나 그 결과에 대한 사실은 상대적으로 충실히 밝혀졌지만 농민군 지도부의 성격, 조직적 기반, 동원의 방식, 집강소 체제, 정치경제적 지향 등 가장 중요한 부분들은 어느 것을 살펴보아도 여전히 논란과 이견이 적지 않은 실정이다.

이 글은 이제 동학농민전쟁에 대한 연구가 더 지방적 차원에서 검토되고 논의되어야 한다는 점을 주장하고 나아가 농민전쟁뿐 아니라 한국 근현대 사회변동을 지방적 차원에서 연구할 필요가 있음을 강조하고자 한다. 한국사회 전체를 염두에 두면서도, 일정한 지역을 더 심층적으로 연구하는 과정에서 농민전쟁의 성격과 위상을 새롭게 확인해야 한다는 것이다. 이러한 지방사적 연구가 축적될 때 동학농민전쟁에 대한 더 폭넓고 탄탄한 성격 규정도 가능할 것이다.

2. 방법론으로서의 '지방사(local history)'[2)]

지방사는 역사 연구에서 어떤 의미를 갖는가? 그것은 연구 대상이나 접근방법에서 일반적인 역사 연구와 구분되는 특징이 있는가? 아니면

---

2) 'local history'는 지방사, 지역사 또는 향토사로 번역될 수 있다. 그러나 향토사는 애향

학문적인 역사 연구라고 보기 어려운 단순한 지역적 사실의 나열 또는 애향심의 수준에 머무르는 것인가? 간단히 이러한 문제들을 검토해 봄으로써 지방사의 방법론적 특성과 의의를 생각해 보고자 한다.

지방사는 우선 연구 대상이 국가 단위보다 훨씬 작은 지역공동체 수준에 맞추어져 있다는 특징이 있다. 대부분의 역사 연구가 일단 개별 국가를 단위로 한다는 것을 염두에 두고 보면 지방사는 일종의 부분사에 속한다고 할 수 있다. 지역공동체의 범위나 규모는 사회에 따라 달라지기 마련이지만 전근대사회일수록 자연적인 생활공동체가 연구 단위가 되는 경향이 있다. 촌락이나 군현이 지방사 연구의 기본 단위가 된다. 한국의 경우는 군현 단위의 역사가 가장 대표적인 지방사라 할 것이다. 전통적으로 읍지(邑紙)가 발간된 단위나 현재 군지(郡紙)가 발간되고 있는 단위가 다소의 차이는 있지만 기본적으로는 군현을 단위로 한 것이었다.

위의 특징과 관련된 것이지만 지방사에서는 일반 역사에서 그다지 중요하게 취급하지 않던 사건이나 인물을 더 상세히 다루는 경우가 많다. 특히 그 사건이나 인물이 속한 지역에서는 그렇다. 때로는 일반 역사에서의 평가와는 상반된 평가를 지방사에서 내리게 되는 경우도 있다. 이것은 지방사에 관심을 가진 사람들이 지방의 전통과 애향심, 신분적·계급적 편견 등을 걸러 낼 수 있을 만큼 학문적 훈련을 받지 못한 데서 오는 경우도 적지 않으나 국가 차원, 중앙 중심의 역사 해석이 지방 수준에서의 평가를 제대로 수용하지 못한 채 이루어지는 데서 오는 경우도 적지 않다. 특히 민중의 생각이나 행동에 대한 관심은 지방사에서 더 중요하게 부각될 수 있다.[3]

적 차원에서의 접근이라는 의미가 강하고, 지역사는 다른 국가에 대한 연구 또는 인근 국가들간의 국가 질서를 연구하는 'area study'와 혼동될 우려가 있어서 지방사로 통일하고자 한다.

그런데 대상이 특정 지역으로 한정되고 특정 지역의 사건과 인물 중심으로 서술된다고 해서 그것이 바로 역사 연구의 한 형태로서의 지방사가 되는 것은 아니다. 지방사도 객관적인 역사가 되기 위해서는 학문적 객관성이 일차적으로 갖추어져야 한다. 학문적 객관성이란 엄밀한 사실성에 근거를 두면서 연구자의 자의나 편견을 가능한 한 통제하고 역사적 사실을 실사구시(實事求是)적으로 설명하려는 태도에서 가능한 것이다.[4] 또한 지방사라고 해서 자기 지역에서 일어난 다양하고 잡다한 일들에 대한 무비판적, 무원칙적, 단순나열적인 정리일 수는 없다. 지방사 역시 특정 지역 내에서의 사건과 일 들을 일정한 설명 원칙에 따라, 객관적인 인과성에 따라 정리하고 취사선택하며 차별적인 비중을 부여해야 한다.[5]

이를 위해 지방사는 자기 지방 이외의 인근 지역에 대해서도 상당한 관심을 쏟지 않으면 안 된다. 아무리 지방의 단위가 문화적으로 독특한 단위로 유지되어 왔다고 하더라도 경제적, 정치적, 사회적인 영향

---

3) H. P. R. Finberg, *Local History ; Objective and Pursuit*, David and Charles, 1967, pp.5~7.

4) 물론 역사적 현상에 대한 연구자의 주관적 가치가 얼마만큼 통제될 수 있는가, 과연 역사에 대한 이해가 순수한 의미에서 가치중립적이고 '있는 그대로'의 것이 될 수 있는가 하는 문제들에 대한 논의는 대단히 복잡하고 그 자체가 별도의 논의 대상이 된다. 여기에서는 역사철학적인 문제로서가 아니라, 상식 수준에서 공감할 수 있는 바의 객관성, 편견의 통제를 말하는 것이다.

5) 오늘날 향토사의 이름으로 각 지방 단위의 역사 연구들이 이루어지고 있고 또 군지나 도지류에 지방의 역사가 주요한 부분을 구성하고 있음에도 구체적 사실에 근거를 두지 않고 자기 지역 중심으로 사건을 해석하려 한다거나, 전체 사회 속에서의 비중이나 평가를 전혀 무시한 채 자기 지역 또는 기술하는 주체에게 유리한 단순한 이야기들을 나열한다거나 하는 형태들이 보인다. 향토사 또는 군지류의 사실 정리가 엄밀한 의미에서의 지방사로 정립되기 위해서는 상당한 노력이 필요할 것이다. Finberg는 지방에 관련한 사실들을 정리하고 분류하며 중요한 것과 하찮은 것을 가를 수 있는 방법과 틀을 갖지 못한 채 지방적 사실들을 망라하려는 태도가 지방사를 그르치는 가장 큰 요인이라고 주장한다. H. P. R. Finberg, "The Local Historian and His Time", H. P. R. Finberg, et al., ibid., David and Charles, 1967, p.19.

과 변동의 과정에서 독자적인 단위일 수는 없다. 또 지방사는 그 지방이 속한 국가의 역사와 무관하게 이해될 수 없다. 실제로 중앙의 변천과 무관하게 분절되어 있는 지방은 있을 수도 없다. 따라서 지방사회의 변동이나 사건의 전개 과정을 정확하게 이해하려면 중앙의 변화를 정확하게 이해해야 한다.

이렇게 보면 지방사라고 해서 특별한 게 아니다. 그러나 지방사의 중요성과 의의는 결코 적지 않다. 지방사가 지니는 의의와 중요성은 무엇인가?

먼저 지방사는 미시적 차원과 거시적 차원의 매개 부분을 밝혀 주는 데 결정적인 공헌을 할 수 있다. 흔히 우리는 역사를 구조적 산물임과 동시에 인간 행위의 산물이라고 말하지만 정작 역사 연구에서 이러한 관점을 그대로 활용하는 경우는 대단히 적다. 즉 특정한 사건이나 변동을 초래하는 구조적 상황, 구조적 모순이나 위기 등에 대한 한편의 서술과 그 사건을 주도하고 움직인 주체들에 대한 다른 한편의 서술을 단순히 병렬적으로 제시하는 것에 그치는 경우가 많다. 암묵적으로 '그런 구조하에서 그런 사람들은 그렇게 행동할 수밖에 없었다'는 식의 연결을 전제할 뿐, 구조와 행위가 맞물리는 방식에 대해서는 본격적인 검토를 하지 못하는 경우가 많다.

동학농민전쟁 연구를 예로 들어 보자. 일반적으로 동학농민전쟁의 구조적 배경으로서 조세제도가 지닌 모순, 지주소작제에서 나타나는 계급적 갈등, 일본 세력을 중심으로 가해지는 외래 자본주의의 압력 등을 든다. 그러나 1890년대의 상황을 염두에 둘 때 과연 이러한 구조적 조건들이 어떻게 다수 사회성원들에게 작용했는지, 그들은 과연 어떠한 방식으로 이에 대응하려 했는지, 당시 민중들은 어떤 생각을 지니고 있었는지 등에 대한 검토는 대단히 미약한 실정이다. 이것은 너무 당연하기 때문에 논의의 여지가 없다고 생각할 수도 있다. 그러나 결코 당연시할 수 없는 문제들이다. 구조적 모순과 압력의 증대는 민중을 고통스럽게 하지만 민중이 그 구조에 저항하려 했는지, 저항할 경우 그 목적과 의도는 어떠했는지는 모두 검토가 필요한 내용이다.

지방사는 바로 이러한 매개고리를 확인하는 데 중요한 역할을 할 수 있다. 제한된 공간 속에서 주어진 조건과 인물들의 활동을 상세히 살펴보는 가운데 구조와 제도가 개개인의 행위와 의식에 어떻게 작용했는지, 그리고 사회성원들의 의식이 어떻게 사건과 집단행동으로 연결될 수 있었는지를 더 자세히 알 수 있기 때문이다. 사회학에서 말하는 '거대이론'과 '미시적 조사'의 중간 수준인 '중범위론'적 분석을 바로 이 지방사 연구에서 얻을 수 있다.

지방사가 지니는 두번째의 중요한 특징은 그것이 역사를 '살아 있는 인간의 활동'으로 더 생생히 인식할 수 있게 해준다는 점이다. 우리는 농민군에 대한 일반적인 설명보다도 아직도 남아 있는 유적지나 후손들을 만날 때 더욱 생생한 느낌을 갖게 된다. 여전히 과거 농민전쟁의 상처를 안고 살아 가고 있는 후손을 만나거나, 당시의 대립과 갈등이 한 세기가 지난 오늘의 후대에까지 이어지고 있는 상황을 만날 때 우리는 이 사건이 생생하게 와닿는 것을 느낄 수 있다. 지방사적인 연구, 연구의 범위와 수준이 미시적이면 미시적일수록 계급이나 신분이라는 구조적 변수조차도 살아 있는 인간의 의지와 행동이라는 차원에서 이해할 수 있다. 그리고 이 과정에서 얻을 수 있는 구술(口述)자료, 개인의 삶에 대한 전기(傳記)자료 등 민속지적(民俗誌的) 자료들을 유용하게 활용할 수 있다. 이것은 기록된 자료가 제한된 사건을 이해하는 데 반드시 필요한 방법이다.

세번째 의의로는 지방사 연구를 통해 지역간 비교 연구가 가능해진다는 것을 들 수 있다. 비교 연구는 단순히 특정 지역의 특징을 다른 지역과 대비하여 같은 점과 다른 점을 기술하는 것에 그치지 않고 원인과 결과에 대한 더 객관적이고 과학적인 결론을 얻는 데 가장 좋은 방법이다. 많은 연구자들이 역사 연구에서 '비교'를 자연과학에서의 '실험'과 대비하고 있는 것도 바로 그러한 까닭이다. 일반적으로 비교 연구는 역사학자들보다는 사회과학자들에게 매력을 지니는 것으로 보이지만 더 과학적인 역사 해석을 위해서는 비교의 방식을 역사 연구에 접맥할 필요가 있다. 그런데 사회과학자들의 비교 연구는 주로 국가간 비교다. 그러나 한 국가 내의 지방 단위의 비교 연구도 같은 의미에서 검토할 필요가 있다. 지방사의 진전, 특히 특정 주제와 관련한 지방사 연구의 축적은 그런 의미에서의 비교 연구를 가능케 해줄 것으로 기대된다.

3. '지방'의 성격 : 분석 단위의 문제

지방이라고 할 때 구체적인 단위는 무엇이 되는가? 분석 단위의 설정은 단순한 연구자의 선택 차원에 그치는 것이 아니다. 그것은 19세기 후반 조선사회를 구성하고 있던 향촌사회의 운영원리, 농민전쟁에서 나타나는 저항과 대응의 조직원리 등에 대한 일정한 판단이 전제되는 것이다. 따라서 분석 단위의 설정은 엄밀하게 보면 그 자체가 하나의 이론적 작업에 속한다. 지금까지의 연구들은 대략 다음과 같은 형태로 나누어 볼 수 있다.

(1)도별 분석

엄밀한 성격 규정은 없으면서도 일반적으로 잘 사용되는 분류가 도별 구분이다. 전라도, 경상도, 충청도, 강원도 등의 도별 구분은 지금까지도 일상적인 지방 구분의 기본 단위로 사용되고 있다. 실제 이러한 도별 구분은 그 역사도 오래되고, 그만큼 각 도에 따른 풍습과 관행 차이까지 형성되어 있는 만큼 따를 만한 근거가 충분하다고 볼 수 있다.

그러나 도를 단위로 하여 지방의 특성을 살펴보고자 할 경우 여러 가지 어려움이 따른다. 가장 큰 이유는 같은 도에 속한 지역 내부에 이질성과 차별성이 크기 때문이다. 전라도의 경우만 하더라도 노령산맥 북부와 남부가 다르고 서해안에 접한 평야지대와 소백산맥에 접한 산악지대가 상당히 다른 모습을 보여 준다. 더구나 교통과 통신이 발달하지 못하고 전국적인 상품유통체계가 확립하지 못한 시대에 도 단위의 사회적 통합이 강력히 형성되기는 어려웠을 것이다. 조세의 부과와 수납을 비롯한 지방행정 단위로서의 도 단위 통합성도 그다지 강하지 않았다. 도 단위 행정책임자였던 관찰사는 도 전체를 행정적으로 직접 관할했던 것이 아니라 군현의 행정 상황을 감독하는 역할에 머물렀고 실제 지방행정은 모두 군현 단위의 지방수령이 맡았다.

그런데도 도 단위의 특성은 곧잘 지적되어 왔다. 예컨대 전라도가 왜 농민전쟁의 진원지가 되었는가라는 물음과 같은 것이다. 일반적으로 비옥한 곡창지대라는 조건과 이에 결부된 지방관들의 가혹한 수탈을 전라도의 주요한 특징의 하나로 꼽는다. 일찍부터 부의 집중이 심화되어 지주제가 급속하게 진전되었고 호강(豪強)이라 불리던 사대부들의 전횡이 두드러졌던 곳이라고 지적되었다. 또 일본인 상인들의 미곡 매입을 비롯한 상품화폐경제의 확대를 그 특징으로 들기도 한다. 그러나 이러한 특징들이 전라도에서 나타난 것은 틀림없지만 그것을 바로 전라도라는 단위를 묶어 주는 독특한 요인이라고 보기는 어렵다. 왜냐하면 1862년의 농민항쟁은 경상도지방을 중심으로 크게 확대되었는데 그때 경상도의 특성을 설명할 때도 바로 이와 유사한 점들을 들 수 있기 때문이다. 풍수론에 규정되어 입게 된 정치적 배제와 그에 따른 저항의식을 들기도 하고 미륵신앙이 뿌리깊게 자리 잡고 있었다는 종교적, 문화적 특성을 지적하기도 하지만[6] 이런 형식의 도별 구분이 종합적으로 가능할지는 불분명하다.

도별 구분은 지금까지도 계속되는 한국사회의 주요한 지방 단위라는 점에서 중요하다. 다만 도별 구분이 지니는 의미가 정확히 밝혀져 있지 않은 경우가 많다. 따라서 동학농민전쟁을 '전라도' 또는 '경상도' 단위로 살펴보는 정확한 이유를 논리적으로 설정할 필요가 있다. 도별 검토가 농민전쟁의 전국적 전개 양상을 밝히려는 목적에 국한될 경우라면 모르지만 그렇지 않을 경우에는 도 단위의 분석이 지니는 의미를 좀더 깊이 생각해 볼 필요가 있다.

(2)지대 구분

농민들의 생산과 삶의 형태를 규정하는 조건들 가운데 생태학적, 자연적 조건이 얼마나 중요한 비중을 차지하는지는 새삼 말할 필요가 없다. 산악지대와 평야지대, 비옥한 땅과 척박한 땅, 열대지방과 온대지방, 해안가와 내륙지방 등 지리적, 생태학적 조건이 어떠한지를 파악하는 것은 그곳에 사는 사람들의 삶과 행동을 이해하는 첫번째 작업이라 할 수 있다.

한국의 경우 지대 구분은 일반적으로 밭농사지대, 논농사지대 그리고 혼합지대의 유형으로 행해졌다.[7] 대체로 전라도는 논농사지대로 분

---

6) 예컨대 송기숙, 「한국설화에 나타난 민중혁명사상—선운사 미륵비결설화와 동학농민전쟁의 민중적 전개」, 『미륵사상과 민중사상』, 한진출판사, 1988.

7) 이러한 구분이 지니는 과학적 의의를 가장 잘 이해한 것이 인정식이었다. 그는 "우리는 확실히 상식적으로도 이해될 수 있는 이 지방적 제 변이를 과학적으로 분석하고 각 지

류되지만 실제 내부적으로 보면 다시 지역에 따라 상당한 차이를 보인다. 대략 서해안 쪽의 군현들, 옛날의 분류로 말하여 전라좌도에 해당하는 부안, 김제, 정읍, 고부, 영광, 영암 등지는 평야지대로 논농사 비율이 높은 지역이다. 반면에 내륙의 군현들, 즉 전라우도에 속한 진안, 장수, 무주, 임실, 순창 등지는 경지 비율이 낮고 밭농사 비중이 높은 지대이다.

논농사지대라는 생태학적 조건은 곧 그에 따른 사회적 성격을 동반한다. 쌀이 가장 중요한 생산물이었고 따라서 논농사를 중심으로 지주 소작관계가 발달해 온 조선후기 상황에서 직접생산자층에 대한 수탈이 논농사지대에서보다 심했을 것은 의심할 여지가 없다. 구체적으로 보면 그 수탈은 두 가지 형태로 가해졌다. 하나는 일반 민전에서의 지주제였는데 호남지방의 지주제는 일찍부터 이름난 것이었다. 다산은 호남의 농민층이 70% 이상 남의 땅을 경작하는 소작농이고 지대와 농사 비용을 제하면 살아 남기 어려울 정도로 가혹하게 수탈당하고 있음을 지적한 바 있다. 다른 하나의 형태는 관둔전과 궁방전을 통한 왕실 및 관의 수탈이었다. 호남지방은 논농사지대일 뿐 아니라 서울로의 조운이 비교적 편리한 곳이라는 점에서 각지에 많은 궁방전과 관둔전이 산재해 있었고 이에 대한 관의 침학이 상당했다. 부안, 고부, 정읍 등 전라좌도의 평야지대는 궁방전 및 관둔전에서의 각종 갈등이 끊이지 않았다.[8] 이러한 현상은 특히 미곡의 상품화가 진전되면서 더욱 심해졌

방 농업의 제 특징을 구명하기 위해서는 우선 분석의 계기로서 또는 분석의 일과정으로서 한국의 농업을 삼지대에 구분할 필요가 인정된다"고 쓰고 있다. 인정식,『조선의 농업지대』; 양회수, 『한국농촌의 촌락구조』, 고려대 아세아문제연구소, 1967, 20~21쪽.

8) 김용섭, 「고종조 균전수도(收賭)의 문제」, 『증보판 한국근대농업사연구』, 일조각, 1987 ; 박명규, 「식민지 지주제의 형성배경」, 『한국근대농촌사회와 일본제국주의』, 한국사회사연구회 논문집 제2집, 문학과 지성사, 1986.

다. 한마디로 전라좌도지방이 농민층의 계급적 분화 정도가 심하고 하층농민에 대한 지주 및 관의 수탈도 더욱 강했던 것으로 생각된다.

또 논농사지대는 수리와 관련한 공동체적 결속과 질서가 강조된다. 특히 호남의 평야지대는 하상이 낮고 평야의 경사가 완만하며 강의 수량이 적어 언제나 물로 인한 재해에 취약했다. 1876, 1877년의 유명한 재해를 위시하여 호남 일원이 항상 겪었던 한해는 특히 논농사를 중심으로 하는 좌도 일대에 극심한 피해를 안겨 주었다. 경지가 부족했던 19세기 후반에 광범위한 지역에 진황지가 생겨나고 정부가 그 개간을 독려하기 위해 균전사라는 특별관리를 파견하지 않을 수 없었던 지역도 바로 이 지역이다. 균전으로 인한 갈등은 농민전쟁 이후에도 여전히 남아서 농민저항의 요인이 되었다. 또한 일본 농민의 토지점탈이 급격히 진행되면서 수리의 문제가 제기되고 수리조합방식을 통한 식민지 개발을 꾀했던 지역도 이 지역이다. 이런 점에서는 생태학적인 지대 구분의 중요성이 부각된다.

이런 종합적인 사회경제적 특성을 바탕으로 분류되는 지대를 지방사 연구의 주요한 단위로 설정하는 것은 충분히 가능하고 또 필수적이다. 그러나 경제적 상태, 계급적 분화의 정도 등을 근거로 지방적 특성을 구분하고 분류하는 작업은 아직 보이지 않는다. 1960년대 한국사회를 토지경작 상황, 토지이용도, 계층적 분해 정도, 상품화 정도 등에 따라 세분하여 지대별 특성을 밝히려 했던 양회수의 연구방법이 19세기 상황에까지 소급될 수 있다면 대단히 유용할 것으로 생각된다.[9] 자료의 한계가 있겠지만 지리적 조건이 쉽게 바뀌는 것이 아니라는 점을 고려해 보면 전혀 불가능한 것은 아니다.

그러나 지방사회의 생태학적 조건에 따른 지대 구분, 즉 시장 상황

---

9) 양회수, 『한국농촌의 촌락구조』, 고려대 아세아문제연구소, 1967.

및 계층분화 정도, 상품화의 진전 정도에 따른 지방적 특성 그 자체가 곧바로 농민전쟁을 설명해 주는 변수가 될 수는 없다. 유사한 조건에 있는 다른 지방은 또 다른 모습을 보여 주기 때문이다.

(3)권역 구분

최근 동학농민전쟁의 연구에서 권역(圈域)별 검토의 필요성이 제기되고 있다. 박맹수 교수는 동학농민전쟁의 연구와 관련하여 권역 단위의 연구가 필요함을 주장한 바 있다.[10] 그는 동학농민전쟁의 지역별 실상을 이해하기 위하여 기본적으로 조선후기의 군현제도를 바탕으로 하면서 동학 조직의 지역별 결집 범위와 장시를 중심으로 하는 생활권, 통혼권 등을 종합적으로 고찰해야 한다고 주장했다. 이런 관점에서 보면 대략 다음과 같은 몇 개의 권역으로 나누어진다는 것이다. 즉 전라도는 전봉준 주도하에 들어 있는 권역 이외에 김개남 영향의 남원/운봉권, 손화중·최경선·오권선 등의 광주/나주권, 김인배·유하덕 영향의 순천/광양권, 이방언·이사경 등의 장흥/강진권 등으로 나누어질 수 있으며 충청도의 경우는 목천/천안권, 예산/홍성/서산/당진/태안권, 충주/단양/제천권, 부여/한산/서천권, 청주/옥천/보은/영동/논산권, 회덕/진산권 등으로 구분될 수 있다. 경상도의 경우도 상주/예천/김산권, 고성/진주/하동권 등으로 구분될 수 있다. 이들 권역은 대체로 동학농민군 지도부가 형성된 범위를 중심으로, 농민군의 동원과 활동에서 통일성이 보이는 지역을 구분한 것이라 볼 수 있다. 신영우 교수도 경상도 북부지방에 대한 사례 연구를 통해 비슷한 권역 구분을 한 바 있다. 박찬승

---

10) 박맹수, 「전라도는 동학농민혁명의 진원지인가」, 『동학농민혁명의 현재적 의미와 백주년 기념사업』, 동학농민혁명백주년기념사업회 주최 동학농민혁명 시민강좌 발표집, 1992, 38~40쪽.

교수도 농민전쟁의 지역 사례를 설명하면서 권역 구분을 시도하고 있다. 즉 전라도 남부지역의 경우를 예로 들면 손화중, 최경선의 세력권이라 할 광주/장성/나주권, 남원 김개남의 영향권에 속해 있던 담양/옥과/구례권, 이방언의 영향력에 속해 있던 장흥/강진/보성/해남권, 김인배의 세력권에 속한 순천/광양/승주권, 그리고 배상옥의 세력권이라 할 무안/함평권 등으로 권역의 구분이 가능하다는 것이다.[11]

실제로 농민전쟁의 전개 과정을 보면 이러한 권역별 움직임이 가장 뚜렷이 나타나는 측면이 있다. 그것은 권역의 구분이 농민군의 동원 단위, 즉 동학 지도부가 형성되어 농민군의 독자 단위가 형성된 지역을 기반으로 했기 때문에 나타나는 당연한 결과이다. 이들 권역별 농민군은 집강소기나 특히 제2차 농민전쟁기에 전봉준을 중심으로 조직적인 연대나 연합 활동을 수행하기도 했지만 구체적인 활동에서는 각기 독립적이고 개별적으로 움직였다. 전투가 벌어진 지역의 양상이나 집강소 통치기의 양상 등은 권역별로 상당히 달랐던 것도 이러한 특징의 반영이었다고 볼 수 있다.

이처럼 권역별 검토는 농민전쟁의 지방사 연구에 대단히 중요한 시도라 생각된다. 권역별 검토를 통해 이 시기 농민군 세력이 군현 단위를 넘어서 조직화될 수 있었던 배경을 확인할 수 있다. 즉 타지역 출신의 대접주들이 수 개 군현의 농민군을 통할했다는 것, 예컨대 주로 전라도 북부지역 출신 대접주들이 전라도 남부 일대 농민군을 지배했던 것이나 하동/진주권은 금구 출신 김인배의 통제를 받았던 것 등이 그렇다. 특히 영호대도소를 통해 영남과 호남의 농민군이 연합할 수 있었던 것도 중요한 측면이다. 그러나 아직은 이러한 권역을 기준으로

11) 「농민전쟁의 지역사례」, 박찬승 외, 『1894년 농민전쟁의 역사적 성격』, 한국역사연구회주최 학술심포지엄, 1994, 36~38쪽.

농민전쟁의 과정이나 특징들을 정리한 작업은 나타나지 않고 있다.[12] 뿐만 아니라 권역을 지나치게 동학 지도부의 형성과 그들의 역할이라는 점에 맞추어 분류함으로써 농민군의 적극적 참여 기제나 군현 단위의 독자적인 문제들, 또는 사회경제적 조건에 따른 차이 등을 더 엄밀하게 검토하지 못하고 있다는 문제점은 계속 검토되어야 한다.

(4)군현 단위

필자는 동학농민전쟁을 연구하는 데에 있어서 지방사적 관심의 일차적 대상은 군현이 되어야 한다고 생각한다. 그 이유는 이 시기에 사회 성원들이 자신이 속한 가장 의미 있는 지역집단으로 생각하고 있던 것이 바로 군현이라는 것, 다시 말하여 군현의 사회적, 심리적 통합성이 다른 어떠한 것보다 강력하다는 것에 근거를 두고 있다.

조선왕조는 중앙집권체제를 특징으로 하고 있으며 중앙권력에 의해 통치되는 지방의 단위를 군현으로 설정하고 각 군현에 지방관을 파견했다. 물론 이들의 권한은 봉건제도상의 봉건영주에 비할 수는 없는 제한적인 것이었고 그나마 왕권에 의해 임면되는 존재였다. 그러나 지방관의 지위가 불완전한 것과는 달리 군현이라는 단위는 오랜 역사를 가진 것이었다. 관아를 중심으로 이루어진 지방행정은 군현을 관치(官治)와 관련한 사회적 단위로 결집했고 군현 단위의 행정이 지속되면서 성원들간에 공통의 이해관심이나 의식이 형성되었다.[13]

---

12) 이 점에서 보면 전북일보사가 시도한 권역별 답사는 중요한 의의를 지닌다고 볼 수 있다.

13) 송준호 교수는 이를 관이 기본 단위인 사회라고 부르고 이 말의 의미를 "남원이니 고창이나 또는 대구니 진주니 하는 지방행정구역이 정부측에서 보더라도 관치기구의 기본 단위요 그 지역에 살았던 사람들에게 있어서도 가장 기본적이고 가장 중요한 생활권이요 행동권이었다는 뜻"이라고 설명하고 있다. 송준호, 「남원지방을 예로 하여 본 조선시대 향촌사회의 구조와 성격」, 『조선사회사연구』, 일조각, 1987, 277쪽.

두번째로 군현의 사회적 통합성을 강화했던 것은 재지 세력의 존재 양식이다. 조선왕조시기 재지사족들은 군현 단위로 일정한 정치 세력화하여 존재했고 향청을 통해 지방행정에 참여했다. 이들은 군아의 향리층을 통제할 뿐 아니라 면리의 면리임들에 대하여도 통제력을 행사했다. 또한 재지사족들은 군현 단위로 설립되어 있는 향교의 주구성원으로서 향교를 중심으로 하는 신분적, 이데올로기적 사회통제를 수행했다.[14]

세번째로는 농민사회의 주요 생활권의 최대치가 바로 군현이었다고 생각되기 때문이다. 보통 농민의 생활에서 자신이 거주하는 촌락공동체를 벗어나 타지역과 관련을 맺게 되는 계기는 주로 행정적 필요와 경제적 요구로 인한 것이다. 무엇보다도 전통국가의 가장 큰 관심사이자 농민층의 가장 큰 문제였던 부세의 부과와 징수가 기본적으로 군현을 단위로 이루어졌다.[15]

농민들의 정치적 저항이나 쟁송(爭訟)의 일차적 대상기관도 역시 군현이었다. 장시체계의 경우는 군현 단위를 넘어서까지 발달하는 과정에 있었지만 역시 읍내장을 중심으로 인근의 여러 장시들이 연계되는 형태였던 것으로 보인다.

네번째로 농민전쟁의 과정에서도 기본적으로 농민층의 동원과 활동은 군현 단위로 이루어졌다. 농민들의 저항과 공격도 일차적으로는 지방관에게 집중되었다. 집강소 개혁도 결국은 군현 단위로 이루어졌는데 군현의 여건에 따라 집강소 개혁의 강도와 형태가 달랐다. 농민군이 해산당하고 패퇴하는 과정에서도 군현별로 그 모습이 달랐다. 장기

14) 일제시기의 조사이기는 하지만 한 사회학자의 조사보고에 의하면 군현의 사회적 통합은 놀랄 만큼 강력했으며 그 사회적 통합성의 가장 핵심적 매개는 향교나 서원 등을 매개로 이루어진 유림들의 통합성이었다. 鈴木榮太郎, 『韓國農村社會踏查記』, 25쪽.

15) 고석규는 조선조 향촌민에 대한 수탈의 구조가 기본적으로 군현 단위로 지방관을 정점으로 하는 구조였다고 보고 이를 '수령—이향 수탈구조'라고 불렀다.

적으로 농민전쟁이 남긴 사회경제적 영향력에서도 군현 단위의 차별성이 적지 않게 나타났던 것이다. 다소 시간적으로 떨어지기는 하지만 일제하의 농민운동 조직도 결국은 군현 단위로 이루어졌음은 군현의 사회적 통합성을 반증해 준다.

물론 이상에서 본 각 단위는 반드시 상호 배타적인 것은 아니다. 도별 분석이나 지대별 분석이 군현 단위의 분석을 내포하는 경우가 많고 실제 권역별 검토는 상당부분 군현 단위의 분석에 기초를 두고 있다. 다만 군현 단위가 가장 실질적인 사회문화적 통합성을 지니고 있다고 생각되며 농민전쟁을 전후한 사회변동 과정에서도 군현 단위로 이해할 수 있는 측면들이 많기 때문에 군현 단위의 지방사가 더 발전할 필요가 있다.

4. 지방사 연구의 성과와 과제

지방사 연구가 단순히 전체사 연구를 보완하는 차원에 머무르는 것이 아니라는 점은 이미 말한 바 있다. 지방사 연구는 그 자체로 총체적 인식이 필요한 독자적인 연구방법이다. 특히 사회구성원의 삶이 지방의 일정한 공간을 단위로 이루어지고 그 공간의 사회·경제·문화적 공통성이 강하게 존재할 때 지방사는 곧 당대 민중의 생활사를 가장 잘 드러내 줄 수 있다.

(1)농민전쟁의 시기별, 지역별 전개 과정의 확인

동학농민전쟁의 지방사 연구는 무엇보다도 농민전쟁의 지역적 전개 양상을 충실하게 밝힘으로써 농민전쟁의 전국적 규모와 성격을 정확히 알게 해준다. 농민전쟁에 대한 일반론적인 검토만으로는 전 과정에 대한 내용을 확실히 알기 어렵다. 지방사 연구를 통해 지방에 따라 농민전쟁과의 연관성이 서로 다르게 나타나고 있음을 확인하게 된다. 제1차 농민전쟁은 주로 전라도의 평야지대에서 전개되었고 전봉준군이 중심이 되고 손화중, 김개남군과 충청도의 일부 농민군까지 포함되어 진행되었다. 고부봉기가 발단이 되었고 3월 21일 무장에 결집한 농민군이 전주에 입성할 때까지 금구, 정읍, 태인, 부안, 흥덕, 무장, 영광, 함평, 장성 등지를 거쳤다. 이들이 진군한 경로와 그 구체적인 전투지 등도 각 지방을 더 세밀하게 답사하는 과정에서 확인되고 있다. 물론 전주화약 이후 전라도 일원에서 집강소 통치가 이루어지지만 실제 집강소의 형태나 개혁의 내용, 실현 가능성 등에서 군현별 차이가 대단히 컸다. 나주와 같이 집강소의 설치 자체가 의심스러운 지역도 있는가 하면 남원과 같이 농민군 주도의 철저한 집강소 개혁이 시도된 지역도 있다. 군현별 농민군의 세력이 강화되었고 특히 천민이나 빈농들이 중심이 된 집단들의 활동도 활발했다. 그러나 이 시기는 농민군의 세력이 관군을 압도했던 시기였기 때문에 각 지방별 농민군의 통제되지 않는 활동들이 새로운 문제들을 야기했던 때이기도 했다. 부농이나 사족에 대한 원초적인 반감과 저항이 집단적으로 표출되는 것과 함께 재지 세력들의 반농민군적 활동도 강화되었다. 집강소기 농민군에 연합했던 이향층이나 일부 지식인들도 다시 반농민군적 태도로 변모했다. 제2차 농민전쟁 때는 경상도, 충청도는 물론 황해도와 강원도에 이르기까지 전국적인 봉기가 일어났다는 사실을 확인할 수 있다. 많은 경우는 전체 농민군으로 결합되어 있었지만 그와는 별도로 지방별로 독자적인 움직임을 보인 세력들도 적지 않다. 또 농민군이 조직화되고 동원되는 전국적 상황을 더 정확하게 인식할 수 있다. 전남지방의 농민군을 조직하고 주도한 인물들이 주로 금구, 태인 등지에 근거를 둔

접주들이었다는 사실, 영호대도소를 지배한, 순천, 여수, 광양은 물론 하동과 진주까지 점령하여 영남지방과 호남지방을 함께 통솔한 인물이 금구 출신 김인배였다는 사실, 그러면서도 전봉준을 중심으로 전 농민군이 일사분란한 조직체계를 갖추지는 못했고 군현별로 독자적으로 할거하고 있었다는 점도 확인할 수 있다.[16)]

(2) 향촌사회의 세력관계와 농민층

지금까지의 동학농민전쟁에 관한 지방사 연구들은 이 시기 향촌사회의 세력관계와 관련하여 다음 두 가지 측면에 대하여 새로운 문제를 제기해 놓았다. 그 첫째는 농민군의 지도부, 즉 농민층을 동원하여 농민전쟁에 적극적으로 참여했던 주도 세력의 성격에 대한 것이고 두번째는 농민군에 반대하여 반농민군을 형성했던 향촌 세력들의 동향에 대한 것이다.

①농민군 지도부의 성격

농민전쟁기 향촌사회의 변동 상황에 대한 지방사 연구들은 대체로 농민군을 구성한 민중 일반과 지도부의 성격이 달랐다는 점을 지적하고 있다. 농민전쟁이 그토록 치열하게 전개될 수 있었던 기본적인 동력이 신분적, 경제적, 문화적으로 지배당하고 있던 하층빈농들의 불만과 현실부정의지라는 것은 틀림없지만, 이들의 힘을 결집해 내고 조직

---

16) "봉전이 여러 읍을 순행하면서 절제하고자 했다. 그러나 명령은 오히려 행해지지 않았고 각자 접을 지어 오직 강성한 자들만이 서로 우두머리임을 다투었다"라는 황현의 기록이나 "각 지방에는 각각 거괴(巨魁)라고 하는 자가 있어서 부하를 통솔하지만 거괴들을 통솔하는 대거괴는 없다"라는 일본공사관의 조사보고가 그러한 상황을 말해준다. 황현, 「오하기문(梧下記聞)」 1필, 104쪽 ; 『주한일본공사관기록』 6, 25쪽.

화된 농민전쟁으로 이끌어가는 데 결정적 역할을 한 지도부의 사회경제적 성격은 이와 다른 점이 있다는 것이다.

1862년 농민항쟁에서 농민들을 조직화하고 봉기를 주도한 세력은 대체로 '농촌지식인, 몰락양반, 재지명망가들'이었다. 익산의 주도층이었던 임치수, 이의식 등은 모두 문자에 능하고 시세에 밝은 농촌지식인이었고 이향층도 일부 참여했다.[17] 함평의 경우는 상당한 부와 지식을 갖고 있던 정한순을 비롯한 대민(大民), 수리(首吏), 훈장(訓長), 면임(面任) 등이 주도했다. 이들이 봉기를 주도할 수 있었던 것은 부세부과를 매개로 군현 단위의 이해관계가 상당부분 일치했기 때문이었다.

동학농민전쟁은 군현 단위의 부세운영 혁파를 목표로 한 것이 아니었다. 이것은 전국적인 차원, 정치적인 차원에서의 변혁을 지향한 농민전쟁이었다. 따라서 농민군 지도부가 단순히 군현 단위의 부세운영의 합리화를 주장하는 부민들로 구성되었을 리 만무하다. 오히려 이들 지도부의 형성은 새로운 향촌 세력의 형성으로 이해할 수 있다. 좁게는 일향 내부의 문제 해결을 지향하고 크게는 조선사회 전체의 문제를 시야에 넣고 있는 새로운 세력이 향촌 내부에서 나타나고 있었다는 것이다.

그런데 최근의 지방사 연구들은 한결같이 농민군 지도부의 구성이 하층민, 빈농이 아니라 어느 정도의 학문적 소양과 경제력을 지니고 향촌사회에 적지 않은 영향력을 행사하는 자들이었음을 보여 주고 있다.[18] 다르게 말하면 이러한 세력이 형성되어 있던 지방에서 농민전쟁이 보다 강하게 진행되었다. 몇 가지 예를 들어 보기로 한다.

---

17) 망원한국사연구실, 「1862년 농민항쟁」, 동녘, 1988.

18) 이러한 집단의 성격을 어떻게 규정하는가는 여전히 이론이 많은 부분이다. 신용하는 이들을 '상승하는 양인층'이라 불렀고 이이화는 '향반, 중소지주, 농촌지식인'이 농민군 지도부를 구성했다고 보았다. 정진영 등도 이이화와 유사한 입장을 표명한 바 있고 박맹수, 신영우 등은 현지조사를 바탕으로 농민군 지도자가 상당한 학식과 재산을 지

〈태인〉

농민전쟁 당시 태인은 김개남, 최경선, 김문행 등 동학대접주들의 근거지였고 이들은 모두가 제1차 농민전쟁의 적극적인 참가자들이었다는 점에서 중요한 지역이다. 황현의 기록에 의하면 "적이 처음 고부에서 일어났을 때부터 괴수 중 태인사람이 많았다. 그러므로 좌우도에서 태인접이 으뜸이었다……태인은 적의 소굴이 되어 재물이 쌓였는데 한 집에 4, 5마리의 말을 기르고……집마다 총통을 두었는데 적게 가진 집이 10자루였다."[19] 태인의 대접주 김개남은 농민전쟁 전 과정에서 가장 강력한 농민군을 거느린, 또 가장 철저한 반봉건성을 표한 강접의 지도자였는데 적지 않은 토지를 소유하고 학식도 지닌 향촌지식인이었다. 최경선은 전봉준과 더불어 농민전쟁의 전 과정을 지도했고 부농이었으며 일정한 지식을 소유한 인물이었다. 김문행은 김개남과 같은 문중 출신으로서 함께 농민전쟁에 참여했던 인물로 태인의 도강김씨 문중은 중앙과는 단절되어 있으나 향촌 내 유림 활동에는 참여하는 토반이었다.[20]

〈임실〉[21]

임실은 제1차 농민전쟁 과정에 태인접과 함께 남원을 공격한 강력한 농민군의 활동지였다. 임실의 농민군 지도자는 최찬국과 김영현의 가문을 중심으로 형성되었다. 최찬국은 일명 최봉성이라고도 불렸는데

닌 층에서 배출되었음을 밝히고 있다.

19) 황현, 「오하기문」 2필, 42~43쪽.

20) 이진영, 「동학농민전쟁기 전라도 태인 고현내면의 반농민군 구성과 활동」, 『전라문화논총』 제6집, 1994.

21) 임실 농민군에 관한 자료는 『천도교임실교사』라는 프린트본 책자에 의거했다. 이것은 임실의 초기동학접주들의 후손들이 중심이 되어 오랫동안 임실교구사를 정리해 온 『천민보록(天民寶錄)』이 한국전쟁시 소실되어 이후 다시 발간된 것이라고 한다. 비교적 내용이 충실하고 소장하고 있는 다른 자료들과 비교하여 신뢰할 만하다고 생각된다.

최시형으로부터 입도하게 된 임실동학의 태두였고 농민전쟁 당시 대접주였다. 그의 아들인 접주 최승우, 최유하 및 사위 김홍기 등과 함께 임실, 남원을 장악하는 데 주도적 역할을 했는데 이들 집안은 당시 임실에서 상당한 부를 지니고 있었다. 김영원도 경제적으로는 부농에 속했고 무성서원의 장의를 지낼 정도로 한학에 지식이 있었던 인물이었다. 임실지방의 동학 지도부는 모두 경제적으로 부유했고 학식도 남못지 않았던 지방지식인이었다. 증언에 의하면 문길현접주만 아전 출신이었고 나머지는 모두 유력한 가문 출신이었다고 한다.[22]

〈장흥〉[23]

장흥은 동학농민전쟁의 최후 격전지로서 농민군 본대가 패퇴한 이후에도 독자적으로 대규모 전투를 벌인 곳으로 유명하다. 이 지역은 1890년대에 전라도지방의 중견 교단 지도자로 성장한 손화중, 김개남, 김덕명, 오지영 등 남접 지도자들로부터 포교를 받았다. 장흥농민군의 최고지도자였던 이방언은 당시 주자학 일존주의에 대하여 일정한 비판적 안목을 갖고 있었고 농민들의 처지를 이해할 줄 알았던 개방적인 지방지식인이었며 경제적으로도 부농이었다. 이사경은 부자가 함께 동학접주가 된 자로 그 부친은 고부의 전봉준과 함께 있었던 인물이었고 집강소 기간 동안 자신의 근거지에 집강소를 차려 폐정 개혁에 앞장선 인물로 부농이었다. 그 외 이인환, 구교철, 김학삼 등 장흥지방의 동학 지도부도 일정한 학식과 재력을 갖춘 인물들이었다.

〈예천〉[24]

경상도 예천지방의 농민군을 주도했던 인물도 대체로 학식과 재력을

22) 임실 김영원의 손자 정갑 옹과의 면담(1993. 7. 14.).

23) 박맹수, 「장흥지방 동학농민혁명사」, 『장흥동학농민혁명사』, 장흥동학농민혁명기념탑 건립추진위원회, 1992.

24) 신영우, 「1894년 영남 북서부지방 농민군지도자의 사회신분」, 『학림』 10, 1988.

갖춘 경우가 많았다. 박현성은 글짓기에 능했고 리더십이 출중했으며 역학, 천문, 지리, 풍수 등에도 해박했다고 한다. 경제적으로도 상당한 부농에 속했다. 윤치문은 면포, 영농 등으로 부를 축적한 가문의 후손으로 사헌부 감찰이라는 실직을 역임한 바 있는 양반 출신이었다. 전기환은 지주로서 한학에 높은 수준의 지식을 소유한 인물이었지만 향촌의 지배 세력으로부터는 소외당한 인물이었다. 그리고 이들 모두는 힘이 장사였다는 공통점이 있다.

이들이 향촌사회 내에서 영향력을 행사할 수 있었던 이유는 무엇이며 또 무엇이 이들을 농민전쟁으로 이끌어 내었는가? 이 점에 대하여 더 세밀한 검토가 필요할 것으로 생각된다. 이들이 영향력을 행사할 수 있었던 자원은 때로는 종교적인 것이기도 했고 민간의술 및 지관과 같은 활동에 근거를 둔 것이기도 했으며 때로는 타고난 완력과 체격인 경우도 있었다. 이들은 전국적으로 단일한 세력으로 범주화되기에는 아직 세력이 미약하고 내부적인 구성도 다분히 이질적이었다. 문제는 이들이 기존의 전통적 향촌사회의 지배원리와 다르게 어떤 원칙과 기반에 의해 새로운 세력으로 사회에 등장할 수 있었는가 하는 점이다. 이들을 단일한 계층적, 계급적 범주로 파악하는 것은 무리다. 그렇다고 종교적 범주로 취급할 수도 없다. 이들에게 공통적으로 보이는 특징으로서 가장 중요한 것은 역시 조선왕조체제의 모순을 인식하고 그 대안을 모색해 볼 수 있었던 지적 능력, 신분적 억압과 경제적 수탈에 저항하는 일반 농민층의 행동에 동조할 수 있었던 개방적인 태도, 그리고 집단적 활동을 가능케 할 만한 일정한 재산 등이었다고 생각된다. 그리고 이러한 능력들의 총체적 형태로 군현 단위 또는 그 범위를 넘어선 리더십을 행사할 수 있었다. 우선 이들을 향촌사회의 진보적 중간층으로 생각해 두고 싶다. 지방사 연구의 축적으로 이들 층의 성격과 한계가 더 정확히 드러날 수 있기를 기대한다.

②향촌 지배 세력과 반농민군 활동

19세기에 들어 향촌사회구조는 크게 두 가지 점에서 이전과 구분된다. 그 하나는 재지사족의 향촌지배력이 급격히 약화된다는 것이고, 다른 하나는 지방관의 지배권이 급격히 증대되었다는 점이다. 재지사족층은 전통적으로 향론과 향청을 통해 향촌사회를 지배해 왔으나 19세기에 들어서면 단일한 지배 세력으로서의 지위는 거의 사라지고 말았다. 그리하여 동성간의 혈연적 기반이 강했고 경제적인 기반이 튼튼한 사족가문의 경우 동성촌락을 기반으로 자신의 영향력을 유지해 나갈 수 있었지만 그렇지 못한 많은 재지사족들은 경제적으로나 사회적으로 더 이상 특권적인 존재가 될 수 없었다. 이들은 하층민들의 신분적인 도전에도 속수무책이었을 뿐 아니라 지방관의 위세를 등에 업은 향리층의 침학도 배제할 수 없었다. 한편 향리층의 역할은 지방관의 권한 강화와 더불어 더욱 강화되었고 도결제의 확대에 따라 농민층에 대한 수탈의 정도가 더욱 심해지고 있었다. 향리층의 사회경제적 힘이 전반적으로 강화되고 있었지만 집단적으로 이들이 보여 준 결집력과 대응력은 군현에 따라 적지 않은 차이가 있었다. 또 부민층은 시장경제의 확대와 더불어 발달했지만 수령, 향리층과 결탁하여 부를 축적하려는 자들과 농업생산을 통해 부를 추구하는 자들이 반드시 일치하지는 않았다. 경제적으로 부를 축적한 이들 층은 향임층으로 진출하여 향리 세력과 함께 지방관의 권력에 편승하는 수탈층이 되기도 했고 때로는 동장, 이(里)집강 등의 말단행정을 담당하면서 농민층의 불만을 대변하거나 심지어 농민저항을 주도적으로 조직하기도 했다.[25]

앞에서 본 바와 같이 이들 세력 중 일부는 농민군 지도부가 되어 농

25) 정진영, 「19세기 향촌사회 지배구조와 대립관계」, 『1894년 농민전쟁연구 1』, 역사비평사, 1991.

민전쟁을 주도했지만 또 다른 세력은 기회주의적으로 처신하거나 아니면 반농민군적 활동을 전개했다. 여러 연구들에서 나타난 바에 따르면 농민전쟁의 과정에 지방별로 반농민군의 활동이 결코 무시할 수 없을 정도로 강했다는 점이다. 제1차 농민전쟁 과정에서는 관군과 농민군이 적대적이었지만 전주화약 이후 관민상화책으로서 집강소체제가 갖추어졌을 기간에는 관의 농민군에 대한 노골적인 탄압은 없었다. 그렇지만 나주와 같은 곳에서는 재지사족과 지방관이 중심이 되어 농민군에 강력하게 대항했고 제2차 농민전쟁 과정에서는 재지사족 또는 이향층이 주축이 된 반농민군의 활동이 더욱 기승을 부렸다. 실제로 주요 농민군 지도자들은 관군이나 일본군보다는 지방 민보군의 활동에 의해 체포된 경우가 많다.

반농민군은 재지사족 또는 향리층이 주도했지만 실질적인 배후 세력은 관이었다. 나주에서와 같이 지방관의 향촌 지배력이 강력한 곳에서는 지방관 주도하에 수성군이 활동했고 태인과 같은 곳에서는 관의 지시에 따라 재지토호 세력이 민보군을 구성했다. 순천이나 광양 등지에서는 향리층이 지방관과 함께 반농민군 세력을 형성했다. 장흥의 동학 접주 이방언과 반농민군에 참여한 김한섭은 동문수학한 사이이면서 서로 다른 길을 끝까지 고수하다가 목숨을 잃었다. 태인의 김개남, 김문행과 김기술은 같은 도강김씨 문중이면서도 한편은 과격한 농민군 지도자로 다른 한편은 철저한 반농민군 지도자로 대립했다. 이러한 사례를 보면서 과연 이 시기 농민군과 반농민군을 이토록 대립하게 만들었던 주된 요인이 무엇이었을까를 생각하지 않을 수 없다. 재지사족의 세력 강도가 주요한 원인이었을까? 아니면 지주제에 대한 공격을 둘러싼 계급적 대립이었을까? 아니면 빈농층의 부농일반에 대한 무차별적 거부로 인한 것이었을까?

반농민군은 주로 군현 단위에서 패잔한 농민군을 색출하거나 잔여무기를 수합하는 일을 담당했고 향촌사회의 질서를 자신들에게 유리한 방향으로 재구축하려는 데 관심이 있었다. 그리하여 관권에 의지하여 향약질서나 오가작통법 등을 통해 자신들의 향촌사회에 대한 지배력을 회복해 보려고 노력했지만 결국은 관권, 그것도 일제 권력과 야합한 권력에 의지하여 향촌에서의 사사로운 이익을 확보하는 데 그치고 말았다. 농민전쟁을 전후하여 향촌사회 내에서 전개된 상이한 세력들의 대립을 그 이념적 지향에 따라 '의미 있는 것'과 '무의미한 것'으로 분류해서는 안 되며 그 자체를 객관적인 역사로 서술하고 검토할 필요가 있다. 이들 향촌 세력의 추이가 지방사의 측면에서 볼 때 한국 근현대사의 주요 내용이 되며, 이러한 관심은 지방 차원에서의 풀뿌리 민주주의, 지방자치 구조와 같은 현재적 관심사와도 연결되는 주제이기 때문이다.

(3) 동학농민전쟁과 민족운동

향촌사회를 기반으로 한 농민운동은 이후 의병운동과 애국계몽운동을 거쳐 3·1운동으로 연결되었고 그 이후 실력양성론적 농촌운동과 농민조합운동을 거쳐 해방 이후의 사회운동에까지 연결되었다. 지방사 연구는 이러한 연결 과정의 구체적인 모습을 보여 줄 수 있다. 동시에 이러한 사건들의 연속이 그렇게 단순한 것만은 아니라는 사실도 보여 주고 있다.

첫째로는 동학농민전쟁과 의병운동의 관련성에 관한 부분이다. 제2차 농민전쟁은 철저하게 반일, 반침략전쟁이었다. 또한 농민군을 패퇴시킨 힘도 기본적으로는 일본의 군사력이었다. 그렇기 때문에 농민군의 지향이 이후 일본의 제국주의적 침략에 대한 저항운동과 연결되는 것은 자연스러운 일이다. 예컨대 태인의 김문행은 김개남 대접주 아래서 농민군 1300명을 이끌고 제1차 농민전쟁부터 줄곧 농민전쟁에 적극적으로 참가한 인물인데 농민전쟁이 끝나고 단발령에 반발하여 전국적으로 의병 활동이 전개될 때 그에 참여했고 이후 영학당에도 가담했다. 영학당이나 활빈당과 같은 세력의 주구성원은 '동비여당(東匪餘黨)'으로 일컬어지는 것처럼 농민전쟁에 참여했던 농민군이 많았다.

그러나 농민전쟁 과정에서 농민군을 탄압했던 반농민군 세력이 약 10년을 건너뛰어 의병 활동에 참여하는 경우가 적지 않다. 일제의 침략을 비판하고 그에 항거하여 절명시를 쓰고 자결한 매천 황현은 농민군과 농민전쟁을 철저하게 비판했던 인물이었다. 태인의 반농민군 주도자 김기술은 1903년 호남유림대회에 참여하여 일본에 대한 복수를 다짐했고 1906년 면암 최익현이 무성서원에서 반일의병을 일으켰을 때 열두 제자의 일원으로 참여했다. 임병찬 등과 함께 최익현을 따르던 김기술은 함께 일본군에 체포되어 형 100대를 당하기도 했다. 이렇게 보면 동학농민전쟁에 참여했던 세력이 의병운동을 일으킨 것으로 이해하는 것은 제한적인 해석에 그치고 만다.

한편 동학농민전쟁에 참여했던 세력들이 그 이후의 민족운동과 밀접하게 관련을 맺고 있었음을 확인할 수 있는 사례도 적지 않다. 그 예를 임실의 사례를 통해 살펴보고자 한다. 임실은 전라도에서도 가장 일찍 동학을 수용한 곳이었고 임실의 농민군은 농민전쟁 당시 김개남 부대와 함께 남원을 공략했던 것으로 미루어 단결력과 투쟁성이 결코 만만치 않았다. 그러나 임실지방 내에서는 김개남과 같은 강경노선을 채택하지 않았다. 집강소기에 임실지방도 '봉기하는 농민군과 규합하여 집강소를 임실읍에 두고 십이계명으로 민정까지' 했던 곳이지만 관장을 축출, 징치하지는 않았고 단지 현감들이 농민군의 조정을 받았다고 한다.

임실의 농민군 지도자들은 대부분 학식이나 재산에서 지역사회에 상당한 영향력을 행사할 수 있는 위치에 있었다. 이들의 이러한 성격이 임실의 농민운동으로 하여금 교육운동을 중심으로 하는 민족운동에 적극적으로 참여하게 했던 것으로 보인다. 임실지역의 농민군 지도부의 농민전쟁 이후 활동을 정리해 보면 대부분 갑진년의 진보회운동을 거쳐 3·1운동에 적극적으로 가담했다. 뿐만 아니라 자신들의 재산을 투자하여 학교를 건립하고 교육구국운동을 주도했다. 농민전쟁 당시 대접주였던 최찬국은 500석지의 전답을 쾌척하여 구국운동을 지원했다고 하며 그 아들인 최승우는 전답 1000여 두락을 내놓아 삼화학교와 전주 창동학교의 재단이사가 되었다. 농민전쟁에 참여했던 한영태는 3·1운동으로 체포되어 심문받는 도중 자살했고 33인 민족대표의 일원이었던 박준승 역시 1890년대에 동학에 입도하여 제2차 농민전쟁에 참여했던 인물이다.[26]

김영원은 유학적 소양이 풍부한 지방의 지식인으로서 3번이나 과거에 응시한 적이 있었고 과거제도의 부패상에 낙담한 이후 삼요정을 지어 후학을 교육했다. 그는 1878~1879년에 무성서원의 장의가 되었다. 그에게는 교민, 교승, 교석의 3남이 있었는데 장자 교민은 일제에 의한 강제합방 소식을 듣고 3일간 절식한 끝에 자결했다. 김영원의 제자인 박준승과 양한묵은 모두 3·1운동에 33인 대표로 참여했고, 임실지역의 만세시위를 주도한 한영태, 최봉성 등도 모두 임실의 천도교 지도자들이었다.

한편 남원의 유태홍은 김영원과 대비하여 이해해 볼 수 있는 또 다른 사례로 우리의 주목을 끈다. 유태홍은 20세를 전후하여 동학에 입도하고 농민전쟁 전 과정에 참여했다가 체포되어 옥고를 치렀다. 이후 천도교 남원교구장이 되어 남원지방의 3·1운동에 주도적인 역할을 담당했다. 이로 인해 1년의 옥고를 치른 뒤 신간회가 창립될 때 신간회

---

26) 김재규, 「고 자암 박준승 씨 일생」, 『천도교회월보』 199, 1927. 4.

남원지부장을 맡았다. 해방 직후에는 남원군민들로부터 남원군건국위원회 위원장으로 추대되었고 좌우익간의 중도적인 정치운동을 주장했다.[27] 유태홍의 사례는 동학농민전쟁이 3·1운동 이후의 신간회, 건국준비위원회까지 연결되는 드문 경우다. 함경도지방의 사례 연구에서는 1920년대 말 천도교 주도의 농민운동과 사회주의 계통의 운동 간에 조직적, 이념적 대립이 심화되고 있었음을 보여 준다.[28] 지방사 연구의 축적은 한국의 민족운동 및 사회운동 가운데 동학농민전쟁이 차지하는 위치를 더 정확하게 인식할 수 있는 계기를 마련해 줄 것으로 기대된다.

5. 결론

동학농민전쟁은 그 사건의 의의에 값할 만큼 충분하다고 볼 수는 없으나 그래도 단일 사건으로서는 비교적 많은 관심과 연구가 진행되었다. 그 결과 사건의 전개 과정이나 이에 맞물린 국내외적 상황들에 대한 많은 부분들이 밝혀졌다. 동학농민전쟁은 한국근대사에서는 물론, 동아시아지역사에서도 중요한 의의가 있는 사건으로 평가되고 있다.

그러나 여전히 이 사건의 구체적인 내용들은 만족할 만큼 밝혀지지 않았다. 이 글에서는 이러한 현 상황을 극복해 낼 수 있는 방법의 하나로 지방사 연구의 필요성을 주장했다. 지방사 연구는 농민전쟁의 구체적 내용을 정확하게 확인시켜 줄 수 있을 뿐 아니라 그 자체가 새로운 시각을 보여 줄 수 있다. 즉 구조적 조건들과 인간의 구체적인 사고와

27) 「유태홍 판결문」, 최원식 외, 『남원지방 항일운동사』; 이균영, 『신간회연구』, 역사비평사, 1992.

28) 이준식, 『농촌사회변동과 농민운동』, 민영사, 1993 ; 지수걸, 『일제하 농민조합운동연구』, 역사비평사, 1993.

행위의 차원을 연결해 줌으로써 살아 있는 역사, 인간들의 실천으로서의 역사를 잘 보여 줄 수 있다. 농민전쟁에 대한 연구도 지방사적 접근을 통해 좀더 심화되었으면 한다.

지방사 연구에서 기본 단위는 도, 지대, 권역 등이 논의될 수 있고 또 그 나름대로 중요한 의미가 있으나 우선 군현이 되어야 할 필요성을 강조했다. 19세기 후반 조선사회에서 군현은 명실공히 가장 실질적인 내적 통합성을 지닌 사회 단위였다. 행정적으로, 문화적으로, 경제적으로 군현은 향촌사회의 기본 단위였다. 군현 내부의 세력관계, 농민군의 형성과 성장, 패퇴와 그 이후 민족운동과의 연관 등을 살펴봄으로써 이 시기 사회변동을 더 정확하게 이해할 수 있다. 지금까지의 연구들은 농민전쟁의 전개 과정에서 군현별 차이가 적지 않다는 점, 그러한 차이는 향촌사회 내의 세력관계로부터 비롯되는 측면이 크다는 것, 그러면서도 농민전쟁 과정에서 군현은 중요한 농민군의 단위였다는 것 등을 밝혀 주고 있다. 군현 단위의 지방사가 관에서 주관하는 홍보적인 군지 차원에서 벗어나 더 객관적이고 치밀한 학문적 위상을 획득할 수 있을 때 한국사회에 대한 전체적 인식도 그만큼 풍부해질 수 있을 것이다.

1894년 농민전쟁기 호남지방 농민군의 동향

–남원지방 김개남 세력을 중심으로–

박찬승(목포대 사학과 교수)

1. 머리말

최근의 농민전쟁 연구는 크게 세 가지 방향에서 진행되고 있다. 첫째, 주로 1, 2차 농민봉기를 중심으로 그 진행 과정을 정리하는 것, 둘째, 농민전쟁기 지도자들의 사회적 성격과 그들의 사상에 대한 연구, 셋째, 농민전쟁기 향촌사회의 동향에 관한 연구 등이다. 이 가운데 첫번째와 두번째 연구는 최근 상당한 성과를 거두어 농민전쟁의 개괄적인 정리가 이루어지고 있다. 그러나 세번째 연구는 아직 상대적으로 부진한 느낌이다. 또 농민전쟁의 경과도 주로 전봉준이 이끄는 주력부대에 초점을 맞춤으로써 김개남이나 다른 지휘자들이 이끈 농민군의 동향에 대해서는 아직 제대로 정리가 안 된 실정이다.

이 글에서는 먼저 1894년 봄부터 겨울까지 호남지방에서 활동한 농민군 세력의 분포 상황을 정리해 보기로 한다. 이 가운데에는 전봉준이 이끈 주력부대 외에 다른 농민군 세력들도 포함될 것이다. 이어서 이들 농민군 세력 가운데 한 사례로서 남원지방을 중심으로 활동한 김개남 세력에 대하여 더 자세히 살펴보고자 한다. 이를 위해 이 글에서는 농민전쟁 전후 남원지방 향촌사회의 사정과, 김개남이 이끈 농민군의 동향과 그 지도부의 사회적 성격, 그리고 이에 맞선 운봉의 수성군과 민보군의 동향, 그리고 남원·운봉의 양반 유생 등 향촌사회 지배층의 동향 등에 대하여 살펴보고자 한다.

2. 농민전쟁기 호남지방 농민군의 세력 분포

1894년 봄 전봉준이 이끄는 농민군이 그해 3월 무장에서 봉기를 선언함으로써 농민전쟁이 본격적인 발발 단계에 들어서자, 호남지방의 동학교도들은 이에 대해 적극적으로 호응하는 세력과 소극적으로 반대하는 세력으로 나뉜 것으로 보인다. 즉 『김낙봉이력(金洛鳳履歷)』에 의하면, 부안접주 김낙철은 전봉준과 손화중이 무장에서 봉기하자 대란이 일어날 것 같은 기미를 보고 이를 우려하여 그의 동생 김낙봉 편에 편지를 보내 최시형에게 이 같은 사실을 고했다고 한다. 최시형은 이 편지를 청산 문암리에서 받아보고 "이 또한 시운이니 금지키 어렵다. 그러나 너는 형과 더불어 상의하여 접내(接內)를 정중히 단속하고 칩복(蟄伏)함을 위주로 하라"고 답했다 한다.[1] 이에 김낙철·김낙봉 형제는 최시형의 가르침을 따랐으며, 그들과 뜻을 같이하는 이들 40여 명은 "전봉준과 손화중이 하는 일은 교외(敎外)의 일이니 상관하지 말자"고 서명한 책자까지 만들었다고 한다.[2]

그런데 당시 전봉준의 봉기에 호응하여 일어난 동학교도들은 대체로

1) 『김낙봉이력』, 3~4쪽.

2) 『김낙봉이력』, 14쪽. 이 책자는 나중에 오권선을 추적하러 부안까지 온 나주의 수성군들에 의해 압수되었다고 하는데, 현재까지 발견되지 않았다. 그리고 이 책자에는 오권선(오중문)의 이름도 들어 있었다고 하며, 이로 미루어 보아 오권선도 제1차 봉기 당시에는 참여하지 않았던 것으로 보인다.

서장옥의 영향력하에 있는 세력들이었다. 즉 전봉준이 봉기한 직후의 시점에 진산에서도 동학교도들이 봉기했는데, 이를 김낙봉은 '서장옥 관하'의 교도들이라고 기록했다.[3] 또 황현의 「오하기문」에서도 당시 사람들이 서장옥의 이른바 '서포(徐包)'를 '기포(起包)'라 칭했고, 최시형의 이른바 '법포(法包)'를 '좌포(坐包)'라 칭했으며, 전봉준 등은 모두 '서포'에 속한다고 기록했다.[4]

한편 오지영의 「동학사」(초고본)에서는 당시 봉기의 중심인물은 전봉준·손화중·김개남·김덕명·최경선 등 5인이었으며, 이 중에서도 무장의 손화중, 태인의 김개남(김기범), 금구의 김덕명 등 세 사람은 당시 전라도에서 최고 두령격이던 인물이었다고 기록했다. 그 밖에 「동학사」(초고본)에서 제1차 봉기 당시 참여한 접주로서 기록하고 있는 인물들은 다음과 같다.

고부 : 정일서·김도삼·홍경삼·정종혁·송대화·송주옥·정덕원·정윤집·전동팔·홍광표·주관일·주문상·윤상홍
고창 : 임형선·임천서·오시영·오하영·홍낙관·홍계관
무장 : 송경찬·송문수·송진호·장두일·강경중
홍덕 : 고영숙
영광 : 오정운·최시철
정읍 : 손여옥·차치구·임정학
태인 : 김영하·김한술·김문행·김연구·김지풍·최영찬
금구 : 송태섭·조원집·이동근·유공만·유한필·유원술·최광찬·김응화·김사엽·김봉득·김윤옥·김인배·김가경

3) 『김낙봉이력』, 4쪽.
4) 황현, 「오하기문」 수필(首筆), 『동학농민전쟁사료대계』(이하 『사료대계』로 줄임) 1, 여강출판사, 54쪽.

김제 : 김봉년·조익재·황경삼·하영운·한경선·이치권·임예욱·한진선·허성희

옥구 : 허진

만경 : 진우범

무안 : 배규인·배규찬·송관호·박기운·정경택·박연교·노영학·노윤하·박인화·송두옥·김행로·이민홍·임춘경·이동근·김응문

임실 : 최승우·최유하·임덕필·이병춘·최우필·조진걸·이만화·김병옥·문길현·한영태·이용거·이병용·곽사회·허선·박경무·한군정

남원 : 김홍기·이기동·최진학·김태옥·김종학·이기면·이창우·김우칙·김연호·김시찬·박선주·정동훈·이교춘

순창 : 이용술·양회일·오동경·김치성·방진교·최기환·지동섭·오두선

진안 : 이사명·김화삼·김택길

무주 : 이응백·윤문·갈성순

부안 : 신명언·백이구

장흥 : 이인환·이방언·강봉수

담양 : 남주송·김중화·이경섭·황정욱·윤용수·김희안

창평 : 백학·유형로

장성 : 김주환·기우선·기동춘·박진동·강계중·강서중

능주 : 문장렬·조종순

광주 : 박성동·김우현

나주 : 오중문·전유창

보성 : 문장형·이치희

영암 : 신성·신책·최영기

강진 : 김병태·남도균·안병수·윤세현

장수 : 김학종·황학주

홍양 : 유희도·구기서·송연호

해남 : 김도일·김춘두

곡성 : 조진하·조재영·강일수·김현기

구례 : 임춘봉

순천 : 박낙양

전주 : 최대봉·강문숙·강수한·송창렬·박기준·오두병[5]

이들 농민군 지도자들은 대체로 각 지역의 동학접주, 혹은 접사 등의 위치에 있던 이들로 보인다. 그런데 이들 명단 가운데에는 제1차 봉기 당시, 즉 무장기포시가 아닌 집강소 설치 시기에 비로소 참여한 일부 북접 접주들도 포함되어 있을 것으로 추정된다.[6] 이와 관련하여 「천도교회사 초고」에서는 위의 「동학사」(초고본)와 다소 다르게 기록하고 있다. 즉 제1차 봉기 당시 참여한 접주들을 고부·옥구·정읍·태인·만경·금구·김제·고창·무안·담양·무장·임실·남원·순창·진안·무주 등지의 접주로 한정하여, 「동학사」(초고본)에서 제1차 봉기에 참여한 것으로 기록한 영광·부안·장흥·창평·장성·능주·나주·광주·보성·영암·강진·장수·홍양·해남·곡성·구례·순천·전주 등지의 접주를 포함하지 않았다. 대신 「천도교회사 초고」에서는 9월의 제2차 봉기 당시 호남지방에서 새로이 참여한 이들을 다음과 같이 따로 기록했다.

부안 : 김석윤·신명언·김낙철·김낙봉

익산 : 오경도·고제정·강영달·김문영·정영조·소석두

5) 오지영, 「동학사」(초고본), 『사료대계』1, 457~459쪽.

6) 예를 들어 임실의 최승우는 북접의 도접주로서 제1차 봉기시에는 봉기를 거부했다가 집강소 시기에 비로소 참여한 것으로 확인된다(『천도교임실교사』, 1980년, 15~17쪽). 그

함열 : 고덕삼

임피 : 유원술·김상철·진관삼·홍경식·최순봉

장수 : 황학주·김학종·김숙여·김병두·김홍두

김제 : 조철태·황경삼·이치권

금구 : 송태섭·김응화·조원집·김방서·장경화

만경 : 김공선

여산 : 최난선·김갑동·박병돈·김현순·조희일

고산 : 박준관·김현문·이근상·권종춘·김득영·김낙언·최영민·신현기·이의재·서인훈

진산 : 조재벽·최사문·최공량

금산 : 박능철

전주 : 서영도·임상순·고문선·이춘봉·허내원·박봉렬·최대봉·송덕인·강문숙·강수한·김춘옥·송창렬

임실 : 조석걸·이병춘·박경무·허선

남원 : 이규순·장남선·조동섭·유태홍·변한두

순창 : 오동호·강종실·김치성·방진교·최진환·지동섭·오두선

장흥 : 이인환·이방언·박채현·김학삼·이사경·손자삼·백인명

창평 : 백학·유형로

장성 : 김주환·기우선·박진동·강계중·강서중

능주 : 문장렬·조종순

광주 : 박성동·김우현

보성 : 문장형·이치의

나주 : 전유창·오중문

런데 「동학사」(초고본)의 명단에서는 제1차 봉기시 참여를 거부했다가 집강소 시기 소극적으로 참여한 부안의 김낙철의 이름이 보이지 않는다. 따라서 북접 계통으로서 봉기에 끝내 소극적이었던 접주들은 이 명단에 기록하지 않았던 것으로 보인다.

영암 : 양빈·신성·신란·최영기
강진 : 김병태·남익균·안병수·윤세현·윤시환·장의운
구례 : 임봉춘
해남 : 김도일·김춘두
곡성 : 조석하·조재영·강일수·김현기
영광 : 오정운·최재형·최시철
흥양 : 오기서·송연호·송연섭·정영순·임기서·유동환
순천 : 박낙양[7]

「천도교회사 초고」에서 제2차 봉기에서 처음 참여한 것으로 기록하고 있는 이들은 대체로 북접 계통의 접주들로 여겨지며, 이 기록은 「동학사」(초고본)보다 신빙성이 있어 보인다. 다만 제1차 봉기 당시 광주·순천·장흥 등지에서도 참여한 것은 비교적 확실하고, 또 제2차 봉기시에도 부안의 김낙철 형제 등은 이에 참여하지 않은 것으로 확인되기 때문에[8] 「천도교회사 초고」도 확실한 기록은 못 되는 것으로 여겨진다.

농민군 지도자들 가운데 가장 세력이 컸던 것은 앞서도 본 것처럼 무장의 손화중, 태인의 김개남, 금구의 김덕명이었다. 그리고 이들 가운데 손화중과 김덕명은 전봉준이 이끄는 농민군의 주력을 형성했던 것으로 보인다. 따라서 전봉준이 이끄는 주력군은 금구－고부－무장－고창지역을 중심으로 형성되어 있었다고 할 수 있다. 한편 김개남은

7) 「천도교회사 초고」, 『동학사상자료집』 1, 아세아문화사, 465～466쪽.
8) 제1차 봉기 당시 무장을 떠나 줄포에 농민군이 도착했을 때 농민군이 든 깃발 가운데에는 순천, 광주라고 쓴 깃발이 있었다 한다(「수록(隨錄)」, 『사료대계』 5, 162쪽). 또 장흥에서는 이방언이 황룡촌전투에 참여했고, 5월 중순경에 제1차 봉기에 참여한 농민군이 귀향한 사실을 기록한 자료가 있다(박기현, 『일사(日史)』, 갑오년 5월 23일).

뒤에서 살피는 것처럼 6월 이후 남원을 중심으로 인근 지역의 동학접주들을 중심으로 독자적인 세력을 형성했다. 즉 김개남은 남원의 김홍기, 진안의 이사명, 담양의 남주송(남응삼), 흥양의 유희도(유복만) 등의 접주를 중심으로 전라도 동부지역에 독자적인 세력권을 형성했으며, 임실·곡성·구례지방까지 영향권하에 두었던 것이다.

또 금구의 김인배는 순천으로 이동하여 이웃한 낙안－승주－광양지역의 농민군을 지휘하면서 상당한 세력권을 형성했다. 무안의 배규인(배상옥)도 무안－함평지역의 농민군을 지휘하면서 상당한 세력을 갖고 있었다. 장흥의 이인환·이방언·이사경도 장흥·강진지역의 농민군을 지휘하면서 상당한 세력을 이루었다. 한편 최경선은 광주로 이동하여 광주·나주지역의 농민군을 나주의 오중문 등과 함께 지휘하면서 상당한 세력을 형성하고 있었다. 이들 가운데 최경선·배규인·이방언 등은 전봉준·손화중과 밀접한 관련을 갖고 있었으며, 김인배는 김개남과 더 밀접한 관련을 갖고 있었던 것으로 보인다.

한편 호남지방 가운데에서도 북서부지방, 즉 용안·여산·옥구·부안 등지와 남부 내륙지방, 즉 영암·화순·능주·동복 등지, 그리고 남부 해안지방, 즉 완도·진도 등지는 비교적 농민군의 세력이 약한 곳에 속했다. 그것은 아마도 이 지역의 동학 세력이 본래 약했기 때문이었던 것으로 보인다.

3. 농민전쟁 발발 전후 남원지방 향촌사회의 동향

이제 범위를 좁혀 1894년 농민전쟁기 남원지방을 중심으로 활동한 김개남 농민군 세력에 대하여 살펴보기로 하자. 남원지방 농민군의 동향에 대해서는 남원유생 김재홍이 쓴 『영상일기(嶺上日記)』,[9] 운봉 민보군을 조직한 박봉양이 쓴 「박봉양경력서」, 황현의 「오하기문」 등을 주로 참고하여 정리했다.

먼저 농민전쟁 발발 전후 남원지방의 향촌사회 사정에 대하여 살펴보기로 하자. 남원유생 김재홍은 1892년 말 동학교도들이 공주와 삼례 등지에서 신원운동을 위한 집회를 갖는 등 그 세력이 커지자, 공맹정주지학을 유일하게 지켜 오던 우리 동방에도 갑신년 이후 나라의 기강이 땅에 떨어지고 사설(邪說)이 횡행하게 되었다면서 이를 크게 개탄했다.[10] 또 그는 1893년 2월 동학교도들의 광화문 복합상소가 있던 시기를 전후하여 전라도의 각 읍 아문에 '창의(倡義)'를 칭하는 방문이 붙었다고 기록했다. 그에 의하면 이 방문에서는 "왜양청(倭洋淸) 등 여러 나라 사람들이 우리 나라를 횡행하여도 이를 제어하지 못하고 있으니 우리가 이를 초멸하고자 한다. 각 읍에서는 지혜와 용기가 있는 사람을 뽑아 보내라"라고 했다는 것이다. 김재홍은 이에 대해 "저들이 '척왜양(斥倭洋)'을 성언(聲言)하고 있는 것은 가상하다. 그러나 그들이 하고자 하는 것은 난을 일으키고자 하는 것일 뿐이다. 저들이 만약 진실로 이적(夷狄)들이 우리 나라에서 횡행하고 있는 것을 통분히 여긴다면 이 일을 마땅히 임금에게 상주하여 조정의 처분을 기다리는 것이 가하거늘 이같이 각 읍에 방문을 붙이는 것은 민요를 선동하고자 하는 것이다. 아마도 저들의 뜻은 척왜양에 있지 않고 필시 왜양을 도와 백성을 학대하려는 것일 것이다"라고 비난했다.[11] 동학교도들의 '척왜양'의 진의를 의심하고 이를 난을 도모하려는 술수 정도로 보고 있었던 것이

9) 남원유생 김재홍은 운봉의 이성수와 절친했고, 그와 함께 1890년대 초 옥천 원계에 있던 연재 송병선을 자주 찾아 가르침을 받았던 보수적인 유생이었다. 그는 1894년 여름 본가(소재지 미상)를 떠나 번암방 주암리(배바위)로 피신해서 생활했다.

10) 『영상일기』, 임진년 12월 20일.

11) 『영상일기』, 계사년 2월 10일.

다. 3월 중순경 그는 삼남의 동학교도들이 각 도에서 도회를 갖고 있는데, 충청도에서는 보은에, 전라도에서는 금구에 모이고 있다고 썼다.[12] 1894년 남원지방에 농민군의 봉기 소식이 구체적으로 전달되고 그 영향이 미치기 시작한 것은 3월 하순, 즉 농민군의 무장기포가 있은 뒤였다. 그리고 전라감사 김문현의 지시에 따라 각 읍에서는 농민군에 대항하기 위한 속오군을 대읍의 경우 200명, 소읍의 경우 100명을 징발했으며, 이에 따라 남원에서도 각 마을별로 장정을 할당하여 200명을 징발, 전주성으로 올려 보냈다.[13] 이들 동원된 장정들은 황토재까지 끌려가서 전투에 참여했으나 관군의 패배로 인하여 상당수가 목숨을 잃었다.[14]

김재홍은 당시 경상도 관찰사 이용직이, 전라도 농민군이 영남으로 넘어오지 않을까 경계하여 운봉 팔랑치와 장수 육십령에 군대를 배치했는데, 이들 군사들이 민간에 대한 토색질과 상인들에 대한 재물 약탈을 일삼고 있다고 전했다. 또 당시 순창군수 이성렬은 이미 향약과 오가작통을 통해 농민들을 통제하고 각 방(坊)에 약정(約正)을 두어 50호마다 20석씩의 곡식을 거두어 각 촌에 보관해 왔는데, 이번 동학도들의 봉기에 즈음하여 빈농들에게 이를 나누어 줌으로써 안민(安民)의 방책을 꾀했다고 한다.[15] 4월 20일에는 홍계훈의 감결이 각 읍에 전달되었는데, 홍계훈은 여기에서 "비류들의 모이고 흩어지는 것이 무상하여 그들이 정확히 어느 곳에 있는지 알 수 없으므로 각 현에서는 그들이 나타나는 대로 속히 보고하라"고 지시했다고 한다.[16] 4월 27일 농

12) 『영상일기』, 계사년 3월. 그는 또 경상도 밀양에서도 도회가 있었다고 썼으나, 이는 다른 기록에 전혀 나오지 않기 때문에 믿기 어렵다.

13) 『영상일기』, 3월 29일.

14) 김재홍은 자신의 이웃 마을에서 8명의 장정이 고부에 갔다가 1명이 죽고 7명은 크게 다쳐서 돌아왔다고 기록했다(『영상일기』, 4월 9일).

15) 『영상일기』, 갑오년 4월 16일.

민군이 전주성을 함락했다는 소식은 30일 남원에도 전해졌다. 그리고 5월 1일부터 3일까지 전주성 밖에서 홍계훈의 군대와 농민군 사이에 치열한 공방전이 있었다는 사실도 전해졌다. 그리고 8일에는 초토사 홍계훈이 남원부에 소 10필과 말 20필을, 신임 전라감사 김학진이 말 20필을 각각 징발해 보내도록 요구하여 남원부사 윤병관은 장리(將吏)를 각 촌에 보내 민간으로부터 이를 거두어 오도록 함으로써 많은 폐단을 야기했다고 한다.[17] 이후 전주의 관군과 농민군이 타협을 통해 농민군의 전주성 철수가 무난히 이루어졌으며, 농민군은 성을 나와 김제 쪽으로 갔는데 김제군수가 이들을 우대했다는 소식도 전해졌다. 그런 가운데 전라감사 김학진은 각 읍에 전세(田稅) 외의 일체 잡역을 금지한다는 영을 내렸으나 각 읍에서는 아직 이를 제대로 시행하지 못하고 있었다고 한다.[18] 초토사 홍계훈은 5월 19일 경병을 이끌고 전주성을 떠나 경성으로 철수했다. 김재홍에 의하면 그 이후, 특히 6월에 들어 농민군은 각지에서 '창궐'했고, 탐오한 이서배들의 병수(兵需)를 빙자한 요역 징발도 가중되었다고 한다.

그러면 당시 농민군의 움직임은 어떠했는가. 전봉준이 이끄는 농민군 부대는 전주성에서 철수한 뒤 태인(5월 12일경)에서 다시 집결하여 정읍(5월 17일)－백양사(5월 20?일)－담양(5월 28일)－순창(6월 초)－옥과(8월 14일)－광주(6월 16일)－남평(6월 17일)－능주(6월 18일) 등으로 순행했으며, 김개남 부대는 태인－순창(6월 8일)－옥과(6월 9일)－담양－창평－동복－낙안－순천－곡성 등으로 순행했다.[19] 전봉준과 김개남의

16) 『영상일기』, 갑오년 4월 20일.

17) 『영상일기』, 갑오년 5월 8일.

18) 『영상일기』, 갑오년 5월 18일.

19) 김양식, 「1, 2차 전주화약과 집강소운영」, 『역사연구』 2, 1993, 131쪽 참고. 이 글에서는 「수록」, 『일본인』 등의 자료를 들어 전봉준 부대는 태인 － 정읍(5.17.) － 담양(5.28.) － 순창(6월 초) － 담양(6. 9.) － 옥과(6. 14.) － 광주(6. 16.) － 남평(6. 17.) － 능주(6. 18.) 등으로

농민군이 함께 순창에 머무르고 있었던 것으로 보이는 6월 8일경 남원에서는 농민군이 장차 남원에 들어올 것이라 하여 민심이 크게 동요했다고 한다.[20]

남원은 당시 도호부(都護府)로서 전라도에서 관찰사가 있는 전주와 목사가 있는 나주·제주·광주·능주 다음으로 규모가 큰 고을이었다.[21] 또 남원은 전라도에서 전주·제주·나주·장흥·남원·순천 등으로 구성된 진관체제 중심지의 하나로서, 남원진관의 관할에는 담양·순창·무주·임실·곡성·진안·용담·옥과·운봉·창평·장수 등지가 들어 있었다. 또 지리적으로 보면 남원에서 동쪽으로 연치(여원치)를 넘어 운봉을 거쳐 경상도 땅인 함양·산청·하동·진주로 이어지며, 서쪽으로는 순창·담양·태인으로 이어진다. 남쪽으로는 섬진강을 통하여 곡성·구례·광양·승주·순천으로 이어지고, 북쪽으로는 장수·임실·진안·금산으로 이어진다. 지리적으로 남원은 그야말로 전라좌도를 호령할 수 있는 요충지였던 것이다. 1894년 여름 김개남이 남원을 자기 세력의 근거지로 삼은 것은 남원이 이와 같이 정치적으로, 그리고 지리적으로 요충지였기 때문이다.

4. 김개남 지휘 농민군의 남원 점령

김개남이 이끄는 농민군은 6월 25일 남원에 들어왔다. 당시 김개남

순행했으며, 김개남 부대는 태인—장성 백양사(5.28.)—순창(6.8.)—옥과(6.9.)—담양—창평—동복—낙안—순천—곡성 등으로 순행했다고 보았으나, 전봉준이 순창에서 도로 담양에 되돌아왔다고 보는 것, 또 김개남 부대가 태인에서 순창으로 바로 가지 않고 굳이 길이 험한 백양사로 돌아가려 했다는 것은 아무래도 어색하여 위와 같이 수정했다.

20) 『영상일기』, 갑오년 6월 8일.

21) 당시 같은 도호부가 있던 곳은 장흥·순천·담양·여산·장성·무주 등지였다.

의 휘하에서 농민군을 이끌고 있던 주요 인물들은 이사명·유복만(홍양)·남응삼(담양) 등이었다. 또 이후 이들과 행동을 같이한 남원의 토착 동학 세력들은 김홍기·김우칙·이춘종·박정래·박중래·김원석 등이었다.[22)]

한편 7월 2일에는 전봉준도 남원에 도착했다. 이로써 농민군은 남원 지역을 완전히 장악했고, 남원부사 윤병관은 자리를 비우고 떠나 버렸다.[23)] 그런데 전봉준이 남원에 도착한 직후인 7월 6일경 전라감사 김학진은 일본군의 경복궁 점령과 민씨 정권의 붕괴, 그리고 개화파정권 수립 등의 소식을 듣고, 군관 송사마를 전봉준에게 보내 편지를 전달했다. 여기서 김학진은 전봉준에게 함께 국난에 대처할 것을 약속하고 농민군들과 함께 전주를 지킬 것을 제의했다. 전봉준은 이 편지를 받고 '일사보국(一死報國)'하겠다고 생각하고 김학진의 뜻에 응하기 위해 무리를 모아 전주로 갔으나, 동행하던 김개남은 도중에 남원으로 되돌아가 버렸다.[24)]

김학진과 전봉준은 전주에서 회담을 갖고 집강소 설치를 합의했다. 집강소의 설치문제는 이미 6월 초순부터 김학진이 농민군측에 각 리에 집강을 설치하여 농민군의 기강을 잡아 달라는 형태로 제의해 오던 것이었다. 전봉준과 김학진 간의 합의에 따라 전주에는 전라좌우도대도소가 설치되었고, 도집강으로 송희옥이 임명되었다. 또 전봉준은 12일경 각 읍에 전령을 보내 읍내에 도소(都所)를 설치하고 농민군들 가운데 집강을 뽑아 수령의 일을 행하도록 했다. 이른바 집강소의 설치였다.[25)] 전봉준은 이후 곧 김개남을 비롯한 농민군이 집결해 있는 남원으

22) 「박봉양경력서」, 『동학란기록』 하, 511쪽.
23) 『영상일기』, 갑오년 7월 2일.
24) 「오하기문」 2필, 『사료대계』 1, 179~180쪽.
25) 「오하기문」 2필, 『사료대계』 1, 181~183쪽.

로 7월 15일경 내려와 대회를 갖고 김학진과의 협상결과를 보고했으며, 이를 농민군들로부터 추인받았던 것으로 보인다. 이때 김개남도 전봉준의 뜻에 따라 관측과의 타협을 인정하고 집결한 농민군을 인근 각 군으로 해산시켰으며, 자신은 100여 명을 이끌고 임실 상여암으로 들어갔다고 한다.[26] 이때가 아마도 7월 말이었을 것이다.

그런데 전봉준이 전주에 다녀온 그 사이 즉 7월 10일경 남원의 농민군 수백 명은 함양을 거쳐 안의까지 진출한 일이 있었다. 이때 농민군은 자신들을 거짓 환대한 조원식의 농간에 말려들어 300여 명이 안의 민정들에게 잡혀 죽고 겨우 십여 명만 살아서 돌아올 수 있었다.[27]

한편 이웃한 순창의 경우에는 군수 이성렬이 성을 지키고 농민군을 막는 등 농민군에 대해 적대적인 태도를 보였으나, 김학진이 각 읍에 영을 내려 '무국(撫局)', 즉 농민군과의 타협국면을 깨지 말 것을 종용했기 때문에 이를 따를 수밖에 없었다. 당시 순창 이민(吏民)은 거짓으로 입도(入道)를 칭하고 스스로 도소를 설치하고 집강을 둠으로써 농민군들의 경내 침입을 막았다.[28] 이러한 사례는 다른 곳에도 있었다. 능주나 병영이 바로 그러했다.[29]

당시 농민군의 위세는 상당했다. 황현에 의하면, 익산군수 정원성, 구례현감 조규하, 오수찰방 양주혁, 화순진사 조병선, 임실진사 한흥교, 홍양진사 신서구, 순천진사 유재술 등이 농민군 편을 들었다고 한다. 특히 구례현감 조규복은 김개남이 머물고 있던 임실 상여암에까지 찾아가 자신의 조카로 하여금 김개남을 따르게 했다.[30]

---

26) 「오하기문」 2필, 『사료대계』 1, 191쪽. 여기서 상여암은 상이암의 오기인 듯하다. 상이암은 현재도 임실군 성수면 성수산에 있다.

27) 「오하기문」 2필, 『사료대계』 1, 156쪽 ; 『영상일기』, 갑오년 7월 보름.

28) 「오하기문」 2필, 『사료대계』 1, 160쪽.

29) 「오하기문」 2필, 『사료대계』 1, 137쪽.

30) 「오하기문」 2필, 『사료대계』 1, 211쪽.

그런데 김개남이 상여암에 들어간 뒤 해산했던 농민군은 8월 중순 남원의 부동에 다시 집결하기 시작한 것으로 보인다. 이들은 8월 19일 부동의 강감역·유학규 등의 지휘 아래 남원부에 들어가 군기와 화약 등을 빼앗아 부동에 저치했다. 농민군은 이후 계속 집결하여 교룡산성과 남원성을 근거로 삼았다.[31] 김개남은 25일 임실에서 남원으로 들어왔는데, 당시 남원부사는 여전히 자리를 비우고 있었다. 김개남의 지시로 교룡산성에 근거를 마련한 것은 흥양출신 접주 유복만(유희도)이었다.[32]

이처럼 김개남이 다시 농민군을 집결시키고 남원으로 들어온 것은 전봉준과 김학진이 마련한 '무국', 즉 타협국면을 깨뜨린 것이었다. 따라서 「오하기문」에 의하면 전봉준은 곧 남원으로 달려와 "청일전쟁이 끝나면 어느 쪽이 이기든 농민군을 향하여 총뿌리를 돌릴 것이며, 현재 우리의 오합지중으로써는 뜻을 이루기 어려우니 아직은 각 현에 흩어져서 정세를 더 살펴야 될 때"라고 설득했다고 한다. 손화중도 이어 달려와 비슷한 취지의 말을 했다고 한다. 그러나 김개남은 대중이 한번 흩어져 버리면 다시 모이기는 어렵다면서 이를 듣지 않았다고 한다.[33] 당시 김개남은 남원에 상당히 오랫동안 머물 생각을 하고 남원성과 교룡산성을 보수했으며, 매 결당 쌀 7말씩을 거두고, 인근 군에서까지 군포 등을 거두었다.[34]

그런데 9월 초 농민군의 진영에는 중대한 변화가 있었다. 즉 9월 3

31) 『영상일기』, 갑오년 8월 19일.

32) 「오하기문」 2필, 『사료대계』 1, 210쪽. 여기서는 유복만의 성을 유(劉)씨로 적고 있으나 유(柳)씨가 맞다.

33) 「오하기문」 2필, 『사료대계』 1, 210~211쪽. 그러나 전봉준과 손화중이 직접 남원까지 달려가 김개남을 만류했는지는 확실치 않다.

34) 황현은 김개남이 남원 산동방과 구례에서 쌀 7두씩, 모두 300석을 거두어 화엄사에 저치해 놓았다고 기록했다(「오하기문」 3필, 『사료대계』 1, 259쪽).

일 농민군의 해산을 종용하는 대원군의 효유문이 전주에 도착했고, 9월 8일에는 남원에 도착했던 것이다.[35] 이에 따라 송희옥은 전주의 대도소를 바로 철파하고 전주성에서 철수했다. 그런데 9월 6일 송희옥은 대원군의 속뜻을 전하는 밀사를 구촌에서 만나 서울의 사정과 농민군의 상경을 독촉하는 대원군의 뜻을 전해 들었다.[36] 이에 송희옥은 당시 태인에 머물고 있던 전봉준을 급히 불러 이 문제를 상의했다. 이 회합에서 전봉준은 재봉기를 서두르기로 결정한 것으로 보인다. 9일에는 금구지방의 농민들이 금구관아에 들어가 무기고에서 무기를 탈취하여 10일 전주 방면으로 향했으며, 10일에는 삼례에 각지에서 농민군이 집결하기 시작했던 것이다.[37] 대원군의 밀사는 전봉준에게만 간 것이 아니었다. 대원군의 또 다른 밀사인 이건영은 9월 7일 남원에 당도하여 김개남에게도 같은 뜻을 전했다.[38] 그러나 김개남은 쉽게 움직이지 않았다. 전봉준의 부대가 9월 말경 공주 방향으로 북상할 때 김개남은 여전히 남원에 머물고 있었다. 9월 17일과 22일 두 차례에 걸쳐 전라감사 김학진은 남원에 약 5, 6만의 농민군이 모여 있으며, 부사 윤병관은 오랫동안 자리를 비우고 있음을 보고했다. 이에 정부에서는 9월 17일자로 윤병관을 파직하고 신임 남원부사에 이용헌을 임명했다.[39]

8월 말 이후 남원에 농민군 부대가 웅거하자 가장 위협을 느낀 것은 운봉과 곡성이었다. 곡성에서는 7월 초 장성의 이사홍당에게 군기와 민재를 빼앗긴 뒤에 이민들이 수성군을 조직한 바가 있었다. 그러나

35) 대원군의 효유문(曉諭文)을 남원에 들고 온 이는 김태정·고영근이었고, 이들의 부탁으로 동행한 이는 전주의 정석모였다(「갑오약력」, 『동학란기록』 상, 66~67쪽).

36) 「수록」, 『사료대계』 5, 296쪽 ; 『주한일본공사관기록』 8, 51쪽, 55쪽.

37) 『주한일본공사관기록』 1, 129~130쪽.

38) 「갑오약력」, 『동학란기록』 상, 68쪽.

39) 『계초존안(啓草存案)』, 갑오년 9월 17일, 22일.

남원에 민군이 들어온 이후 곡성의 농민군은 위협을 느껴 수성군을 사실상 해산한 상태였다.[40] 그러나 운봉 쪽은 달랐다. 운봉에서 반농민군을 조직한 것은 전(前) 주서 박문달(박봉양)이었다. 박문달은 본디 향리로서 상당한 부호였다. 그는 농민군이 봉기하자 처음에는 재산을 지키기 위해 장수의 동학접주 황내문에 의지하여 그 화를 피하고자 했다. 그러나 농민군의 세력이 각 읍에서 더욱 강성해지자 7월 26일 족당과 머슴 등 수십 명을 모아 민보군을 조직하고, 이어서 운봉 경내에서 더 사람을 모아 그 수가 수일 만에 1200여 명을 헤아리게 되었다.[41] 이들에게 남원에서 운봉에 이르는 길목인 연치(여원치)·입망치·유치를 지키도록 했다.[42] 민보군은 이후에도 그 수가 계속 늘어 5000여 명에 달했으며, 그들을 배치한 곳도 37개소에 달했다고 한다.[43] 그런 가운데 신임 운봉현감 이의경이 도임했고, 그는 방비를 더욱 굳게 하도록 지시했으며, 영남 각 군에도 격문을 띄우고 대구와 진주에도 원조를 청했다. 이에 따라 함양 쪽에서 포군 150명이 합세해 와 운봉의 수성군들과 함께 훈련을 했다.[44]

마침내 9월 17일 농민군 수십 명이 운봉에서 서쪽으로 10리 떨어진 방아치에 나타나자 이곳을 지키고 있던 민보군 소속 100여 명의 포군이 이를 막았으며, 수성군과 함양원군이 출동하여 농민군을 격퇴했다. 이 즈음인 9월 말경 김개남은 남원에 모여 있던 농민군 세력을 5영으

---

40) 「곡성군수보장(谷城郡守報狀)」, 『동학란기록』 상, 99~100쪽.

41) 「박봉양경력서」, 『동학란기록』 하, 511쪽. 아마도 이들은 각 호에서 1명씩 장정을 징발하는 방식을 통하여 동원된 것으로 보인다(『영상일기』, 갑오년 8월 26일).

42) 「오하기문」 2필, 『사료대계』 1, 186~187쪽 ; 『영상일기』, 갑오년 8월 19일.

43) 운봉 쪽의 민보군은 구례와의 경계인 다름재로부터 장수군과의 경계에 이르기까지 60~70리에 이르는 지역에 배치되어 있었으며, 매일 밤 봉화로써 서로 연락을 취했다고 한다(「오하기문」 3필, 『사료대계』 1, 250쪽).

44) 「박봉양경력서」, 『동학란기록』 하, 511~512쪽.

로 나누어 인근 5군에 파견했다. 이에 따라 전영에 남응삼, 후영에 김홍기, 우영장에 김대원, 좌영에 김용관을 임명하고 중영 도통은 김개남 자신이 맡았다.[45] 이에 따라 남응삼은 자신의 근거지였던 담양으로 9월 30일 돌아갔음이 확인된다.[46] 그러나 이때 다른 이들이 어디로 갔는지, 그리고 김개남 세력의 유력한 부대였던 홍양접의 유복만은 어디로 갔는지는 확인되지 않는다.

5. 김개남군의 북상과 패전

9월 초 대원군의 밀사를 접하고, 또 전봉준의 북상 소식을 접하면서 김개남도 북상을 위한 준비를 시작했다. 그는 전장수용(戰場需用)이라고 칭하면서 마골(麻骨)을 태워 화약을 제조했으며,[47] 목판을 징발하여 상거(廂車)를 제조하게 했으며, 군병들의 가을옷 등을 준비했다.[48] 또 당시 오수찰방은 김학진에게 보낸 첩정(牒呈)에서 "남원부 회소의 동학배들이 군목 색리들을 난타하여 거의 사경에 이르게 하고 관고에 사들여 놓은 쌀과 상납할 각 군목 20동 27필을 모두 탈취해 갔다"고 보고했다. 능주목사 조존두도 김학진에게 보낸 첩보에서 "동비 160여 명이 포를 쏘며 본주에 들어와 남원대도소 김개남의 지휘라고 하며 공형(公兄)들을 불러 내어 동전 2만 냥과 백목 30동을 남원대도소로 실어 보내라고 공갈을 하며 재촉했는데 그들이 부린 행패는 이루 다 말할 수가 없다"고 했다. 광주목사 이희성의 첩보에서도 "본주의 공형들이

45) 『영상일기』, 갑오년 8월 26일.
46) 「갑오약력」, 『동학란기록』 상, 72~73쪽.
47) 마골이란 껍질을 벗긴 삼대를 말한다(일명 겨릅대).
48) 「오하기문」 3필, 『사료대계』 1, 248쪽.

남원대도소의 동도 사통문을 보니 군수물자가 매우 시급하므로 동전 10만 냥과 백목 100동을 수송하되 만일 이를 어긴 공형들은 군율을 시행한다고 되어 있다"고 했다.[49] 이로 미루어 보아 김개남은 남원대도소의 이름으로 각 군현에 군수물자를 할당하여 이를 징발하려 했던 것으로 보인다. 이는 남원대도소에서만 있었던 일은 아니었다. 같은 시기 전봉준이 지휘하는 금구 원평의 도회소에서도 각 군현에 통문을 보내 군량미와 백목 등을 요구했다.[50]

김개남이 남원성을 출발하여 전주로 향한 것은 10월 14일이었다. 전봉준은 전주에서 공주로 떠나면서 여러 차례 김개남에게 속히 북상해 줄 것을 요청했으나, 김개남은 참서를 빙자하여 남원에서 49일을 유진(留陣)해야 한다고 고집하다가 이때에야 비로소 남원을 떠난 것이었다. 김개남의 부대는 총통을 짊어진 자가 8000여 명이었으며, 군수품의 수송 행렬이 100리에 달했다고 한다. 김개남은 북상에 앞서 전영 후영 등으로 각지로 나가 있던 자기 세력을 남원에 다시 집결토록 했다.[51] 김개남 부대가 8000명에 달했다는 것은 여러 접에서 합세한 결과일 것이다.

김개남 부대는 임실을 거쳐 전주로 향했다. 당시 임실현감은 민충식으로 그는 민영준의 족질이었다. 「오하기문」에 의하면 민충식은 김개남과 이미 형제의 관계를 맺고 동학에 입도한 자이며, 이때 김개남에 의해 행군도성찰에 임명되어 김개남군을 안내했다고 한다.[52] 일본군의 보고에 의하면 민충식은 임실현 관청의 기기(器機)를 모두 동학당에게 주었다고 한다. 민충식은 뒤에 일본군에게 체포되어 경성으로 압송되

49) 『주한일본공사관기록』 1, 131쪽.
50) 『주한일본공사관기록』 1, 130~131쪽.
51) 「갑오약력」, 『동학란기록』 상, 74쪽.
52) 「오하기문」 2필, 『사료대계』 1, 256~257쪽.

던 도중, 천안에서 탈주했다.[53]

임실을 거쳐 전주성에 들어간 김개남은 당시 전주에 머물고 있던 신임 남원부사 이용헌을 붙잡아 처형했다. 김개남이 이용헌을 붙잡아 처형했던 것은 이용헌이 정부로부터 소모사의 직책을 아울러 받고 내려와 전주에 머무르면서 밀사를 남원에 보내 남원민의 봉기를 종용하고, 아울러 운봉의 박봉양과도 연락을 꾀해 남원의 김개남군을 양쪽에서 협공하려는 계획을 세우고 있었기 때문이다. 「오하기문」에 의하면, 김개남은 이때 이용헌에게 "네가 왜놈이 임명한 관원으로 내려와 나를 죽이려고 한 일이 있느냐"고 물었고, 이용헌은 이를 부인했으나 그가 지니고 있던 소모사 임명의 유서(諭書)와 그 밖의 기포기밀문서 등이 발각됨으로써 김개남이 그를 직접 참형했다고 한다.[54] 그러나 일본군측의 기록에 의하면 경성까지 가서 이용헌을 수행해 오던 남원의 한 향리가 김개남을 인도해서 이용헌을 죽이게 했으며, 김개남이 직접 이용헌을 죽인 것은 아니지만 그가 하수인을 시켜 죽인 것이므로 뒷날 김개남이 체포되어 전주로 압송되었을 때 이용헌의 아들이 김개남을 원수로 지목하여 죽이겠다고 나섰다고 기록했다.[55] 한편 김개남은 또 이때 전주에 머물고 있던 순천부사 이수홍과 고부군수 양성환을 매질을 가한 뒤 가두었는데, 양성환은 장독을 이기지 못하고 죽었으며, 이수홍은 3000냥을 바치고 풀려 났다고 한다.[56] 또 『초정집(草亭集)』에 의하면 김학진의 참모로 있다가 당시 고창현감으로 나가 있던 김성규는 전주로 들어와 김개남의 행태를 힐책하고 말리려 했다가 오히려 그에

53) 『주한일본공사관기록』 1, 196쪽.

54) 「오하기문」 2필, 『사료대계』 1, 257쪽. 이용헌은 김개남에게 굽히지 않고 충절을 지키다가 죽었다 하여 11월 초 정부로부터 군무협판에 추증되었다(「갑오실기(甲午實記)」, 『사료대계』 6, 326쪽).

55) 『주한일본공사관기록』 6, 49쪽.

56) 「오하기문」 2필, 『사료대계』 1, 259쪽.

게 구타, 감금당했다고 한다.[57] 또 「오하기문」에 의하면, 김개남은 전주에서 전라감사 김학진을 만나 자신이 이미 전주감영에 동복 1000벌을 만들어 달라고 요구했는데, 왜 이에 응하지 않았느냐고 힐문했으며, 김학진은 자신은 그러한 편지를 받은 적이 없다고 변명했다 한다.[58] 당시 김학진은 9월 22일 정부에 전주·금구와 남원에 동학도들이 다시 모이고 있다고 보고했고, 이에 의정부는 이를 막지 못한 책임을 물어 그를 파직했으나, 아직 신임감사가 내려오지 않아 전주에 머물고 있는 실정이었다.[59]

이후 김개남은 전봉준이 공주 방면으로 간 것과는 달리 북상 진로를 청주 방면으로 잡았다. 두 사람이 이처럼 북상 진로를 달리한 이유는 무엇이었을까. 이에 대해 오지영의 「동학사」(초고본)은 다음과 같이 설명하고 있다.

> 전봉준과 김개남 등이 대군을 거느리고 전주성을 떠나 삼례역에 이르러 북벌의 의견이 서로 달라 김개남은 말하되 대군의 행진을 북으로 공주길로 가는 것보다 동북으로 청주길로 가는 것이 마땅하다 하여 언론이 있었다. 전봉준은 말하되 이제 관병이 이미 금강을 건너 공주감

57) 「초심정실기(草心亭實記)」, 『초정집』 12. 김성규는 이때 김개남에게 원한을 갖게 되었고, 이 일이 뒷날 그가 이도재의 종사관이 되어 김개남을 체포, 처형하는 데 앞장서게 하는 계기가 되었다고 한다(김용섭, 『한국근대농업사연구』, 1975, 417쪽).

58) 「오하기문」 2필, 『사료대계』 1, 258~259쪽.

59) 의정부에서는 9월 23일 김학진을 파직하고 홍주목사 이승우를 후임으로 임명했으나, 이승우는 홍주의 상황이 급박함을 들어 이를 거부했고, 이에 의정부에서는 10월 6일 다시 공무협판이던 이도재를 신임 전라감사로 임명했으나, 10월 중순 현재 이도재는 아직 전주에 부임하지 않고 있었다(『일성록(日省錄)』, 갑오 9월 23일, 갑오 10월 6일 ; 「갑오실기」, 『사료대계』 6, 317~318쪽). 이도재가 전주에 부임한 것은 11월 29일 전봉준이 공주 패전 뒤 후퇴하면서 전주를 거쳐 원평 쪽으로 빠져 나간 뒤였다(「양호우선봉일기(兩湖右先鋒日記)」, 『동학란기록』 상, 326쪽).

영에 들어 있나니 우리가 만일 공주길을 버리고 청주길로 갈 것 같으면 적은 반드시 남으로부터 우리의 뒤를 따라 치밀어 올라올 것이며, 청주의 지경에 이르러는 적은 우리를 중간에 두고 좌우협의 세를 취할 것이오, 또는 적이 우리 본진인 호남을 짓밟아 버리게 되기 쉬우니 어느 편으로 보나 적이 오는 앞을 막아 들어가는 것이 가하노라 했다. 이와 같이 북진의 의견이 서로 달라 필경은 공주 청주 양로(兩路)로 나누어 들어가자는 말이 성립되어 김개남군은 청주길로 가게 되었고, 전봉준군은 공주길로 가게 되었다.[60]

위와 같은 기록에는 약간의 문제점이 있다. 즉 김개남이 전주·삼례에 도착했을 10월 16일경은 이미 전봉준이 북상하여 은진을 거쳐 16일 논산·노성에 다다르고 있던 때였기 때문이다.[61] 따라서 전봉준과 김개남이 서로 만나서 북상의 진로를 놓고 논의했다는 것은 사실과 어긋난다. 또 전봉준은 훗날 신문 과정에서 "김개남은 내가 왕사(王事)에 합력하자고 권했으나 끝내 듣지 않았기 때문에 처음에는 상의한 바가 있었지만 나중에는 상관하지 않았다"고 했다. 여기서 왕사에 합력하자고 한 것은 김학진과의 타협에 의한 무국을 유지하면서 집강소체제를 지속해 나가는 것이었을 것이다. 따라서 전봉준과 김개남 사이의 협력관계는 8월 25일 김개남의 남원 재입성 시기 이후 균열이 가기 시작했다고 볼 수 있다. 그런데 전봉준도 9월 상순 재봉기를 결심하고 삼례에서 이를 위한 준비를 시작했기 때문에 양자의 관계가 완전히 단절되었으리라고 보기는 어렵다. 아마도 전봉준은 김개남에게 속히 북상하여 대열에 합류할 것을 요구했을 것이다. 그러나 김개남은 전봉준이 삼례를

60) 「동학사」(초고본), 『사료대계』 1, 496쪽.
61) 「양호우선봉일기」, 『동학란기록』 상, 281쪽.

떠난 뒤인 10월 중순이 되어서야 남원을 떠나 전주로 향했고, 또 전주에서도 한참 동안 머물다가 11월 초순이 되어서야 은진·연산을 거쳐 청주 방면으로 북상했다. 따라서 김개남과 전봉준이 북상로를 놓고 직접 만나서 상의했다는 사실은 있을 수 없고, 다만 서신을 통하여 서로의 의견을 교환했을 가능성은 있다.

김개남은 어느 길을 거쳐 청주로 북상했을까. 이와 관련하여 진잠현 공형들은 문장(文狀)을 통해 "전라도 김개남포의 5000여 명이 금산 등지로부터 이달 초 10일 신시(申時)에 본 읍에 들어와 머무르면서 각 공해 문호와 각 청의 등록 문부 등을 모두 파괴 방화했으며 또 창고문을 부수고 환곡을 탈취했으며, 읍내 가호의 재산과 기물들을 혹은 파괴하고 혹은 빼앗아 갔고, 유향 공형 및 읍속들은 모두 두들겨 맞아 거의 사경에 이르러 그 어려움은 이루 다 말할 수 없습니다. 저들은 다음날 11일 오시(午時) 즈음에 길을 떠나 회덕·신탄진 쪽으로 갔으며, 장차 청주로 향한다 했습니다"라고 보고했다.[62] 진잠현 공형들의 보고대로라면 김개남군의 북상로는 전주－고산－진산·금산－(연산)－진잠이 된다. 또 「금산피화록(錦山被禍錄)」에서는 10월 24일 진산·고산·영동·옥천·무주 등 각지의 농민군이 차례로 금산을 습격하여 11월 9일까지 약 보름간 금산을 점령했으며, 이때 위의 농민군들 외에도 "개남포·연산포·공주포·강경포 등이 들어왔다가 가고 갔다가 돌아오기를 반복했다"고 기록했다.[63] 위와 같은 기록들을 통하여 볼 때 김개남군의 일부

62) 「순무선봉진등록」, 『동학란기록』 상, 499～500쪽.

63) 「금산피화록」, 『동학란기록』 하, 705쪽. 황현의 「오하기문」에서는 "김개남이 전주를 떠나 삼례로 향하면서 전봉준을 위해 병력 일부를 금산으로 보내 이를 함락시키고 현감 이용덕을 쫓아냈다"고 기록했다(「오하기문」 3필, 『사료대계』 1, 260쪽). 「오하기문」에서는 또 김개남군이 금산에 들어가 수성군 대장을 맡은 전 참판 정숙조를 붙잡아 처형했으며, 군관 정지환 4부자는 김개남군에 항전하다가 전사했다고 기록했다(「오하기문」 3필, 『사료대계』 1, 341쪽). 그러나 금산의 향리들이 작성한 「금산피화록」에 따

는 고산–진산–연산의 경로로 북상하고, 일부는 고산·진산 등지의 농민군이 금산을 점령하고 있을 때 고산–진산–금산–진잠의 경로를 거쳐 북상한 것으로 보인다.[64] 김개남군이 금산 부근을 통과한 날짜는 적어도 11월 8일 이전으로 추정된다. 왜냐하면 11월 8일 금산에 있던 농민군은 옥천 방면에서 내려오던 일본군을 맞아 금산 바로 북쪽지역에서 치열한 접전을 벌인 뒤 금산을 포기하고 진산·고산·용담 방면으로 후퇴했기 때문이다.[65]

김개남군은 진잠에서 회덕–유성을 거쳐[66] 11월 13일 새벽 신탄진과 문의 쪽에서 청주성 공격에 나섰다. 당시 청주성에는 병사와 영장이 지휘하는 병영군이 있었고, 또 일본군 소위 구와바라 에이지로(桑原榮次郞)가 지휘하는 일본군 1개 중대가 전날 도착해 있었다. 구와바라의 보고에 따르면, 김개남군 약 1만 5000~6000명이 신탄진 방향에서 청주로부터 1500여m 떨어진 곳까지 행진해 왔고, 또 문의 방향에서도 약 1만여 명이 행진해 왔다고 한다. 일본군은 청주성 안에서 방어하는 것이 불리하다고 판단하고 남문 밖 600m 지점의 고지에 잠복하고 있다가 김개남군이 접근해 오자 일제 사격을 가했고, 김개남군도 4, 5분

르면 진산·고산·무주 등지의 농민군과 충청도 옥천·영동의 농민군이 연합하여 10월 24일 금산을 공격, 금산의 수성군을 격파하고 금산을 점령했으며, 이 과정에서 정숙조와 정지환 일가를 붙잡아 처형했다고 한다. 따라서 「오하기문」의 기록은 신빙성이 떨어지는 것으로 보인다.

64) 「동학사」(초고본), 『사료대계』 1, 498~499쪽에서는 "김개남은 1만여 군을 거느리고 삼례역을 떠나 여산 황화정에서 은진지계로 들어 연산읍을 거쳐 공주·대전과 문의 등 여러 골을 지나 바로 청주에 들어갔다"고 기록하고 있다. 그러나 이는 부정확한 기록으로 보인다.

65) 『주한일본공사관기록』 1, 248쪽. 금산에서 일본군에 패한 농민군(진안·고산·금산·무주 접 소속)은 같은 날 금산 남쪽의 용담현을 공격하여 9일 용담현을 점령했다(「순무선봉진등록」, 『동학란기록』 상, 635쪽).

66) 김개남군이 유성을 통과한 사실은 「이규태왕복서병묘지명」, 『동학란기록』 하, 483~484쪽에 기록되어 있다.

간 이에 응사하면서 전투를 벌였다. 그러나 김개남군의 무력 열세는 너무 일찍 드러나 곧 패주하기 시작했다. 김개남군은 다시 청주에서 신탄 방향으로 10리 가량 떨어진 곳으로 후퇴하여 일본군과 1시간여 동안 접전을 벌였으나 역시 일본군의 우세한 화력에 밀려 다시 퇴각하지 않을 수 없었다. 이날 오전 내내 계속된 전투에서 김개남군은 결국 패하고 말았으며, 20여 명의 전사자를 내었고 많은 무기와 화약 등을 잃었다.[67]

청주 공략에 실패한 김개남군은 회군하여 그 선두 몇백 명이 11월 13일 밤 다시 진잠현을 공격했으나 진잠현의 향리들과 읍내 주민들의 방어를 뚫지 못하여 성 점령에 실패했다. 진잠현의 점령에 실패한 김개남군은 연산 방면으로 후퇴했다.[68] 한 일본군 장교는 11월 14일 오전과 오후에 걸쳐 연산에 다수의 농민군이 출현하여 이를 격퇴했다고 보고했다.[69] 아마도 이들은 후퇴하던 김개남 부대였을 것이다.

한편 「오하기문」은 "전봉준이 김개남과 합세하여 강경에서 다시 관군과 일본군에 저항했으나 또 패하자 군대를 유지하지 못하고 각자 헤어졌다"고 기록했다.[70] 그러나 이 기록은 믿기 어렵다. 전봉준이 지휘하는 부대는 11월 15일 노성에서 전투를 벌이고, 다시 후퇴해서 논산 황화대에서 전투를 벌였다. 그런데 김개남 부대는 하루 전인 14일 연산을 거쳐 남쪽으로 후퇴했다. 따라서 전봉준과 김개남은 아마도 만나지 못했을 것이다.

그러면 김개남은 이후에 어느 쪽으로 후퇴했을까. 김개남 부대는 이후 전봉준의 부대처럼 어느 정도의 세력을 유지하면서 후퇴하지는 못

67) 『주한일본공사관기록』 1, 249~250쪽 ; 「순무선봉진등록」, 『동학란기록』 상, 507쪽.
68) 「순무선봉진등록」, 『동학란기록』 상, 506쪽.
69) 『주한일본공사관기록』 1, 252~253쪽. 이 전투에서 농민군은 50명이 전사했다고 한다.
70) 「오하기문」 3필, 『사료대계』 1, 268쪽.

한 것으로 보인다. 즉 대부분의 병력이 대오를 이탈하여 그 세력은 현저히 약화된 것으로 여겨진다.

왜냐하면 김개남군은 이후에 전봉준군처럼 원평전투, 태인전투와 같은 전투를 조직적으로 전개하지 못했기 때문이다. 김개남 일행은 이후 아마도 진산—금산—진안—임실 방면을 거치면서 후퇴한 것으로 보인다. 그것은 이 시기를 전후하여 이 지역에서 출몰하는 농민군의 수가 몇천 명씩에 달하면서 일본군과 일대 접전을 벌이고 있기 때문이다.[71] 11월 16일에는 진안에서, 18일에는 고산에서 500~600명의 농민군이 출몰하여 일본군과 접전을 벌였다. 이는 아마도 김개남의 부대 등이 패전 뒤 각 지역으로 흩어져서 남하하면서 현지의 농민군 세력과 합세하여 일본군과 벌인 전투가 아닌가 여겨진다. 김개남 일행의 퇴각로가 이러했기 때문에 그는 전봉준과 만나지 못했을 것이다. 그가 최후로 인솔한 부대를 어느 지점에서 해산했는지는 알 수 없다.

김개남이 태인에서 체포된 것은 11월 30일 밤에서 12월 1일 새벽 사이였다. 이에 대해 전라감사 이도재는 다음과 같이 보고했다.

신(臣)이 감영에 도착한 다음날인 30일에 적괴 김개남이 태인지방에 있다는 정보를 듣고 당일 신시(申時)에 심영(강화영—인용자) 병방 황헌주를 시켜 전초대관 박승규에게 병정 80명과 동영 포교 3명을 인솔케 하고 향도를 대동시켜 전진케 했습니다. 그날 밤에 우설(雨雪)을 무릅쓰고 80리 협로를 달려 동현 산내면 종송리에 이르러 김개남과 동당 3한을 급습, 포착하여 초2일 유시(酉時)경에 신의 감영에 압송해 왔습니다.

김개남은 11월 말 그의 동료 3명과 함께 태인현 산내면 종송리에 있

---

71) 「순무사정보첩(巡撫使呈報牒)」, 『동학란기록』 하, 47쪽.

던 중, 그 정보가 전주의 전라감사 이도재의 귀에 들어가 강화영 병정들에 의해 체포되었던 것이다. 이도재에게 정보가 들어간 것으로 보아 김개남은 아마도 이곳에 며칠 머무르고 있었던 것으로 여겨진다. 그가 체포된 종송리는 회문산의 북쪽 자락에 있는 마을로서, 이틀 뒤인 12월 2일 전봉준이 체포된 순창군 하치등면 피노리(현 순창군 쌍치면 금성리)와는 산을 사이에 두고 직선거리로 약 20리 정도 떨어진 곳이었다. 따라서 전라감영에서는 전봉준이 김개남을 만나기 위해 피노리로 숨어든 것으로 파악했다.[72] 두 사람 사이에 어떤 약속이 있었는지는 정확히 알 수 없다. 다만 김개남이 종송리에 머무르고 있다는 정보가 이도재의 귀에 들어갈 수 있을 정도였다면 그러한 소식은 아마도 전봉준의 귀에도 들어갔으리라 여겨진다. 따라서 두 사람 사이에 어떤 약속이 있었을 가능성은 충분히 있다고 여겨진다.

전라감영으로 압송된 김개남은 다음날인 3일 아무런 재판 과정 없이 바로 처형되었다. 이는 즉각 일본공사관측의 반발을 불러일으켰다. 왜냐하면 일본공사관측으로서는 당시 동학농민군과 흥선대원군과의 관계를 밝히기 위해 농민군측의 문서를 최대한 수집하고, 또 주모자들을 가급적 생포하여 신문하고자 했기 때문이다. 이를 위해 일본공사 이노우에(井上)는 이미 11월 27일 외무대신 김윤식에게 서한을 보내 "체포된 비도(匪徒)를 석방하거나 귀순시키는 문제는 서로 회동하여 구명하고 지방관의 독단에 맡겨 징판케 하여서는 아니 되니 귀 대신도 이를 양찰하시어 즉시 지방관에게 영을 내려 어김이 없도록 해야 한다"고 당부했었다. 이노우에는 전라감사가 김개남을 처형했다는 소식을 듣고 즉각 김윤식에게 편지를 보내 "김개남은 동비의 거괴로 그가 저지른 참화를 심문해 볼 때 실로 중범에 속합니다"라고 말하고, 그런데 해

72) 「순무선봉진등록」, 『동학란기록』 상, 579~580쪽.

당 지방관이 왜 그를 죽였는지 그리고 누구의 명령으로 죽였는지 밝혀 줄 것을 요구했다.[73] 이에 대해 전라감사 이도재는 "이 적괴는 사설을 광포(廣布)하여 양호(兩湖)를 선란(煽亂)하고 관리를 살해하며 생령(生靈)들에게 독통(毒痛)을 주는 등 제반 불법을 행한 바 매거(枚擧)키 어려우니 해(該) 아문(衙門)에 압상(押上)하여 처분을 기다림이 마땅한 일이오나 현재 근읍(近邑)에는 여당(餘黨)들이 아직도 다수 둔취하고 있으니 중도에 탈취당할 염려가 없지 않기에 이 달 초3일 신시에 군민을 서교장(西敎場)에 대대적으로 집합시킨 가운데 효수하여 경중(警衆)하고 수급(首級)을 궤에 담아 도순무영(都巡撫營)에 상송(上送)했습니다"고 변명했다.[74] 외무대신 김윤식은 이도재의 말을 빌려 이노우에에게 같은 취지로 해명하고, 정부는 이도재에 대해 월봉(越俸) 2등의 견책 조치를 함으로써 이 문제는 일단락되었다.[75]

그런데 황현은 이도재의 김개남 즉결처형에 대해 다른 해석을 내리고 있다. 즉 이도재가 김개남을 국문해 본즉 김개남은 "우리들이 한 일은 모두 대원군의 밀지에 의한 것이었다. 이제 우리가 패한 것은 천명이다. 어찌 너의 국문을 받겠느냐"라고 하여, 이도재는 김개남의 입에서 대원군 관련 사실이 더 드러나 문제가 확대되는 것을 우려하여 서울로 압송하지 않고 처형했다는 것이다.[76] 대원군이 김개남에게 밀사를 파견했던 사실은 앞서 서술한 바와 같지만, 이도재가 대원군의 처지를 고려하여 김개남을 처형했다고 보기는 어렵다. 그보다는 이도재의 이후의 태도, 즉 각지의 농민군 지도자를 철저히 색출하여 가혹하게 처벌하고, 심지어 무죄 방면된 이방언과 김낙철 등을 계속 추적하

73) 『주한일본공사관기록』 6, 2쪽, 7쪽.
74) 『주한일본공사관기록』 1, 197쪽.
75) 『주한일본공사관기록』 6, 8쪽 ; 「갑오실기」, 『사료대계』 6, 337쪽.
76) 「오하기문」 3필, 『사료대계』 1, 302쪽.

여 끝내 이방언을 잡아 처형했던 강경한 태도 등으로 미루어 보아, 그의 말대로 '경중'의 효과를 노리기 위해 김개남을 처형한 것이 아닌가 여겨진다.

6. 남원 농민군과 운봉 민보군의 대결

그러면 10월 14일 김개남의 북상 이후 남원지방의 상황은 어떻게 되었을까.

김개남은 남원을 떠나 북상하면서 화산당접주 이문경으로 하여금 남원을 지키도록 명했다 한다.[77] 남원 화산당접은 담양의 용귀동접과 함께 '잔인'하다고 하여 '강접(強接)'으로 꼽히는 접이었다.[78] 그러나 김개남이 북상함으로써 남원성은 일단 비게 되었고, 남원에 사는 전 군수 양한규, 사인 장안택·정태주 등은 운봉의 박봉양에게 달려가서 이 틈을 타서 남원을 장악해 줄 것을 요청했다. 이에 박봉양은 24일 2000여 명을 거느리고 남원성으로 들어와 사흘간 머무른 뒤 다시 운봉으로 철수했다. 그 며칠 뒤 남원 부근에 남아 있던 농민군과 다른 지역에서 지원을 나온 농민군은 다시 남원성으로 들어왔다. 당시 농민군을 이끈 것은 유복만·김경률·남응삼·김홍규·김우칙·이춘종·김원석 등이었다.[79] 담양의 남응삼의 경우 그는 병을 칭하고 북상군에 가담하지 않은 뒤, 10월 20일경 남원을 지키기 위해 남원에 남아 있던 농민군에 합류했다.[80] 황현에 의하면 당시 남원에 모인 농민군들은 34접, 1만여 명에

---

77) 「오하기문」 3필, 『사료대계』 1, 254쪽.

78) 「오하기문」 2필, 『사료대계』 1, 128쪽. 화산당은 현재 남원시 화정동이다.

79) 「박봉양경력서」, 『동학란기록』 하, 512쪽.

80) 「갑오약력」, 『동학란기록』 상, 74쪽.

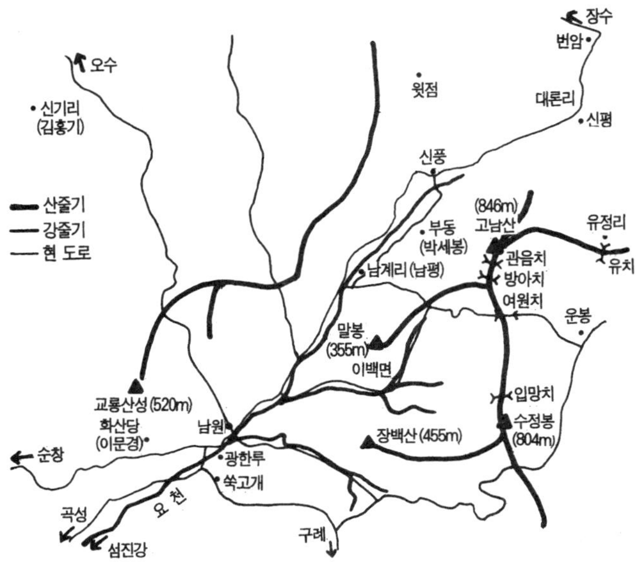

〈그림〉 남원지방의 1894년 농민전쟁 관련지

남원에 다시 집결한 농민군들은 먼저 장수접주 황내문의 요청으로 이춘경·남응삼이 장수에 들어가 민보군을 격파하고 장수를 장악했다.[82] 이어서 그들은 운봉으로 진출하고자 했다. 당시 호남지방에 잔류해 있던 농민군 세력은 크게 남원의 김개남 부대의 잔류 세력, 광주 부근의 손화중·최경선 부대, 장흥의 이방언 부대, 순천의 김인배 부대, 무안의 배상옥 부대였다. 이들 가운데 김개남 부대의 잔류 세력과 김인배 부대는 각각 함양, 하동 방면, 즉 영남으로의 진출을 꾀하고 있었고, 손화중·최경선 부대와 배상옥 부대는 나주를 점령하기 위해 힘

81) 「오하기문」 3필, 『사료대계』 1, 265쪽.

82) 「오하기문」 3필, 『사료대계』 1, 259쪽.

을 쏟고 있었다. 장흥의 이방언 부대는 상황을 지켜보다가 12월 초 농민군의 패색이 짙어가는 가운데 농민군 최후의 거점 확보를 위해 장흥·강진·병영을 공격하게 된다.[83)]

농민군의 운봉 진출은 11월 13일부터 시도되었다. 농민군은 13일 성 밖으로 나와 운봉과 인접해 있는 산동방 부동에 진을 쳤다. 이에 운봉 쪽에서는 수성군 등 2000여 명을 부동에서 운봉으로 넘어오는 길목인 관음재에 파견하여 진을 치도록 했다. 14일 담양의 남응삼과 남원 관노 김원석 등이 이끄는 농민군은 대오를 지어 관음재를 오르기 시작했으며, 운봉의 수성군은 농민군을 더 깊숙한 골짜기로 유인하여 양측간에 접전이 벌어졌다.[84)] 14일 새벽부터 15일 오전까지 계속된 이 전투에서 농민군은 막대한 피해를 입었으며, 운봉 수성군측도 상당한 인명 손실을 입었다.[85)]

11월 24일에는 남원 송내촌의 김원집·양상렬이 운봉 쪽에 "지금 성중의 적은 이사명·유복만·김경률·김홍기·김우칙·이춘종·이춘홍·권일선·김원석·최진악과 이름을 알 수 없는 승려로서 대장을 자처하는 자 등 당류가 불과 4000명에 불과하다. 그 가운데 유복만은 운봉의 군세가 심히 성하다는 말을 듣고 일전에 그 무리들을 이끌고 곡성 방면으로 나갔으며,[86)] 다른 1000여 명도 민재를 약탈하기 위해 각 촌으로 나

83) 이에 대해서는 박찬승, 「1894년 호남남부지방의 농민전쟁」, 『1894년 농민전쟁연구』 4, 역사비평사, 1994를 참조할 것.

84) 운봉군은 고지를 점령하고 골짜기로 무거운 바위를 굴려 내렸으며, 남원의 농민군은 문짝 등을 들고 가서 이를 막으려 했으나 불가능했다고 한다[박태귀 씨, 이강현 씨(72세, 부동 거주) 증언].

85) 「박봉양경력서」, 『동학란기록』 하, 513쪽 ; 「오하기문」 3필, 『사료대계』 1, 269~270쪽. 운봉측 민보군도 사망자가 8명, 부상자가 25명에 달했다.

86) 「박봉양경력서」, 『동학란기록』 하, 514쪽. 유복만은 이때 곡성을 거쳐 귀향하여 홍양으로 내려간 것으로 보인다. 12월 초 홍양에서는 유복만이 이끄는 농민군 1000여 명이 성 안과 밖 동북 2개의 산에 나누어 둔거하다가 경군이 내려온다는 소식을 듣고 해산

가 현재 성 안에는 3000여 명밖에 없다. 만약 이때를 놓친다면 이들을 토멸하기 어려울 것이다"라고 연락을 해 왔다. 이에 운봉현감 이의경과 박봉양은 25일 수성군과 민보군을 이끌고 출동하여 불선치를[87] 넘어 부동에서 1박 하고 다음날(26일) 아침 남원에서 10리 가량 떨어진 남평촌까지[88] 도달했을 때 운봉 쪽의 유치[89] 방어군으로부터 장수의 접주 황내문이 무리들을 이끌고 번암 쪽에서 내려와 운봉 쪽을 향하고 있다는 전갈이 급히 전해졌다. 이에 현감 이의경은 수성을 위해 운봉 쪽으로 돌아가고 박봉양은 황내문의 농민군을 맞아 접전하기 위해 번암의 원촌[90]으로 진출했다. 장수의 농민군과 운봉의 민보군은 다음날(27일) 원촌에서 격돌했다. 이 싸움에서 농민군은 패하여 21명이 죽고 36명이 사로잡혔으며, 나머지는 장수 방면으로 흩어졌다고 한다.[91]

박봉양군은 다음날(28일) 다시 남원 쪽으로 행군하여 남원성 가까이까지 진출하여 성 밖 남쪽 쑥고개에 진을 치고 있던 농민군 수백 명을 포군 100여 명을 동원하여 먼저 격퇴한 뒤 부대를 넷으로 나누어 세 부대는 동서북문 쪽에 매복하게 하고, 나머지 한 부대는 남문 쪽을 향하여 공격하도록 했다. 농민군은 성 밖으로 나오지 않고 성 위에서 총과 돌로써 공격을 가했으며, 이에 민보군이 민가 쪽으로 피하자 횃불을 민가 쪽으로 던져 민가에 불이 붙었다. 오후 4시경 박봉양군은 동서

했다고 한다(「순무선봉진등록」, 『동학란기록』 상, 652쪽).

87) 불선치는 현 남원군 산동면 대기리에서 고남산 북동쪽을 거쳐 운봉으로 넘어가는 고개이다.

88) 남평촌은 현 남원군 이백면 남계리이다.

89) 유치는 현 장수군 번암면 유정리에서 운성국민학교 앞을 거쳐 운봉으로 넘어가는 고개이다.

90) 현 번암면 대론리. 이곳 신평마을에는 현재 박봉양의 공적을 기리기 위해 산동방 하번암(현 대론리) 사람들이 1899년에 세운 '전주서박공봉양초토사공덕불망비(前注書朴公鳳陽剿討事功德不忘碑)'가 서 있다.

91) 「박봉양경력서」, 『동학란기록』 하, 514쪽.

양문을 향해 역시 화공을 전개하는 한편, 민가에서 사다리 등을 구해다가 성벽을 기어오르기 시작했다. 민보군이 성을 넘어 들어가기 시작하고 동서 양문에 불이 붙자, 농민군은 마침내 북문을 열고 도주할 수밖에 없었다. 이날 전투에서 농민군 가운데 전사자는 30여 명, 생포된 자는 100여 명에 달했다. 생포된 자 가운데 농민군 간부급에 해당하는 표자경·최진철·고양신 등 8명은 즉시 처형되었으며, 나머지는 곤장을 맞은 뒤 풀려 났다. 운봉의 민보군측에서도 전사자가 5명, 부상자가 84명에 달했다. 운봉의 박봉양군은 그해 여름 이후 계속된 남원 농민군과의 대결에서 최종적인 승리를 거둔 것이었다. 운봉의 박봉양군이 승리를 거두자 남원의 사인 김택주·오주영 등은 뒤늦게 민병 수백 명을 이끌고 남원성에 들어와 농민군 패잔병 수색에 나섰다.[92)]

운봉의 수성군과 민보군이 승리를 거둘 수 있었던 이유로서는 1)운봉이 천연의 요새로서 남원 농민군이 쉽게 함락할 수 없는 곳이었다는 점, 2)현감이 지휘하는 수성군과 박봉양의 민보군의 단결력이 비교적 강했다는 점, 3)함양에서 포군을 보내고 경상감사 조병호가 총통 300정, 화약 수천 근을 보내 오는 등 인적, 물적 지원이 적지 않았다는 점, 4)김개남의 농민군 주력이 북상함으로써 농민군측의 세력이 크게 약화되었으며, 유복만 부대가 이탈하는 등 농민군 진영의 대오가 흐트러진 점 등을 들 수 있다.

남원성이 박봉양군의 수중에 들어간 며칠 뒤인 12월 3일에는 경군과 일본군이 남원성에 들어옴으로써 남원성의 상황은 사실상 마무리되었다. 박봉양군은 경군과 일본군이 도착하자 곧 남원성 동남쪽 구례 땅 산동원 쪽으로[93)] 철수했다. 그런데 나주에 머물고 있던 일본군 제19대

92) 「박봉양경력서」, 『동학란기록』 하, 515쪽. 「오하기문」 3필, 『사료대계』 1, 280쪽에서는 박봉양군이 남원성에서 승리를 거둔 날이 24일이라고 기록하고 있으나, 여기서는 박봉양 자신의 기록인 「박봉양경력서」의 28일을 취했다.

대장 미나미 오시로(南小四郎)는 12월 5일 박봉양에게 편지를 보내 군무와 관련하여 상의할 일이 있으므로 나주로 오라고 하여 박봉양은 7일 구례를 떠나 11일 나주에 도착했다. 그러나 그는 도착하자마자 일본군에 체포되는 신세가 되었다. 황현은 경군을 이끌고 온 우선봉장 이두황이 자신이 남원에서 농민군과 일전을 벌여 거두려고 한 공이 좌절되자 박봉양을 시기하여 일본군측에 "박봉양이 적의 장물을 약취하고 민재를 겁략했으며, 성문에 불을 질러 훼손했다"고 모함했다고 기록했다.[94] 그러나 남원유생 김재홍의 기록에 의하면, 운봉 민보군은 농민군이 성에서 빠져 나간 뒤 농민군의 재산을 적몰한다는 구실로 민재를 약탈하여 운봉 쪽으로 실어 감으로써, 경군이 이를 크게 힐책했다고 기록했다.[95] 또 일본군 제19대 대장 미나미의 보고서에서도 "이 별군감(박봉양을 지칭 –인용자)은 동학도를 방어한다는 명목으로 현령(운봉현령 –인용자)의 명을 듣지 않고 많은 민병을 이끌고 남원에 와서 된장·냄비·솥 기타 일체의 주민 재산을 빼앗아 갔다고, 남원 인민이 우리 군대가 당도하는 것을 기다려 호소해 왔다. 먼저 도착한 가시와기(柏木) 대위와 미즈하라(水原) 중위의 보고에 따르면, 이곳에서는 원래 관미와 동학도의 군량미가 많았는데 별군감이 많은 민병을 시켜 모두 빼앗아 갔다는 것이 분명했다. 우리 군대는 이 약탈을 면한 쌀과 부족한 것을 다른 곳에서 사 모아서 겨우 충당했다. 별군감은 이 약탈을 자행할 때 불을 질러 동학도가 태우다 남은 민가 7, 8채를 불태웠다"고 기록했다.[96] 이러한 기록들을 미루어 볼 때 운봉군의 민재 약탈은 사실이었다고 보인다. 박봉양은 나주 진영에 갇혀 있다가 12월 그믐날

93) 현 구례군 산동면 원촌리.

94) 「오하기문」 3필, 『사료대계』 1, 281~282쪽.

95) 『영상일기』, 갑오년 12월 4일.

96) 『주한일본공사관기록』 6, 48쪽.

경성으로 압송되었다. 1895년 3월 재판에서 판사는 "피고가 해 지방(남원)에서 군병이 약탈함을 금지치 못한 증빙이 적확하다"고 판시하고, 박봉양에게 장 60대를 선고했다. 이에 따라 박봉양은 장 60대를 맞고 3월 29일 석방될 수 있었다. 이후 그는 잠시 내부주사로 임명되어 일하다가 6월에 귀향했다.[97]

한편 남원지방 유생들은 박봉양군이 승리하고 경군과 일본군이 남원성에 들어오는 상황이 되자 민보군을 조직했다. 이색의가 수성도통찰, 황영이 중통령, 김택주가 통령, 이회문·노백수·장안택 등이 북삼면 통령, 양한규가 수성중군을 각각 맡았으며, 이들이 지휘한 남원 민보군은 흩어진 농민군을 수색 체포하여 처형하는 데 앞장섰다.[98]

7. 김개남군 지도층의 사회적 성격

김개남 부대를 이끌고 있던 주요 인물들은 이사명·유복만·남응삼 등이었다. 그리고 이들과 협조하고 있던 남원의 토착 동학 세력들은 김홍기·김우칙·이춘종·박정래·박중래·김원석 등이었다. 이제 이들의 신상에 대하여 잠시 살피는 것을 통하여 그들의 사회적 성격을 검토해 보기로 하자.

먼저 호남지방에서 가장 큰 동학 세력을 거느리고 있던 이들 중의 하나인 김개남은 동학교단측의 자료에는 1891년경에 등장한다. 「천도교회사 초고」에 의하면 1891년경 호남지방의 주요 동학 지도자들은 최시형에 의해 전라좌우도 편의장에 임명된 남계천과 그에 못지 않은

97) 「박봉양경력서」, 『동학란기록』 하, 515쪽 ; 『동학관련판결문집』, 총무처 정부기록보존소, 72~73쪽.

98) 『남원지』, 1960, 323쪽.

명망을 갖고 있던 윤상오, 그리고 김영조·김낙철·김낙삼·김낙봉·손화중·김개남·김덕명·허내원·서영도·장경운 등이었다. 그런데 1891년 최시형이 이들을 접견했을 때, 최시형이 "너희들은 실심수도(實心修道)하야 천부의 성(性)을 통(通)케 하라"고 당부할 정도로 "도(道)를 아는 자가 드물었다"고 한다.[99] 이로 미루어 보아 김개남은 1880년대 말에서 1890년대 초 사이에 동학에 입도한 것으로 추정되며, 김개남 등 당시 호남지방의 동학 지도자들은 1891년 당시 아직 '도'에 대하여 깊이 알지 못하는 실정이었던 것으로 보인다. 김개남은 태인현 산외면 동곡리 출신으로, 도강김씨 중파(판관공파)였다. 황현은 「오하기문」에서 도강김씨 가운데 24명의 동학접주가 있었다고 했는데,[100] 실제 확인되는 이들로서는 태인현 산외면 오공동의 김삼묵, 태인현 고현내면의 김문행 등을 들 수 있다.[101]

---

99) 「천도교회사 초고」, 『동학사상자료집』, 아세아문화사, 434~436쪽.

100) 「오하기문」 2필, 『사료대계』 1, 161쪽.

101) 김삼묵은 도강김씨 중파로서, 본명은 영하(永夏), 자는 화여(化汝), 호가 삼묵(三默)이다. 그는 김개남과는 증조부가 같은 종형제간이었으며, 태인의 구족(舊族)으로서 평소 공거문을 잘 쓰기로 이름이 있었으며, 1888년 태인 무성서원의 장의를 역임하기도 했다 한다(『무성서원지』, 「갑을기사」 무자조). 그는 동학접주이면서도 제1차 기포 당시 참여하지 않았으나, 제2차 봉기 때에는 역시 기포했다고 한다. 그리고 김삼묵의 아들 김문환은 뒷날 체포되어 전주진위영에 갇혔으나 정석모의 도움으로 풀려 났다고 한다(「갑오약력」, 『동학란기록』 상, 71~75쪽). 김문행도 역시 도강김씨 중파로서, 족보명은 영규이다. 그는 농민전쟁기에는 접주로 활약했고, 특히 전봉준이 마지막 항전을 시도했던 태인전투에서 전봉준과 함께 농민군 지도자 4명 중의 한 사람으로 활약했다(「양호우선봉일기」, 『동학란기록』 상, 327쪽). 그는 또 영학당사건 때에도 태인의 거괴로 지목되었다(『황성신문』, 1899년 6월 23일). 또 당시 도강김씨 중파 가운데 고현내면 은석동에 살고 있던 김기술(자는 정범, 호는 국헌)은 황토재전투시와 12월 농민군 패퇴기에 의병을 일으켜 반농민군의 입장에 서기도 했다. 김기술과 김문행은 20촌간이 되는 같은 집안이었다. 이에 대한 자세한 내용은 이진영, 「동학농민전쟁기 전라도 태인 고현내면의 반농민군 구성과 활동－김기술과 도강김씨를 중심으로－」, 『전라문화논총』 6집, 1993을 참조할 것.

김개남이 이끌고 온 인물 가운데 이사명은 전주이씨 효령대군파로서 본래 남원군 아영면 두락리에서 살다가 진안군 백운면 오정리로 이주하여 거주했다고 한다. 전주이씨 효령대군파는 당시 남원부 둔덕방(현 임실군 오수면 둔덕리)에 오랫동안 세거해 온 사족가문이었다.[102] 이사명의 경우도 가까운 선대에 관직에 나아간 이들이 있었고, 또 경제적으로도 비교적 유족한 형편이었다고 한다. 그러한 그가 어떻게 하여 동학에 입도하고, 진안의 접주 지위에까지 오르게 되었는지는 분명치 않다. 그는 무장기포시부터 참여했고, 전주성 철수 이후 남원의 김홍기와 함께 김개남을 남원성으로 인도한 장본인이었다. 그의 형 이기면도 역시 농민전쟁에 참여했으며, 그해 12월 임실 대웅재에서 전사했다고 한다. 이사명 역시 오수 수전강변에서 체포되어 처형당했다고 하며 이때 그의 나이는 33세였다고 한다. 이사명이 농민전쟁에 주요 인물로 참여했기 때문에 둔덕 등지에 있던 이씨 가문은 이후 상당한 피해를 입었으며, 따라서 이사명은 가문 내에서는 지탄의 대상이 되었다고 한다.[103]

김홍기는 본관은 순천, 당시 남원군 덕고면 신기리(현 임실군 오수면 신기리) 사람이다. 김홍기도 한학을 공부한 지식인으로서 경제적으로 궁핍한 형편은 아니었고 비교적 여유가 있었다고 한다.[104] 김홍기는 임실 쌍암리의 북접 동학접주 최봉성의 사위였다. 최봉성은 전답 1000여 두락 이상을 소유한 대지주로서 갑오년에 임실 대접주로서 활약했으며, 그의 아들 3형제 최승우·최유하·최동필도 모두 접주로 활약했다.

---

102) 당시 남원의 대표적인 사족가문으로서는 둔덕의 삭녕최씨, 후천의 풍천노치, 내기의 안씨, 둔덕의 전주이씨를 들었다고 한다(송준호, 「남원지방을 예로 하여 본 조선시대 향촌사회의 구조와 성격」, 『조선사회사연구』, 일조각, 1987 참조).

103) 이현도 씨(이기면의 손자) 증언(1994. 7. 12., 9. 28.).

104) 김주연 씨(임실군 둔남면 둔덕리) 증언(1994. 6. 8.).

이로 미루어 보아 김홍기도 경제적으로 상당한 여유가 있는 부민이었을 것으로 짐작된다. 그는 앞의 이사명과 함께 초기부터 농민전쟁에 참여하여, 김개남을 남원으로 인도한 주역 중의 하나였다. 김홍기는 갑오년 12월 27일 체포되어 남원에서 처형되었다.[105)]

유복만(柳福晩)은 홍양 출신 접주로서 본명은 유희도(柳希道)이다.[106)] 그는 홍양군 점암면 간천리(현 영남면 간천리 간천마을)에서 살았으며, 농민전쟁기 김개남의 휘하에 들어가 남원과 홍양을 왕래하면서 활동했다. 그가 김개남을 따라 남원까지 와서 교룡산성을 지키는 중요한 책임을 맡았던 것은 그가 농민전쟁 이전에 이미 김개남과 상당한 관계를 가져 왔을 것임을 짐작케 한다. 그는 김개남이 청주로 북상한 이후에 남원성에 남아 이를 지키다가, 남원성이 불리한 처지에 놓이자 홍양접 농민군을 이끌고 남원성에서 빠져 나갔다. 그는 홍양으로 돌아가 그곳에서 최후의 항전을 시도하려다 세가 불리함을 알고 해산하고 말았으며, 점암면 성기리 백운동에 피신해 있다가 밀고로 홍양현청에 잡혀가

105) 「동학과 임실의 동학농민혁명」, 『전북일보』, 1993년 9월 13일 ; 최동안, 『천도교임실교사』, 1980, 183~186쪽 참조. 최씨 형제들은 갑오년 겨울 피신하여 순창 회문산에서 6년간 숨어 지냈다고 한다.

106) 『고흥군지』, 1984, 187쪽. 김개남 휘하에서 활동한 유복만이 홍양접주라는 사실은 황현의 「오하기문」에서 확인된다. 황현은 유복만의 홍양접이 가장 기율이 있는 농민군 부대였다고 기록했으며(「오하기문」 2필, 『사료대계』 1, 160쪽), 같은 이름의 유복만(劉福晩)이 남원의 교룡산성을 점령했다고 기록했다(「오하기문」 2필, 『사료대계』 1, 210쪽). 여기서는 유(柳)씨인 성을 유(劉)씨로 잘못 기록한 것으로 보인다. 오지영의 「동학사」에서는 그의 이름을 유희도(홍양접주)로 기록했다(「동학사」, 『사료대계』 1, 459쪽, 482쪽). 한편 유희도(유복만)는 태인접주였던 유공만(劉孔萬)과는 다른 인물이다. 태인접주 유공만은 태인현 동구천 사람으로, 전봉준과 함께 11월 27일 전봉준군의 마지막 전투인 태인전투를 지휘하고 피신했던 인물이다(『동학란기록』 하, 58쪽, 341쪽 참조). 양자를 혼동하는 경우도 있으나 오지영이 「동학사」(초고본)에서 유희도를 태인 접주로 기록했다가 지우고 다시 홍양접주로 바로잡은 사실이나, 남원성에서 유복만이 후퇴할 때 태인 쪽이 아니라 남쪽의 곡성 방면으로 향했다는 것 등으로 미루어 보아 유복만은 홍양접주 유희도임이 분명하다.

서 처형되었다고 한다.[107] 당시 흥양현감은 "포군 정재홍이 비괴 유봉만(유복만의 오기—인용자)을 잡을 때에 회룡총 1자루도 회수했다"고 보고했다.[108]

담양접주 남응삼은 김개남이 남원에 입성할 때 선봉장을 맡았다는 남주송과 같은 인물로 보인다.[109] 그는 본명이 남정초로서 본관은 의령, 당시 담양군 고면 가산리(현 담양군 월산면 가산리) 해룡마을 사람이었다. 남응삼은 비교적 부유했으며, 한문 공부도 상당히 한 지식인이었다고 한다.[110]

박정래·박중래는 남원 부동 사람으로 본관은 밀양이다. 이들은 당시 부동접주 박세봉의 영향으로 농민군에 적극 가담한 것으로 보인다. 박봉양의 글에는 전혀 기록되어 있지 않지만 부동 농민군의 지도자는 박세봉 접주였다. 박세봉 역시 지식인으로서 당시 40두락 정도의 토지와 상당 수의 소를 소유한 부농이었다고 한다. 관음재전투 후에 박봉양군이 부동에 들어와 그의 집을 불태웠다고 하며, 그는 이후 산동면 대상리 윗점마을 위 북치재굴 등으로 도피 생활을 하여 끝내 목숨을 건졌으며, 일제시기 신풍으로 이사하여 살았다고 한다.[111]

---

107) 그는 1867년 유성흘의 아들로 태어났으며, 묘소는 현재 파도(琶島)에 있다(김기채 고흥문화원장 증언, 1994. 7. 12.).

108) 「순무선봉진등록」, 『동학란기록』 상, 689쪽.

109) 오지영은 그의 「동학사」(초고본)에서 담양접주로서 남주송을 가장 먼저 기록했으며, 그가 김개남의 남원 입성시 선봉장이 되었다고 했는데(「동학사」(초고본), 『사료대계』 1, 475쪽), 같은 책에 남응삼의 이름이 보이지 않는 것으로 보아 같은 인물로 여겨진다.

110) 남선관 씨(담양읍 가산리 회룡마을) 증언(1994. 6. 8.). 이 마을에서는 그 외에도 남씨 집안 사람 2명이 농민군에 참여하여 뒤에 처형되었다고 한다.

111) 박태귀(70세, 박세봉의 손자, 남원군 산동면 태평리 신풍부락) 증언(1994. 6. 7.). 박봉양의 글에는 박세봉이 전혀 등장하지 않는다. 이는 아마도 그가 같은 밀양박씨로서 평소 교유가 있었기 때문이 아닌가 여겨진다. 부동과 운봉 사이는 불과 고개 하나를 사이에 두고 있기 때문에 두 사람간의 교류는 충분히 있을 수 있는 일이다. 한편 부동에

이상 김개남의 휘하에서 활동한 동학접주이자 농민군 지도자였던 이들의 신상에 대하여 살펴보았다. 이들은 대체로 지식층이면서 경제적으로 부농 이상의 비교적 여유 있는 계층이었다. 다만 이들은 경제적인 위치에 비해 사회적으로 인정을 받지 못하고 있는 계층이었던 것으로 보인다. 즉 사회적으로는 대체로 평민 내지는 잔반 정도의 신분에 해당하면서 향촌사회에서 이렇다 할 지위를 점하지 못했고, 또 정치적으로도 관직에 나아갈 길이 거의 없는 처지에 있었던 것이다. 따라서 이들이 당시의 정치, 사회적 현실에 불만을 가졌을 것은 당연하고, 여기서 그들은 '동학'이라고 하는 새로운 세계관과 인간관을 가진 사상체계를 접하면서 그에 빠져들었고, 또 그 조직을 이용하여 새로운 정치질서, 사회질서를 만들어 보고자 생각했다고 할 수 있다. 이와 같은 김개남 부대의 농민군 지도자들의 사회적 성격은 다른 지역의 경우와 거의 비슷한 것이었다.[112]

한편 앞서도 본 것처럼 김개남의 농민군 부대에서는 이러한 상층 지도자들 외에 승려(이름은 알 수 없음)·관노(김원석) 등이 중간급 지도자로 활약한 사실이 확인된다. 또 재인(才人)과 같은 천민을 다수 조직했던 점도 확인된다. 이들은 김개남 부대에서 하급 지도자 내지는 농민군 대중으로서 활동했던 것으로 보인다. 김개남 부대에서 이처럼 하급 신분의 농민군이 상당수를 차지했던 것은 김개남 부대의 성격을 더 급진적으로 만들었던 것으로 보인다. 이들 천민들은 아무래도 토착적인 기반이 있는 일반 양인농민층보다는 더 급진적일 수밖에 없기 때문이

는 당시 박씨, 이씨, 최씨 3성이 살고 있었는데, 박씨와 최씨 쪽에서 여러 명이 주동적으로 참여했고, 이씨들은 이렇다 할 참여자가 없었다고 한다[이강현 씨(72세, 산동면 부동) 증언, 1994. 6. 7.].

112) 이에 대해서는 주 83)의 글과 신영우, 『갑오농민전쟁과 영남보수세력의 대응』, 연세대 박사학위논문, 1991을 참조할 것.

다. 이들은 특히 양반지배층을 더욱 가혹하게 괴롭혔던 것으로 보이며, 그러한 행태에는 일부 농촌 노동자나 빈농층도 가세했을 것으로 생각된다. 아마도 이 점이 김개남 부대의 성격을 급진적으로 보이게 하는 가장 큰 요인이 되었으리라 여겨진다.

또 그들의 지도자인 김개남이 전봉준에 비하여 더 급진적이라는 인상을 심어 주게 된 것은 그가 김학진과 전봉준 간의 '무국'이 성립된 뒤 잠시 이를 승인하는 태도를 보였다가 8월 25일 이를 거부하고 남원성을 다시 점령했기 때문일 것이다. 김개남 세력은 이후 남원성을 근거로 삼아 인근 군현에서 관권을 사실상 무력화했다. 그리고 9월 초 호남·호서지방 각지에서 농민군이 재봉기하자 그도 북상을 위한 준비를 서둘렀는데, 이 과정에서 다른 농민군 지도자들보다 훨씬 넓은 지역에서, 각 지역의 관장(官長)들까지 위협하면서 무기와 식량, 의복 등을 징발했기 때문이었다.

그러면 김개남이 궁극적인 목표로 설정한 것은 무엇일까. 이와 관련하여 당시 일부 유생들은 김개남이 반역을 꾀하고 있다는 소문을 기록했다. 예를 들어 경상도 김산의 최봉길은 「세장년록(歲藏年錄)」에서 "김기범이 개남왕(開南王)을 참칭하면서 남원부를 떼어 근거지로 삼고 있다고 한다"고 기록했다.[113] 또 박주대는 「나암수록(羅巖隨錄)」에서 "호남의 김개남이 개남(開南)이라 개원(開元)을 하고 선봉대장 전봉준·손화중은 파란색 팔인교를 타고 1만의 군병을 이끌고 한 무리는 공주 금강에 이르렀고, 다른 한 무리는 공주 이인에 이르렀다"고 기록했다.[114] 또 필자를 알 수 없는 「갑오실기」라는 책에서는 "호남 동비(東匪) 전봉준, 김개남과 호서의 최법헌은 상호 체결하여 불궤(不軌)를 몰

113) 「세장년록」, 갑오년 12월, 『사료대계』 2, 263쪽.

114) 「나암수록」, 『사료대계』 2, 403쪽.

래 도모하고 있다"고 썼다.[115] 그런데 남원과 인접한 구례의 황현은 「오하기문」의 어느 곳에서도 그가 왕을 참칭했다거나 불궤를 도모하고 있다고 쓰지 않았다. 또 김개남의 진영에 잡혀 있던 전주 유생 정석모도 훗날 쓴 「갑오약력」의 어느 곳에서도 김개남이 불궤를 도모하고 있었다고 쓰지 않았다. 그는 당시 김개남 휘하의 부하들이 김개남을 '대접주'라고 칭하고 있었다고 기록했다.[116] 이로 미루어 보아 김개남이 '개남왕'을 참칭했다거나 '개남'으로 개원했다거나 하는 말들은 과장된 소문이었던 것이 확실하다.

김개남은 대원군의 밀사 이건영이 남원에 와서 "병사를 이끌고 서울로 올라와 협심하여 왜를 토멸하자"는 대원군의 속뜻을 전했을 때 이건영을 대단히 공손하게 맞아 예우했다고 한다.[117] 또 체포되어 전주로 잡혀 왔을 때 이도재의 심문에 "우리들이 한 일은 모두 대원군의 밀지에 의한 것이었다"고 말했다 한다.[118] 또 그는 남원에 대원군의 효유문을 들고 온 정석모에게 "너는 나이도 어리면서 어찌 공명을 좇아 개화당에 붙어 국태공을 유롱(誘弄)하여 이런 효유문을 들고 왔느냐. 이것이 어찌 국태공의 본뜻이겠느냐"고 꾸짖었다고 한다.[119] 김개남은 또 남원에서 전주로 북상했을 때 신임 남원부사 이용헌을 꾸짖으면서 "왜놈이 임명한 관원"이라고 지목했다고 한다.[120] 이와 같은 자료들은 김개남의 정치적 지향을 잘 보여 준다. 즉 김개남은 당시 일본과 개화파 정권에 대해서 대단한 반감을 갖고 있었다. 그리고 그는 대원군을 지지하면서 그의 세력과의 합작을 구상하고 있었다. 이러한 구상은 전

115) 「갑오실기」, 『사료대계』 6, 308쪽.
116) 「갑오약력」, 『동학란기록』 상, 67쪽, 72쪽, 76쪽.
117) 「오하기문」 3필, 『사료대계』 1, 247쪽.
118) 「오하기문」 3필, 『사료대계』 1, 302～303쪽.
119) 「갑오약력」, 『동학란기록』 상, 67～68쪽.
120) 「오하기문」 2필, 『사료대계』 1, 257쪽.

봉준도 마찬가지였을 것이다. 다만 양자의 차이는 8월 25일경의 시점에서 전봉준이 김학진과의 타협국면을 더 유지할 필요가 있다는 인식을 가졌던 데 반해, 김개남은 타협국면은 더 이상 필요 없다는 인식을 가졌던 점, 그리고 전봉준이 9월 중순 삼례에 군대를 집결하여 상경을 서두르고 있었을 때, 김개남은 남원에서 49일을 묵어야 일을 성사시킬 수 있다고 하는 참서를 믿고 북상을 늦추었다는 점, 그리고 전봉준은 북상로를 공주 방면으로 잡은 데 반해, 김개남은 청주 방면으로 잡은 점 등이다. 그러나 이러한 차이들은 본질적인 것들은 아니었다. 김개남이 궁극적으로 목표로 한 것은 다른 여타 농민군 지도자들과 본질적으로 같은 것이었으며, 그 방법론상에서 약간의 차이가 있었을 뿐이었다. 그가 목표로 한 것은 양반·상민·천민과 같은 신분차별이 없는 평등한 사회, 지주와 국가의 농민에 대한 수탈이 없는 사회, 그리고 안으로 이러한 사회를 만들 수 있고, 밖으로 나라의 자주성을 지키려는 의지를 가진 정권을 성립시키는 것이었다.

8. 맺음말

남원은 농민군의 처지에서는 교통과 군사의 요충지라는 점에서 매우 중요한 곳이었다. 김개남의 농민군은 이러한 남원을 중심으로 순창, 담양, 곡성 일대를 세력권 안에 넣고, 이 지방을 한편으로는 경성을 향한 북상의 근거지로, 다른 한편으로는 영남 방면으로의 진출을 위한 근거지로 삼고자 했다. 그런데 남원에 웅거한 농민군은 김홍기·이사명·박세봉 등이 이끄는 토착 세력과 김개남이 인솔한 태인접, 남응삼이 인솔한 담양접, 유복만이 인솔한 홍양접 등 타지에서 몰려든 농민군 세력이 결합한 것이었다. 토착 세력이라 할 김홍기·이사명·박세봉 등은 모두 부민층에 해당했고, 이사명 같은 경우는 그 지역에서 상당한 세력을 가지고 있는 사족가문 출신이었다. 그리고 타지역에서 온 김개남·남응삼·유복만도 역시 자신들의 출신지에서 상당한 세력을 가지고 있는 집안 출신이었다. 따라서 김개남 부대의 지도층은 대체로 요호부민층에 의해 구성되었다고 할 수 있다. 그리고 그들 아래에는 다른 농민군 세력과 마찬가지로 평민층, 관노, 승려와 같은 하층민 출신의 하급 지도자들도 있었다. 다만 천민 출신의 지도자들이 더 두드러진 것이 특징이었다. 한편 농민군 대중은 다른 농민군 세력과 마찬가지로 양인농민과 천민 출신들로 구성되어 있었다. 다만 재인과 같은 천인들로만 구성된 부대도 있었다는 점이 특징이었다. 이처럼 김개남 세력은 요호부민층을 지도층으로 하고, 평민 천민층을 농민군 대중으로 하는 성격을 갖고 있었다. 그리고 상층 지도부는 더 정치지향적인 성격을 갖고 있었던 것으로 보이며, 하층농민군 대중은 더 변혁지향적인 성격을 갖고 있었던 것으로 보인다.

그러면 김개남 세력이 목표로 한 것은 무엇일까. 김개남의 지향점은 전봉준 등과 크게 다를 바 없었다. 그도 궁극적으로는 대원군과 농민군 간의 합작 정권을 구상하고 있었다. 다만 그는 방법론상에서 전봉준과 다른 의견을 가졌다. 그는 김학진과의 타협국면이 이루어진 가운데 농민들이 이와 같이 모처럼 결집하여 무장력을 갖추게 되었을 때, 관측과의 타협국면을 깨고 정세를 더 확실하게 장악해야 한다고 생각했다. 반면에 전봉준은 더 정세를 관망하면서 때를 기다려야 한다고 생각했던 것이다. 그러나 양자는 9월 중순 이래 북상의 때가 왔다는 점에 인식을 같이했다. 그런데 김개남은 남원에서 49일을 머물러야 한다는 참서를 믿고 북상을 늦추는 등 의식상의 한계를 드러냈다.

김개남은 10월 중순 북상하여 전주에서 상당 기간 머무른 뒤 11월 초에야 전주를 떠나 11월 13일 청주성 공략에 나섰다. 그러나 김개남군은 일본군의 우세한 화력 앞에 하루 만에 무너지고 퇴각하지 않을 수 없었다. 김개남군은 공주성을 20일 가까이 공략한 전봉준군에 비해 숫자도 부족하고 화력도 열세였으며, 전술상으로도 뒤떨어진 것으로 보인다. 특히 김개남군은 후퇴 과정에서 대오를 거의 유지하지 못해 후퇴 과정에서 이렇다 할 전투를 벌이지 못했다. 이는 김개남의 지도력이나 김개남군의 결집력이 크게 미흡했음을 보여 준다.

남원의 농민군 세력은 10월 중순 김개남의 북상 이후 북상군과 잔류군으로 세력이 양분되었다. 잔류군은 운봉을 공격하기 위해 운봉으로 가는 고개를 넘으려고 사력을 다했으나 끝내 실패했다. 농민군의 운봉 공략을 막아낸 것은 운봉의 향리 출신 박봉양이 지도하는 민보군과 수성군이었다. 운봉군은 인근 함양과 대구감영의 지원을 받으면서 남원의 농민군에 공세를 가했다. 유복만의 농민군 부대가 대오에서 이탈하는 등 농민군 내부에서 분열 양상이 나타나는 가운데 남원의 농민군은 운봉 민보군의 공격을 받아 끝내 무너지고 말았다.

남원에서 농민군이 웅거하고 있을 때 인근 지역의 양반지배층, 유생 세력은 거의 기를 펴지 못했다. 그들은 농민군을 피하여 피난 다니기에 급급했으며, 운봉군이 승리를 거둔 이후에야 민보군을 조직하여 농민군 잔당의 소탕에 나섰을 뿐이었다. 또 운봉의 향리층은 수성군, 민보군을 조직하여 농민군에 대항했지만, 남원의 향리층은 수령이 자리를 비우고 농민군이 성을 장악하고 있는 실정에서 이렇다 할 저항을 하지 못했던 것으로 보인다.

제1부 토론회(1)

사회 : 신순철(원광대)
토론 : 우윤(역사문제연구소)
최덕수(고려대)

신순철 : 우윤 선생님과 최덕수 선생님의 토론을 먼저 듣고 내용을 봐서 답변을 바로 발표자에게서 들을 것인지 플로어의 질문을 다 듣고 답변을 주시게 할지는 조금 후에 결정하기로 합시다.

우윤 : 우윤입니다. 박명규 교수님께서 동학농민전쟁과 지방사 연구에 대한 연구방법론을 잘 정리해 주신 것 같습니다. 우선 연구한 것을 보면서 '지금 우리 연구가 농민전쟁에 대한 연구입니다만 지방사를 심화해야 할 만큼 상당히 진전되었구나' 하는 것을 느꼈습니다. 지금은 박 선생님 지적대로 일반 역사 연구의 수준을 넘어선다든지 보완하는 차원에서 지방사 연구가 필요한 시점이 아닌가, 이것이 연구의 추세가 아닌가 하는 생각이 들고, 어떤 점에서는 학술대회가 지방에서 주최되었기 때문에 그런 요소도 있으리라 보지만, 전자가 훨씬 더 강하리라 생각합니다. 어쨌든 지방사의 연구가 진행되어야 할 추세에 박명규 교수님의 발제문은 적절하지 않느냐 생각이 듭니다. 우선 제가 느끼기에는 지방사 연구에 대한 시론의 문제를 박 선생님께서 충분히 잘 다루었습니다만 들어가기 전에 이런 문제가 검토가 되었으면 하는 것이 있습니다.

지방사 연구를 위한 선행과제

시간이 어떤지 모르겠습니다만 우선 당시 조선사회를 어떻게 이해해야 할 것인가 하는 전반적인 문제입니다. 그래서 지금 박명규 교수님께서 일반 연구와 지방사 연구를 계속 대별하면서 발표를 하셨기 때문에 그 문제에 들어가기 전에 당시 조선사회가 전국적 차원에서 얼마만큼 통일적으로 잘 통합되어 있었느냐 하는 문제와 아니면 지방차원에서 조선사회가 분열적이었는가 하는 문제를 한번 짚고 넘어가야 되지 않겠는가 하는 상황 속에서 지방사 연구를 더 심화하는 것이 전체사와 지방사 연구에 대한 가늠을 제공하지 않느냐 하는 생각이 듭니다.

두번째는 변화와 지속의 관점인데 이것은 적어도 19세기 중·후반 내지는 개화기 이후 사회가 그전 시기보다 얼마만큼 변했느냐 하는 것입니다. 질적으로 큰 변화를 가졌느냐 아니면 질적 변화 없는 지속적인 수준이었느냐. 그래서 변화와 지속의 문제를 지방사 연구에서 심화 발전시켜야 되지 않겠느냐 생각이 들고 그 다음이 독창성과 의존성문제라고 할 수 있는데 당시에, 박명규 선생님께서 군현 단위로 묶였다는 것을 제기하셨습니다만 이런 군현 단위나 권역, 도별이 다른 도와 다른 군현과 독창적으로 나름대로 독특한 성격을 개발했는지 아니면 주변의 군현, 주변의 도와 상호의존적인 관계에서 서로 영향을 주고받으면서 권역 내지 도별, 군현의 독특한 상황을 형성해 갔는지 이 세가지 측면에서 충분히 고찰된 상황이 되어야 지방사문제와 일반 역사, 중앙적인 차원의 역사를 심도 있게 다룰 수 있지 않느냐 생각이 들었습니다. 짧은 시간에 준비가 되어서 그것이 충분히 다루어지지 않고 바로 지방사 연구의 시론이 발표된 것이 아닌가 생각됩니다. 향후 그런 것이 과제가 되겠다 생각합니다.

다음에 구체적으로 발제문에 들어가서 머리말에서 지방사 연구를 해야 될 요청이라고 할까, 문제 제기를 해주셨는데 문제 제기의 가장 핵심이 뭐냐 하면 지금 현재 일반 역사 내지 중앙적 차원에서의 연구가 충분하지 않다는 이야기입니다. 그래서 많은 논쟁이 있고 이론이 있다는 애기이고 그렇기 때문에 그러한 이론과 논쟁은 중앙적인 차원의 연구를 통해서는, 발제문에 의해서 생각하건대 결국 답변을 얻지 못하는 수준이 아닌가. 그래서 거기에 대한 대안으로서 이제는 지방사 연구가 이루어짐으로써 중앙사 연구가 보완이 되고 그것이 일반 역사상을 생생하게 구축하는 데 도움이 되지 않겠느냐. 문제 제기의 출발이 바로 거기에 있습니다. 지금 중앙차원의 연구가 충분하지 않다, 그래서 그것을 보완하기 위해서 지방사 연구가 대단히 필요하다, 이것이 문제 제기의 출발이었던 것 같습니다.

지방사 연구의 필요성

그런데 물론 그러한 문제 제기는 대단히 유용하리라 생각합니다만, 일반적으로 어떤 연구 주제가 만족할 만큼 연구 성과가 축적되어 있으면 다행인데 대부분의 연구 주제들이 그렇지 못한 점도 있는 것 같고 또 시기에 따라서, 사회적 조건에 따라서 연구의 관점이나 초점이 항상 달라지고 있습니다. 그래서 그런 것들이 결국 중앙적 차원 내지 일반적 역사에 대한 수많은 논쟁을 불러일으키고 다양한 의견을 가져오는 것이지요. 그래서 이것을 자칫 중앙적인 연구차원에 방법론적으로 문제가 있기 때문에 충분한 역사상을 제시하지 못한다고 보는 것은 억측이고 오버센스일 것 같습니다. 그런 측면에서 본다면 지방사를 연구해야 된다는 문제 제기의 출발부터 문제가 있다는 생각입니다. 그래서 지방사 연구는 오히려 일반 역사 내지는 중앙적인 차원의 역사를 궁극적으로 보완해 주면서 연구 과정상에서는 지방의 군현 단위 같은 연구 단위별로 특성을 잘 밝혀 주는 것, 그래서 전체상이 좀 더 잘 제시되어야 되지 않느냐 생각이 됩니다.

박 선생님의 발제문을 통해서는 어찌 되었든 일반 역사 연구가 문제가 있다, 그리고 그것 때문에 충분한 역사 사항이 밝혀지지 않았으니까 지금부터는 좀더 구체적으로 생생한 역사 사항을 포착하기 위해서는 지방사 쪽으로 눈을 돌려야 된다고 문제 제기를 해주신 것 같아요. 그 부분에 대해서는 저는 동의를 하지 않습니다. 왜냐하면 조금 전에 이야기 드렸다시피 항상 역사 사항은 고정적일 수 없습니다. 어떤 시점에 따라, 관점에 따라 변한다고 하는 이야기는 많은 연구 방향들이 제시될 수 있다고 보는데 그런 측면에서 지방사 연구라는 것은 그런 측면에서 또 새로운 연구 사항을 제시해 줄 수 있는 것이 아닌가 생각이 듭니다. 문제 제기에서 제가 잘못 생각한 것인지 박 선생님이 답변을 해주시기 바랍니다.

두번째는 이 지방사의 연구가 성립하기 위해서는 물론 지방 내의 지방 내적인 여러 가지 인과관계나 객관적인 관찰에 의해서 지방사 연구가 진행되어야 하지만 중요한 점은 비교적인 방법이 우선 관철되어야 한다는 것입니다. 왜 그 지방에 그런 특성이 있는가, 왜 다른 군현과 차이성이 있는가 하는 비교관점 위에서 출발하지 않으면 결국 그 지방 내의 특성 같은 것을 단순하게 밝히는 차원에 함몰될 가능성이 있다, 이것은 박 선생님이 발제문에서 애기하셨다시피 일종의 향토애, 향토사적인 관점에서 지방사가 서술될 가능성이 있다는 애기입니다. 그래서 지방사 연구는 우선 비교적인 관점에서 출발해야 됩니다. 발제문에서 밝혔지만 지방사 연구를 통해서 비교적인 관점이 드러나는 것이 아니고 비교적인 관점이 먼저고 그에 따라서 지방사 연구가 진행되어야 된다는 애기입니다.

다음에 머리말에서 농민전쟁이 한국 근대사에 대한 아래로부터의 근대화 노력으로 설정해 놓았으면서 실제 그것을 잠재적 가능성 정도로만 보지 않았느냐 하는 점인데, 잠재적 가능성이라는 것은 결국 가능성이 없다는 것입니다. 현실 가능성이 없다는 애기지요, 잠재적이라는 것은 숨어 있는 것이니까. 그래서 농민전쟁에 대한 출발 시각을, 제가 잘못 알고 있는지 모르겠습니다만, 혹시 박 선생님의 연구 경향 속에서는 그렇게 잠재적 가능성 정도로 축소하고 출발하는 것은 아닌가 하는 생각이 듭니다.

다음에 방법론으로서의 지방사 연구의 중요성을 말씀하시면서, 예컨대 1890년대 상황을 염두에 둘 때의 구조적인 조건들과의 관계에 대해서 얘기해 주셨는데 지금 일반 연구가 이런 구조적인 문제에 너무 초점을 맞추었기 때문에 구체적인 행위는 놓치는 것이 아닌가, 그래서 거기에 대한 대안으로서 지방사 연구가 진행되어야 한다는 주장인 것 같습니다. 그런데 실제로 일반 연구라는 것이 구조와 행위문제를 다 같이 다룹니다. 구조만 다루는 것이 일반적인, 중앙적인 차원이 아니며 행위까지도 일반 연구나 중앙적인 차원의 연구 속에서 같이 다루어진다고 생각하는데, 이를테면 지난 몇 년 동안 활발했던 변혁의 주체설정문제, 누가 변혁의 주체냐? 이것이 바로 일반적이고 중앙적인 차원에서의 연구고 결국 구조와 행위에 대해서 인간이 어떻게 대응해야 하는가의 문제이기 때문에 이것을 굳이 지방사를 통해서만 밝혀야 된다는 것은 지방사 연구에 너무 중점을 두는 것이 아닌가 생각이 들고 지방사 연구에 대한 과도한 중요성을 주장하시는 듯싶습니다.

지방사 연구의 기능과 한계

다음에 '지방사 연구의 성과와 과제' 쪽에 대해서 보기로 하지요. 중간의 군현 단위로 연구의 단위가 정해진 것은 저도 동의를 합니다. 지방사 연구의 성과와 과제에서 특히 농민전쟁에 참가했던 참가층들이 그 이후의 민족운동에 참가했다는 점이 지방사 연구를 통해서 대단히 많이 밝혀지고 있다는 얘기를 하셨습니다. 지방사 연구의 성과를 말씀해 주셨는데 예컨대, 반농민군 세력도 의병에 들어갔고 3·1운동에 참여했으며, 농민군 중에서도 다른 노선에 갔다는 이야기가 구체적인 지방사 연구를 통해서 밝혀졌다는 이야기입니다. 이것이 물론 구체적인 인간의 모습을 밝히는 데는 도움이 되리라 생각하지만 제가 보기에 중요한 것은 그 당시 농민전쟁을 전후해서 대립 구도가 어떻게 형성되었느냐 하는 것입니다. 갈등 구도가 항상 고정적일 수 없는 것입니다. 1894년 농민전쟁 단계에서의 갈등 구도와 1895년 단계에서의 갈등 구도와 1905년, 1906년, 1907년, 1908년도의 갈등 구도라는 것이, 물론 큰 갈등 구도는 어떨지 모르지만 이런 지방사차원에서 다루어야 할 점에서는, 갈등 구도가 상당히 가변적일 수 있기 때문에 갈등 구도가, 갈등의 축이 변화하느냐 하는 것을 먼저 염두에 두지 않으면 결국 이런 개인의 행적을 살핀다는 것은 개별사에 지나지 않는 것이지요. 그래서 어떻게 하겠다는 이야기입니까? 수많은, 3000만의 사람들을 다 밝혀낼 수는 없지 않습니까? 중요한 것은 갈등의 축이 어떻게 형성되었느냐에 따라서 노선이나 진영이 어떻게 변화되었느냐, 그 의미가 무엇이냐 하는 것을 큰 틀에서 조망하고 들어가는 것은 의미가 있는데, 그런 것을 사실상 배제한 상태에서 구체적인 한 인간의 몇몇 모습만 찾아낸다는 것은 아주 피곤한 일입니다. 그렇다고 연구의 성과를 문제 삼는 것은 아니고 연구의 성과라는 것이 대단히 중요합니다만 그것을 하려면 수천 명, 수만 명을 다 추적해야 되는데 그것은 지나치지 않느냐? 문제는 그러한 큰 틀을 놓치지 않는 것이 지방사 연구에서는 가장 중요한 것이 아니냐 하는 이야기입니다.

결론 부분에 대해서 이야기하겠습니다. 지금 문제 제기와 결론 부분에서 처음에도 이야기했습니다만 일반 연구는 구체적인 모습들을 충분히 밝혀 내지 못했다, 이것이 결론에서도 한 번 더 강조하고 있습니다. 그래서 그것을 보완하기 위해서 지방사 연구라는 것이 대단히 필요하다는 것 같은데, 지금 현재 연구 수준이 어디까지 와 있느냐 하면 향후 더 발전되어야겠지만 여기 밝혀진 바대로 문제 제기 부분에서 박선생님이 보여 주고자 했던 문제, 예를 들어 농민군 지도부의 성격이라든지 조직 기반이라든지 동원의 방식이라든지 집강소체제라든지 정치·경제적 지향성, 이런 중요한 부분들이 일반 연구에서는 밝혀지지 않아서 지방사 연구를 통해서 밝혀야겠다는 것은 동의합니다만, 대체로 현재 밝혀진 내용 그리고 초점이 어디까지 와 있느냐 하면 구체적인 전개 상황에만 머물러 있다는 것입니다. 지역별 농민전쟁의 구체적 전개 상황, 그래서 시범적으로 대단히 옳지만 실제적으로 전체적인 발제문의 수준이 이런 구체적인 전개 상황을 밝혀 내는 수준에 사실 와 있습니다. 물론 출발이기 때문에 어쩔 수 없습니다. 점점 쌓이면 전체 상황과도 연결되고 어떤 상관관계를 맺을 수 있겠습니다만 지금 단계는 구체적인 전개 상황을 나열하고 있습니다. 그렇다면 결국 이런 분위기 속에서 지방사 연구라는 것은 처음에 발제를 통해서 보여 주고자 했던 모습보다는 오히려 구체적인 전개 상황을 하나씩 하나씩 축적해 가는 것이 아니겠느냐, 그렇다면 사실상 지방사의 연구라는 것이 1차적으로 구체적인 모습을 밝혀 주는, 구체적인 전개 양상을 밝혀 주는 데에 머물러 있고 거기서 1차적인 과정을 생각해야 한다는 것입니다. 이것이 이상과 현실문제에서 괴리될 수 있는데, 그래서 그 부분이 사실상 지방사 연구가 극복해야 될 하나의 과제이면서도 현 수준이 아닌가 생각이 듭니다.

지방사 연구라는 것이 처음에도 얘기했듯이 각자 독자적인 연구방법론이나 독자적인 연구 성과를 밝혀 주지 않는 하나의 총체적인 모습으로 묶여야 된다고 하면서도 실제로는 각각 다른 모습들을 보여 주고 있는 것입니다. 그러나 그것은 지양되어야 할 것이라고 생각합니다. 결국 서로 보완되어야 할 부분이라는 것이지요. 그런데 박 선생님의 발제문을 보면 지방사 연구는 보완이 아니고 독자적인 것으로 한정적으로 설정되어 있어요. 그렇다면 일반 연구가 보여 주는 상과 지방사 연구가 보여 주는 상은 전혀 다른 이야기입니다. 전혀 다른 목적의식을 가지고 전혀 다른 성과를 끌어내는 전혀 다른 영역입니다. 물론 그것이 궁극적으로는 보완되어야 하고 변증법적인 관계든 무엇으로든 하나로 통일되어야겠지만 박 선생님 발제문 속에서는 전혀 다른 영역으로 설정되어 있고 전혀 다른 것을 보여 주리라고 생각했는데, 마지막에 가서는 뭘 보여 주었느냐, 그냥 전개 양상만 보여 주었습니다. 그런 이유 때문에 사실상 지방사 연구에 대한 가장 시급한 연구방법론을 개발해야 하는데도 불구하고 현 단계는 충분히 목적에 부합되지 않는 것이 아닌가 생각이 됩니다. 그래서 문제 제기 부분하고 마지막 결론 부분들이 제가 이해를 잘못했는지는 모르지만 너무 거창한 것을 끄집어내고는 마지막에 너무 작은 것만 보여 주지 않았나 생각합니다. 이상입니다.

신순철:정말 큰 문제를, 크게는 저희가 우 선생님 주장을 우선 조선사회를 어떻게 봐야 할 것인가 하는 문제, 세 가지 틀로 과연 어떻게 규정하느냐가 지방사 연구의 전제 조건이 될 텐데 그 부분은 일단 박 선생님 답변에서도 조금 제외하셔야 될 것 같습니다. 시간관계상, 시간뿐만 아니라 이것은 별도의 논의를 필요로 하는 부분이니까 그 부분은 감안하시되 사석에서 논의를 진전하는 것으로 하고 나머지 여섯 가지 문제를 제기해 주셨는데 전체적인 흐름은 박 선생님께서 우리 나라에 지방사 연구가 없다고 해도 과언이 아닌 상황에서 지방사 연구가 어떤 특정 주제 연구에 어떤 기능을 할 수 있고 또 어떤 방법이 가능하겠느냐 하는 쪽을 강조하신 것은 사실인데 그 전체의 기본 출발에서부터 이의가 계신 것 같습니다. 그래서 그 근거를 한 여섯 가지 정도로 제시하셨다고 보입니다. 조금 짧은 답변부터 먼저 해주시기 바랍니다.

박명규:우 선생님 감사합니다. 제 토론자로 우윤 선생님이 되었다고

해서 각오는 하고 왔습니다. 각오는 하고 왔는데 시간이 짧아서인지 예상보다는 작게 지적해 주셔서 고맙고 자신 없는 부분을 사회자께서 대답하지 말라고 하시니 더더욱 감사합니다. 그 부분은 나중에 좀더 논의를 하겠습니다만 우선 지적하신 여섯 가지에 대해서 간단히 말씀 드리겠습니다.

제 글이 약간은 한쪽을 강조한 측면이 혹 있을 수 있겠습니다만 다른 한편으로는 전체적으로 우윤 선생님께서 지방사 연구의 필요성이라고 하는 것을 일반사 내지 중앙사와 대립적인 형태로 제시한 것으로 이해하신 부분이 저의 의도와는 달랐다는 생각이 듭니다. 제 개인적으로는 지방사의 필요성을 강조했던 것이지 결코 중앙사와 별도의 또는 중앙사의 현재까지의 방법론적인 오류를 지적하려고 했던 것은 아니었습니다. 문제는 중앙차원의 일반사에 불충분한 측면을 해결하는 방안으로서 지방사가 되기보다는 그것을 보완하는 수준에서의 지방사가 옳은 것이 아니냐는 지적이신 것 같습니다.

방법론으로서의 '지방사' 연구

저는 개인적으로 지방사 연구에 커다란 업적을 남기지도 않은 입장에서 이렇다 저렇다 말씀 드리기는 어렵습니다만 제 나름대로의 느낌으로는 '꼭 그렇지만은 않다'라는 생각을 갖습니다. 분석 단위가 국가 단위냐 아니면 조그만 향촌 단위냐 때로는 그것이 조그만 촌락 내지 한 가문의 역사를 다룬다고 해도 저는 한 가문을 통해서 한 세대의 상황을 밝혀 줄 수 있는 방법론은 얼마든지 가능하다고 보고, 때로는 인류학 같은 곳에서 오스카 루이스의 『산체스네 아이들』 같은 저작에서 보이는 것처럼 한 가문의 3대 역사를 통해서 그 시대 상황을 더 정확히 밝혀 낼 수 있다고 생각합니다. 우리 나라의 경우에 그런 미시적인 차원에서의 연구가 제대로 이루어지지 않았던 것이 문제라고 생각하고 이것이 중앙차원의 방법론은 거부하거나 그것을 대체하는 방법론이라기보다는 역시 똑같은 시대 상황에 대한 정확한 이해라는 공동의 목적을 두고 분석 단위는 얼마든지 거시적일 수도 미시적일 수도 있다고 봅니다. 다만 선생님 지적대로 미시적 단위를 본다고 해서 미시적 단위에만 문제의식이 머물러 있으면 결코 종합적인 시대 상황이 밝혀질 수 없는 것은 틀림없지요. 한 개인과 촌락을 본다고 해도 그것은 역시 인근의 촌락, 전체 사회의 시대 상황과 연계해 보아야만 개인적인 삶의 족적도 의미 있게 부각이 되기 때문에 시각 자체에서 또는 시야 속에서 전체사와 지방사가 결코 대립할 수는 없다고 봅니다. 분석 단위의 문제라고 생각되고 더 미시적인 차원에 초점을 맞추느냐, 더 거시적 구조적 측면에 관심을 두느냐에 따라서 중앙사와 지방사라고 표현하기는 어색하지만, 그런 구분이 가능하다고 생각하고, 저는 그런 어느 하나가 하나를 보완하는 종속적인 관계가 아니라 다 동일한 지위를 얻을 수 있다고 생각합니다.

비교의 관점이 전제되어야 하지 않느냐, 당연하다고 생각합니다. 그러나 동시에 그것은 전제로만 끝나지 않고 지방적 차원에서의 연구가 축적됨으로써 비교의 결실을 얻을 수 있다고 생각합니다. 완벽하다고 생각하지 않습니다만 부루스 커밍스가 일제 말기와 해방 직후의 농민들의 정치적인 동원화 내지 급진성을 각 군현별로 비교해 놓은 것들은, 저는 그 결론을 전적으로 동의하지는 않습니다만, 방법론에서 지방적 단위의 분석이 변수들간의 비교와 비교를 통한 더 객관적인 설명을 가능하게 해주는 방법론이라고 생각하기 때문에, 그런 분석의 결과가 비교의 내용을 더 풍부하게 해준다는 의미에서 비교사적인 결과를 지방사가 가져다 줄 수 있다고 생각을 합니다.

잠재적 가능성이라는 말은 얘기를 듣고 보니까 좀 그런 의미가 있다는 생각이 들기는 합니다. 가능성이라는 표현 자체가 일단 실현되지 않았다는 의미이고 '역전앞' 같은 쓸데없는 혹 같은 느낌이 들기는 합니다만 제 생각으로는 농민전쟁이 지향하고 기대했던 바의 역사적 상황을 분명히 이루어 내지 못했고, 그것은 우리 역사 속에서는 일단 적어도 19세기 말의 시점에서는 가능성의 형태로, 다른 말로 하면 잠재적인 형태로 머물렀던 것이 아닌가 하는 생각은 하고 있습니다. 그것은 의의에 대한 평가하고는 좀 다르다고 봅니다.

구조와 행위의 관련성은 일반사에서도 다루고 있고 지방사도 마찬가지이고 그것은 저도 동의합니다만, 제 생각은 구조와 행위가 맞물리는 부분을 더 면밀히 보기 위해서는 분석의 수준이 훨씬 더 미시적이어야 한다고 봅니다. 그런데 국가차원 내지 중앙차원의 논의가 전개될 경우에는 대단히 다양하면서도 시대 상황을 보편적으로 나타내 주는 특징들만을 가지고 구조와 행위가 설정되어야 하기 때문에 구조와 행위 간의 미시적 연계고리는 분석 단위의 차원이 높을수록 설명하기 어렵고, 분석 단위가 미시적 수준으로 내려올수록 더 잘 밝혀질 수 있다는 생각합니다.

지방사 연구의 필요성

지방사의 필요성을 얘기할 때 "이런 식으로 하려고 하면 한도 끝도 없고 연구자들이 자잘한 것을 다 해야 되느냐"는 말씀이 계셨습니다. 저는 지방사의 필요성을 생각할 때 우리 사회의 향토사가라든지 지방사가라고 아직 정확한 학문적 객관적 위치도 부여받지 못했으면서도 그 지역의 역사와 사례에 대한 상당한 애정을 갖고 연구하고 자료를 모으신 분들이나 지방의 연구자들이 그 지역 역사에 대한 연구 수준을 단순한 애향적 차원에서 지역적 사실의 나열이라든지 전국적인 기준과는 무관하게 자기 지역 중심으로 확대 해석하는 수준을 넘어서, 그 지방사를 더 객관화하면서 향촌 단위나 군현 단위의 역사를 더 의미 있게 만들어 주며, 그렇게 형성된 지역의 자생적인 연구 결과들이 중앙의 역사에도 지역의 역사적 아이덴티티나 사회적 아이덴티티를 형성하는 데에도 큰 도움이 되리라는 생각이 들었습니다. 그래서 대학에서 연구를 하는 사람들이 다 이런 미시적 단위로 들어가자라는 의미보다는 우리 사회의 각 군현이나, 각 지방에서 군지도 쓰이고 향토사도 쓰이고 하는데 사실 이런 학문적인 위치나 위상을 제대로 부여받지 못한 채 남겨 있는 글들을 방법론으로서의 지방사 그리고 역사 연구의 중요한 형태로서의 지방사로 발전시킬 필요가 있다고 보고, 그런 차원에서 지방사의 필요성을 강조했던 것입니다.

마지막으로 구체적인 전개 상황의 나열적 연구라는 것을 그렇게 부정적으로 볼 필요는 없고 이것이 1차적인 과제가 되어야 되고 '당신도 문제 제기는 거창했지만 결국은 거기에 그치지 않았느냐'는 말씀이신데, 우선 지역의 연구라고 하는 것이 특히 이런 큰 전체적인 사건과 연계되어서 지방 단위의 연구를 할 때는 당연히 그 사건 전체의 전개 과정과 결부되어서 지방의 연구 사례가 1차적으로 밝혀져야겠지요. 그런 의미에서는 저도 이의가 없고 오늘의 심포지엄이 당연히 그런 것이라고 생각합니다. 다만 농민전쟁의 차원에서 지방을 보는, 그래서 농민전쟁이 어느 지방에서는 어떻게 일어났느냐라는 차원의 시각과 함께 조금 더 일반화한다면 지방차원에서 농민전쟁이 어떻게 지나가고 전개되었는가 하는 부분에서도 검토할 필요가 있다고 보는 것입니다. 한 지방의 농민전쟁 전의 구조가 어떠했고 농민전쟁을 어떻게 겪었으며 그 이후 지방의 구조는 어떻게 변모했나 하는 것들을 보면서 저희가 일반적으로 논의하는 3·1운동, 신간회, 해방 직후의 상황들을 군현 단위에서 연계를 찾아볼 수 있지 않을까, 그렇게 찾아보면 오늘날 지역사회의 세력 구조나 삶의 구조 같은 것도 훨씬 의미 있게 밝힐 수 있다고 생각을 해서 지방사의 필요성을 강조했던 것입니다. 이상입니다.

신순철:지금 농민전쟁을 바탕으로 해서 전체사와 지방사문제로 한

걸음 나아가서 역사학을 하는 분과 사회학을 하는 분이 서로 약간씩 차이가 있는 의견들을 개진하고 있습니다. 우 선생님 다시 하실 말씀이 계실 텐데 아직 갈 길은 먼데 시간이 좀 급합니다. 내일 종합토론이 있으니까 그쪽으로 미루기로 하고 최 선생님 지정토론을 먼저 듣고 다음 진행을 해야겠습니다.

최덕수:박명규 선생님의 발표와 그에 대한 질문이 대단히 이론적이고 거시적인 내용이었던 데 비해서 제가 토론하기로 된 박찬승 선생님 발표는 전라도 그 가운데서 특히 남원지방을 중심으로 대단히 실증적이고 구체적인 근거를 들어서 발표를 하신 것 같습니다. 따라서 제가 토론자로 나오긴 했습니다만, 그 지역에 대한 구체적인 연구 작업을 진행해 보지 않은 저로서는 사실 토론한다는 것이 대단히 무리라고 생각합니다. 따라서 발표문 내용에 준해서 박 선생님이 발표문 서두에서도 말씀하신 것처럼, 최근에 농민전쟁 연구 성과라는 것이 크게 보면 세 가지 정도로 진행되었습니다. 그래서 첫째는 진행 과정, 둘째는 지도자의 사상과 성격문제, 그 다음에 향촌사의 동향 그렇게 얘기를 했는데 기존의 연구 성과를 바탕으로 박 선생님 발표문 중에서 한두 가지 정도 질문을 드릴까 합니다.

9월 재봉기의 직접적인 계기는?

우선 박 선생님께서는 "그런데 9월 초 농민군 진영에는 중대한 변화가 있었다"고 하고 "9월 3일 농민군의 해산을 종용하는 대원군의 효유문이 전주에 도착했고", "이 회합에서 전봉준은 재봉기를 서두르기로 결정한 것으로 보인다", "9월 7일 남원에 당도하여 김개남에게도 같은 뜻을 전했다. 그러나 김개남은 쉽게 움직이지 않았다. 전봉준의 부대가 9월 말경 공주 방향으로 북상할 때 김개남은 여전히 남원에 머무르고 있었다" 이렇게 설명하셨습니다. 이와 같은 주장은 기존의 농민전쟁 진행 과정, 다시 말하면 제2차 봉기의 직접적인 계기문제와 관련해서는 비교적 새로운 주장이 아닌가 생각합니다.

다시 말하면 전봉준과 대원군과의 관계를 대단히 밀접한 관계로 파악하고 계시고, 거기에다 전봉준과 김개남 사이에서는 전봉준이 더 적극적인 입장에서 재봉기를 추진했다고 보고 계신 것 같습니다. 그런데 기존의 연구자들 가운데서 특별히 정창열 선생님이나 또는 신용하 선생님의 경우 제2차 봉기의 직접적인 계기를 오히려 김개남 쪽에 더 비중을 두지 않는가 생각합니다. 신용하 선생님의 저서에 일부분이긴 합니다만 '제2차 농민전쟁의 봉기' 부분에서 신용하 선생님은 "김개남이 1894년 8월 25일 남원에 전라좌도의 동학농민군 7만 명을 집합해 재봉기를 준비한 사실이 총대장 전봉준의 재봉기 결정에 결정적 압력을 가한 것이었다고 생각한다"고 보셨습니다. 그런데 박 선생님께서는 "당시 김개남은 남원에 상당히 오랫동안 머무를 생각을 하고 남원성과 교령산성에 산성을 수축했으며" 이렇게 설명하고 계십니다. 그래서 일단은 대원군과의 관계를 강조하신 것이 비교적 새로운 입장이 아닌가, 중앙 정치권력의 동향하고 새로운 부분이라는 생각인데 이와 같이 새로운 주장을 하게 된 데는 새로운 자료나 근거가 있으신지? 그 점에 대해서 답변해 주시기 바랍니다.

다른 하나는 향촌사회의 동향과 관련된 문제인데 이것은 질문이라기보다도 보충설명을 부탁 드리는 이야기입니다. 이 발표문이 남원지방을 중심으로 하고, 특히 민보군의 동향 같은 것을 날짜별로 꼼꼼하게 짚어 주셨는데 첫번째 발표의 박명규 선생님 논문에서 지적한 것처럼 지방에서의 동향 같은 것은 특별히 군현 단위로라든가 지방의 특징에 따라서 조직 기반이나 동원방식이나 집강소체제나 또는 그 지역의 농민군 지도자에 따라서 정치, 경제의 지향이 다를 수 있다고 말씀하셨습니다. 일반적으로 알려지기로는 김개남의 경우 그 근거가 태인으로 되어 있습니다. 그런데 집강소 시기 이후에 남원지역에 기거하면서 집강소의 경우도 어떤 다른 지역보다도 철저한 개혁을 했다, 또 때로 재인이라든가 창우라든가 구성원들이 좀 다른 측면이 있었다고 여러 가지로 지적들을 하고 있습니다. 그런 면에서 김개남이 남원지방에 근거를 두고 있으면서 그가 지향한 정치, 경제적인 지향점이라든가 또는 구체적인 활동이라든가 집강소 운영 부분에 대해서는 조금 더 설명이 보충되면 이 지역의 향촌사 동향을 이해하는 데 도움이 되지 않겠는가, 그런 생각을 합니다. 그런 면에서 현지답사를 통한 연구를 진행하는 동안에 발표문에 얘기하지 못한 것이 있으시면 보충설명을 부탁 드립니다. 이상입니다.

신순철:두 가지 문제, 되풀이 않겠습니다. 바로 답변을 좀 해주시지요.

9월 재봉기와 전봉준, 김개남

박찬승:첫번째 문제부터 말씀 드리겠습니다. 제2차 봉기의 직접적인 계기를 마련한 것이 김개남이냐, 전봉준이냐 하는 질문이신 것 같습니다. 김개남이 8월 25일 임실에서 다시 남원으로 들어와서 남원을 점령했는데 그때 상황에서 앞서 발표에서 말씀 드렸습니다만 전봉준이나 손화중이 여기에 대해 반대하는 뜻을 보였다고 했습니다. 그러나 그 반대의 뜻이라고 하는 것이 2차 봉기를 하지 말자고 하는 것이 아니고 '아직은 시기를 좀더 보자' 하는 것이었다고 생각합니다. 또 김개남의 경우에도 당장 북상하자는 뜻은 아니었던 것 같고 아직은 남원에서 세력을 더 모으고 군량미를 비축하는 것을 생각하고 있지 않았나, 이렇게 봅니다. 그렇게 볼 수 있는 까닭은 앞서 말씀 드린 것처럼 김개남의 휘하 부대로 있던 사람들을 9월 말경에 각자, 남응삼 같은 경우에 담

양으로 보낸다든가, 자기의 근거지로 보내는 것을 볼 때 김개남이 당장 군대를 모아서 북상하려는 구상을 가졌다고 보기 어렵고 그것보다는 남원을 근거지로 해서 그 지역 일대에서 세력을 당분간 더 확대하고자 했던 것이 아닌가 하는 생각을 합니다.

따라서 2차 봉기를 우리가 주로 공주로의 북상문제를 가지고 이야기한다면 그것을 또 대일(對日)전쟁이라고 한다면 김개남이 8월 25일 남원에 들어간 것은 사실 그것이 어떤 계기가 되기는 어렵지 않느냐, 이렇게 생각을 합니다. 이것은 김인배의 활동과도 연결되어 있다고 생각하는데 김인배의 경우는 진주에서 광양, 하동, 진주 방면으로 9월 1일부터 진출하기 시작합니다. 흔히 김인배는 김개남과 일정하게 연결되어 있다고 이야기해 오고 있고 김개남의 활동과 김인배의 활동은 뭔가 연결되는 바가 있다고 생각하는데 김인배의 활동도 북상이라는 측면보다는 경상도지방으로의 세력 확대에 그 목적이 있는 것으로 생각합니다. 따라서 우리가 흔히 이야기하는 '제2차 봉기'라고 하는 것하고는 거리가 있는 것이 아니냐, 그렇게 봅니다.

오히려 전봉준이 전라감사 김학진과 맺었던 집강소 설치라든가 하는 타협국면을 깨뜨리고 농민군이 실질적으로 주도권을 장악해서 세력을 계속 확대해 나가야 한다고 생각했던 것이 김개남이 아닌가, 그렇게 생각합니다. 반면에 전봉준은 그것보다는 대일전쟁에 더 생각이 미쳤던 것 같고 그러한 것을 결행하게 된 직접적인 계기를 만들어 준 것은, 그런 생각을 쭉 갖고 있었지만 구체적으로 그것을 실행에 옮기게 된 시점을 결정하게 해준 것은 대원군이 보낸 밀사가 아니었겠느냐, 생각합니다. 그 자료는 제가 여기서 충분히 인용을 못 했습니다만 최근에 『주한일본공사관기록』이 계속 발간되고 있는데 최근에 나온 8권에 '송희옥이 전봉준에게 보낸 편지' 이런 것들이 실려 있어서 그런 것들을 통해서 이 말씀을 드린 것입니다. 그 편지에서 보면 송희옥이 9월

6일…….

신순철: 자료가 뭐라구요? 다시 한번 말씀을.

박찬승: 국사편찬위원회에서 나온 『주한일본공사관기록』 8권에 보면 그런 내용이 실려 있습니다. 편지를 압수해서 그것을 일본어로 번역해서 실어 놓고 있는데 송희옥이 보낸 것이 확실하고 받은 사람은 확실하게 이름이 쓰여 있지 않습니다만 내용상으로 볼 때 일본측은 전봉준으로 간주하고 있습니다.

김개남의 남원 점령과 그 성격

두번째 질문은 방금 말씀 드린 질문과 결국은 연결된다고 생각합니다. 김개남이 자기 근거지가 태인임에도 불구하고 남원으로 옮겨서 거기에서 활동을 하게 된 이유, 지향, 이런 것이 되겠는데 실제로 앞서 발표에도 말씀 드렸습니다만, 이미 남원부사는 자리를 비우고 김개남이 남원지역을 완전히 장악을 하고 있었기 때문에 남원지역의 경우에도 사실은 어떻게 보면 '8월 25일 이후에 집강소가 설치되었다'라는 표현이 좀 부적절하지 않을까, 하는 생각도 듭니다. 왜냐하면 집강소라는 것은 어떻든 형식적으로는 전봉준과 김학진 간의 타협에 의해서 이루어진 것으로, 관측과의 타협에 의해서 타협국면에 의해서 집강소가 운영될 수 있는데 남원은 이미 남원부사가 자리를 비운 상황이었기 때문에, 거기에 집강소라는 것이 설치되었고 그것이 개혁정치를 했다고 보기는 좀 어렵고, 오히려 김개남의 대도소가 설치되어서 그 대도소를 중심으로 해서 자기 세력 확장을 계속 꾀해 나가는 상황이라고 보는 것이 더 맞지 않겠느냐, 그렇게 생각합니다. 그러나 김개남이 담양으로 보냈던 남응삼 같은 경우에는 담양부사와 협조해서 담양지역의 행정을 끌어가는 것이 보입니다. 그러나 남응삼은 직접 자기가 행정을 담당하지 않고 구체적인 행정은 부사에게 맡기고 자기는 그것을 감독하는 위치에 있었습니다. 실권은 역시 농민군이 가지고 있으니까요. 그래서 남응삼이 김개남의 세력임에도 불구하고 남원지역 상황과 담양지역 상황은 또 약간 다르며, 순창의 경우에는 정확하게 그 상황을 알 수 없습니다만 군수가 버티다가 결국 서울로 도망가 버리고 향리들이 전전긍긍하는 상황에 집강소가 설치되었던 것으로 생각됩니다. 집강을 맡았던 인물이 구체적으로 「오하기문」에 이름이 기록되어 있기 때문에 그런 상황이 아니었는가 여겨집니다.

그래서 지역적인 상황이 그 부근에서도 상당한 차이를 보이고 있는 것이 아니었겠는가 생각되고, '김개남의 구체적인 지향점'을 물어 보셨습니다만 사실 김개남이 체포되어서 한마디 말도 하지 못하고 처형되었기 때문에 구체적으로 그가 어떤 생각을 가졌는지 오늘날 우리가 알 수는 없습니다. 다만 참서에 의거해서 남원에 49일을 머문 것은 어떻게 보면 미흡한 생각이 아니었는가 하는 생각이 들고 전봉준의 경우에는 대일전이 당시 가장 중요한 과제라고 생각하고 있는 반면에 김개남의 경우에는 자기 세력 확장만을 꾀하려고 한 점들을 볼 때 그의 정치의식이 전봉준에 비해서 훨씬 뒤떨어진 것이 아닌가, 생각됩니다. 제가 추측을 해보았습니다만 구체적인 자료를 더 발견하지 못하고 있기 때문에 앞으로 김개남의 구체적인 글이라든가 말이 기록된 것들이 발견된다면 제 생각은 얼마든지 수정해야 될 것입니다.

신순철: 두번째 질문에서 선생님이 인용하신 자료 가운데 남원에서의 구체적인 개혁 내용이라든가 이런 것은 없느냐는 부분이 들어 있었던 것 같습니다.

박찬승: 자료상으로 그러한 내용들은 특별하게 확인을 못했고 군량미

를 모은다든가 아니면 군비를 비축하는 내용들만 현재 자료상에서 확인을 했고 다른 부분은 특별하게 확인을 못 했습니다.

신순철: 약 6, 7분 늦게 출발을 했습니다만 지금 여러분의 휴식 시간이 많이 침해당하고 있습니다. 플로어에 질문 기회를 드리겠다고 했는데 시간이 돼서 서면으로 받아서 내일 종합토론에 반영하도록, 부탁드립니다. 그래서 오늘 두 분의 발표와 지정토론만으로 여기서 마쳐야 될 것 같습니다. 잠시 10분 정도 휴식을 취하고 바로 이어서 송정수 선생님의 사회로 다음 발표를 시작하도록 하겠습니다. 대단히 감사합니다.

충청도지역 동학농민전쟁의 전개 과정

신영우(충북대 사학과 교수)

1. 머리말

1894년 전국에 걸쳐 벌어진 동학농민전쟁의 중심 지역은 전라도와 충청도였다. 왕조정부는 사실상 이해 봄부터 두 지역 100여 군현의 대부분을 제대로 다스리지 못했다. 각 군현 내부에서는 종전에 볼 수 없었던 치열한 개혁운동이 전개되었다. 그것은 양반층에 대한 상·천민의 신분투쟁 성격이 강했고, 또한 지주 부농에 대한 가난한 농민들의 저항 모습이 뚜렷했다.

가을에 들어와 동학농민군이 대일전쟁을 위해 무장봉기에 나서자 왕조정부가 설치한 임시 진압기구는 양호도순무영(兩湖都巡撫營)이었다. 즉 호남과 호서의 농민군을 진압하겠다는 뜻이다. 이때부터 전라도와 충청도의 동학 조직과 농민군은 경군과 일본군 그리고 민보군의 집중 공격을 받게 된다.

그러나 이러한 지역 상황은 일반 국민은 물론 학계에서조차 잘 파악하지 못하고 있다. 특히 충청도지역의 동학농민전쟁 사례는 연구자의 관심에서 벗어나 있었다. 농민봉기의 발생지인 동시에 주력군이 활동한 전라도의 상황 전개에 관해서 관심이 집중된 데다가 충청도는 남접 농민군의 총대장 전봉준과 김개남 같은 중심 인물이 없었다. 그래서 무수한 농민군이 봉기해서 숱한 사람이 희생당한 1894년 충청도의 대변란은 잊혀진 사건이 되고 말았다.

충청도지역의 동학농민전쟁을 알려 주는 자료는 많다. 우선 순무영의 지휘를 받아 서울에서 남하한 진압군이 남긴 보고문과 『진중일기』 그리고 순무영의 『첩보』 등은 충청도의 사정을 알려 주는 중요한 문헌이다. 의정부와 순무영의 중요한 보고와 정부의 정책은 『승정원일기』에 전재되었다. 일본군의 주요 정보가 수록된 『주한일본공사관기록』도 여러 지역의 실상을 전해 준다. 또 이 지역에 세거하던 유생이 쓴 일기도 있고, 동학에 들어가서 활동하던 사람의 회상기도 있다.

이 글은 이러한 자료를 바탕으로 당시의 상황 전개를 정리하는 시고(試稿)로서 작성되었다. 따라서 개요를 소개하는 데 중점을 두었다. 한 편의 글로서는 50여 군현의 다양하고 격렬했던 전쟁의 모습을 담아 내기 어렵기 때문에 전체 모습이 제대로 드러나려면 여러 후속 논문을 기다려야 할 것이다. 여기서는 시간 흐름에 따른 변화 과정을 찾아보고 권역별로 두드러졌던 상황을 간략히 살펴보고자 한다.

2. 가을 봉기 이전 충청도의 상황

1894년 6월 중순 충청감사 이헌영은 충청도 일대에서 계속된 동학교도들의 활동을 다음과 같이 밝히고 있다. "이른바 비적 무리는 작년 봄 보은취회 이래 여당(餘黨)이 지금까지 무상으로 모이고 흩어지고 했다. 호서는 비록 호남에서 창궐하는 것과 같지 않지만 회덕·진잠 등에서 침핍(侵逼)을 면치 못했고, 그때부터 전 지역에서 소란한 것이 지금까지 이르고 있다. 실로 난감하다."[1]

이 자료는, 지방 관아의 탄압에도 불구하고, 충청도의 동학 교세가 1893년 봄의 보은취회 이래 1894년 여름까지 갈수록 증대되던 모습을 보여 준다. 보은 장내리에 모였던 사람들이 무력 탄압으로 흩어진 것이 아니라 자진 해산한 까닭에 여러 지역에서 집회 활동은 계속 이어진 것이다.

동학교단은 보은에 대도소를 설치하고 전국 각지의 교도들과 연결망을 구성했다. 동학은 인맥으로 이어져 조직이 짜여지기 때문에 대접주와 이들의 활동 지역을 확인하면 지역별 조직체계를 알 수 있다.[2] 동학 관계의 기록[3]과 여러 진압 기록 등에 보이는 이 지역 주요 지도자는 다음과 같다.

청의대접주 손천민 : 청주·문의 일대	충경대접주 임규호 : 청산 일대
충의대접주 손병희 : 충주 일대	덕의대접주 박인호 : 덕산 일대
예산대접주 박희인 : 예산·서산·태안	옥의대접주 박석규 : 옥천 일대
문의대접주 임정재 : 문의 일대	공주대접주 김지택 : 공주 일대
목천대접주 김용희 : 목천 일대	목천대접주 김성지 : 목천 일대
김화성 : 천안 일대	단양대접주 성두환 : 단양 일대
충주대접주 신재련 : 충주 일대	허문숙 : 진천 일대
황하일 : 보은 일대	대접주 서장옥 : 회덕·충주

물론 이들처럼 비중이 높은 인물들은 더 많이 있었다. 그리고 각 지

1) 『금번집략(錦藩集略)』.

2) 그렇지만 다른 지역과 마찬가지로 충청도의 조직 상황을 파악할 수 있는 자료는 발견되지 않았다. 특히 1893년에서 1894년에 크게 확대된 교세의 실상은 자료 인멸로 인해 상세히 알기가 불가능하다.

3) 『시천교종역사(侍天敎宗繹史)』를 비롯한 교단 관계 기록.

역에서는 유력한 활동가들이 이들 대접주 아래에서 수접주와 접주·접사 등의 직임을 맡아 활약했다.

남접 농민군의 봄 봉기 때 충청도에서 호응한 지역은 회덕과 진잠뿐이다. 이 지역의 동학 조직은 전봉준과 이념을 같이한 청주 출신 대접주 서장옥에 이끌려 기포에 나선 것이다. 서장옥은 동학 교단 내부에서 매우 영향력이 큰 인물이었다.[4] 1893년 봄부터 이미 조정에서 주목하고 있었다.[5] 뒤에 일본군도 그와 같이 파악하는 보고서를 작성하고 있다. 그렇지만 이때는 주변의 동학 조직이 뒤따르지 않고 북접교단의 반대에 직면하자 충청도의 봉기 세력은 곧 약화되었다. 이것은 서장옥이 전라도 대접주들에게와는 달리 충청도에는 영향력을 미치지 않았음을 뜻한다.[6]

전라도에서 동학농민군이 봉기한 이후 북접의 중심지인 충청도 동남부의 보은, 청산, 옥천, 문의의 상황도 크게 달라졌다. 동학 조직이 기포해서 무장 활동은 하지 않았지만 동학의 "기세가 맹렬"해서 관아가 전혀 대처할 수 없는 상태가 되었다.[7] 보은은 동학 대도소가 위치해 있었고, 청산은 교주 최시형이 주로 머물러 있던 곳이었다. 이 지역 동학 조직의 대접주는 경내의 모든 사람들에게 잘 알려졌다.[8]

교주의 허락 없이 기포한 서장옥의 시도는 무산되었지만 남접 농민군의 경군 격파와 전주 입성에 고무받은 충청도의 동학은 전라도의 동

---

4) 관헌은 서장옥이 전봉준·김개남은 물론 교주 최시형과 막상막하의 세력을 가졌다고 파악하고 있다. 『동학관련판결문집』 37, 정부기록보존소.

5) 『승정원일기』, 고종 30년 4월 10일.

6) 황현이 「오하기문」에 쓴 것처럼 기포를 서포로 부를 만큼 컸던 서장옥의 영향력이 교단 조직의 중심이었던 충청도에서는 비교적 적었다는 사실을 보여 준다.

7) 『주한일본공사관기록』 1, 65쪽.

8) 『토비대략』은 대규모 동학농민군과 교단의 간부들이 행군할 때도 그 지역에 위력을 떨쳤던 대접주만 주목하여 이름을 전한 사실을 기록하고 있다.

학을 닮아갔다. 농민들이 다투어 입도해서 세력이 크게 커졌고,[9] 이들 세력은 동학 조직의 힘을 이용해서 향촌사회의 잘못된 관행을 고치려고 나섰다.[10]

왕조정부가 동학농민군의 진압을 위해 요청한 청병(淸兵)은 충청도로 들어와서 많은 피해를 입혔다. 다음은 6월 중순 충청감사가 한 말이다. "근래 청병이 아산에 주둔하여 접대하느라고 민폐가 허다하다. 비단 아산뿐만 아니라 그 인근 여러 읍이 같기가 일반이다."

직산과 성환에서 시작한 청일군의 교전은 큰 전쟁으로 확대되었다. 그 직후 섭지초(葉志超)의 청군 4000~5000병(?)이 공주에 와서 하루 묵고 연기를 거쳐 청주로 갔다. 이 대군을 접대하느라고 충청 감영의 부담이 적지 않았다. 또 일본 군함의 기습을 받아 격파된 청나라 군함 광을선(廣乙船)에서 빠져 나온 청병 136명이 태안으로 들어와 아산에 머물러 있었고 이들 외에도 성환에서 패전한 청군이 서산·해미·홍주·덕산·예산 등지로 몰려왔다. 6월 27일 일본군은 이들을 습격하면서 아산을 전장터로 만들었다.[11]

이와 동시에 일본군의 경복궁 습격과 경군의 무장해제 소식이 들려왔다. 충청도의 동학 조직은 즉시 궐기에 들어갔다. 7월 3일 이인에 동학교도들이 집결했고, 7일에는 서천 청양에 모였다.[12] 임천과 서천에는 각각 전라도 성당과 부안에서 온 농민군이 '위국안민(爲國安民)'을 칭

9) 영동의 정태선 옹(95세)은 동학농민군으로 활동했던 선대에게서 들었다면서 "도포깨나 걸쳤던 행세하던 사람은 모두 동학에 들어왔었다"고 말한다.

10) 이러한 활동을 드러내는 설명은 다음 장으로 미룬다.

11) 『금번집략』은 아산현감 정인진의 보고에 근거해서 다음과 같이 상세한 장계를 올리고 있다. "지난달 27일 오시경 몇천인지 알 수 없는 일본병이 각기 총칼을 가지고 기마대와 함께 혹 성환로를 따라서 혹 백석포로부터 일시에 몰려들어서 객사에 주둔하거나 사면 산판에 머물며 사직단(社稷壇)을 방화하고 민가와 각 관청에 들어가 전곡(錢穀)과 물건을 약탈해 갔다."

12) 『금번집략』.

하고 마을을 다니면서 총과 말을 거둬들였고 기민(飢民)을 먹인다며 요호(饒戶)에게서 곡식을 앗아갔다.[13] 연산에서는 6일부터 8일까지 동학 교도들이 거듭 들어와서 총과 돈 그리고 말을 거두어 갔다. 청양에서도 같은 일이 일어났다. 또 연기·연산 등지에서도 움직임이 있었다.

동학 조직이 무장봉기해서 일본과의 일전을 준비하는 것과는 반대로 지방관들은 사교로 간주하는 동학에 위구심을 가졌기 때문에 극력 반대하고 나섰다. 그 단적인 모습을 보은 사건에서 볼 수 있다.

보은에서는 7월 2일 수백 명이 사각면 고승리에서 모였다.[14] 군수 정인량이 직접 가서 임규호·황하일·이관영·김재현 등 두령들과 만났는데 이들은 서울이 위급하니 군수와 이방도 합세해서 창의하자고 요구했다. 이들 두령들은 교주 최시형의 측근인 동시에 대접주로서 동학교단의 최고 간부들이었다. 보은군수와 실랑이를 벌이는 과정에서 동학의 간부들과 지방관이 당면한 비상 시국에 각기 다르게 대처하는 모습이 드러난다.

즉 동학 두령들이 군수가 약장(約長)이 되어 창의에 앞장서라고 하자 군수 정인량은 "경사(京司)가 위급한 날에 창의를 한다는 말은 혹시 그러할 수도 있으므로 괴이할 것이 없으나 경기(京奇)를 알지 못하고 망녕되이 일어나는 것은 옳지 않다"고 했다. 서울서 통지가 오지 않으면 의병봉기가 잘못이라는 것이다. 그리고 동학은 정학(正學)의 도리에 어긋난 것이므로 유생 선비들이 쓰는 창의라는 말을 붙이는 것도 틀렸다고 했다. 그리고 창의를 한다면 마땅히 순영(巡營)과 병영(兵營)에 보고

13) 위 자료. 서천에는 부안 동학 도인 57명이 무장을 하고 각 관청에 들어가 술과 음식을 먹고 수성포수대(守城砲手隊)가 가지고 있는 총 6자루, 화약 3근, 철환 100개, 창 2자루, 말 1마리, 나귀 2마리를 빼앗아 갔다.

14) 고승리는 읍내에서 가까운 마을이다. 이 마을에 사는 오랜 도인인 한 노인이 생일을 맞아 초대한 동학 도인들이 모인 것이다. 관아 근처의 마을에 이러한 모임을 갖는 것은 이때 동학 세력이 매우 강했던 사실을 알려 준다.

를 하고 허락을 받아야 한다고 주장했다. 그러나 동학 두령들은 허락을 기다릴 겨를이 없다면서 약정(約正)과 부약정(副約正)의 이름을 기록했다.

청일전쟁이 벌어지던 시기에 충청도 여러 지역에는 청일 양국군이 빈번히 왕래하여 지방 관아를 놀라게 했다. 청군이 청안을 거쳐 북상하자 일본군이 안보·연풍과 충주를 거쳐 북상한다는 소식이 잇달았다. 특히 안보에는 문경을 거쳐 온 일본군이 매일같이 수십 명씩 꼬리를 이었는데 그 수가 모두 1100여 명이나 된다고 했다. 그리고 홍주에선 이양선 30척이 지나갔다는 보고를 올리고 있다.

왕조가 위기에 닥치면 나라가 키워 온 유생이 의(義)를 들어 일어나야 당연했다. 임진왜란 이래 양반 유생들은 선대에서 의병장으로 나섰던 전례를 가문의 자랑으로 삼아 왔다. 그렇지만 이들은 이 당시 향촌사회 내부에서 동학교도들의 공세에 시달리고 있어서 국왕이 일본군에게 인질로 잡혀 있어도 전혀 손을 쓸 수 없었다. 반면 동학도들이 일본 세력을 내쫓으려는 준비는 갈수록 격화되어 갔다.

3. 동학농민군의 활동과 향촌사회의 변동

7월 이후 충청도 전역은 동학의 세상이 되었다. 사교를 믿는다고 교도들을 탄압하던 관헌은 갑자기 커진 동학 세력에 눌려서 보고만 있는 처지로 떨어졌다. 교도들은 수십 명씩 혹 말을 타거나 총칼 등 무기를 지니고 방포하면서 몰려다녔다. 총을 쏘며 마을을 돌아다녀 위세를 떨쳤다. 각지의 동학 조직은 여러 군현에 각기 세력을 확대했다. 동학에 들어가면 서로 절하고 존대말을 쓰고 접장이라 불렀다. 다른 사람은 이들을 도인이라 칭했고 입도하지 않은 사람은 속인이라 했다.[15]

동학의 가르침대로 교도들은 평등한 세상을 만들려고 시도했다. 즉 신분투쟁을 벌인 것이다. 양반에 대한 평민의 존경 표현은 사라졌다. 노비는 스스로 신분을 해방시켜 상전의 집에서 빠져 나왔다. 동학 조직이 노비를 해방시키려고 힘을 빌려 주는 일도 있었다.

부여의 한 유생은 7월 초 일기에 "동학에 들어간 노예에게 상전은 반드시 존대해야 했고 감히 이를 배척하지 못했다"고 썼다.[16] 상하의 구분이나 귀천의 차별이 없어졌다는 탄식이었다. 목천에서는 그런 분위기 속에서 한자리에 같이 앉아서 서로 절하고 존대하던 노비가 방에서 나온 뒤 옛 상전에게 어쩔 수 없었던 사정을 호소하는 경우도 있었다.[17]

7월 21일 임천의 젊은 유생이 쓴 일기에는 "의정부 관문(關文)에 문벌을 파하고 양반을 없앤다"는 소식을 기록했다.[18] 갑오개혁의 조치가 이처럼 발표되고 있었지만 그것은 아직 종이에 쓰인 법령이었을 뿐 실생활의 오랜 관행과는 거리가 있었다. 동학교도들의 신분제 폐지운동은 양반에 대한 공세 형태를 띠고 계속되었다.

경제면의 변화도 세상이 바뀐 모습을 보여 줬다. 교도들은 십여 명씩 떼를 지어 양반 지주를 찾아가 예전에 억울하게 뺏긴 땅이나 재물을 돌려 받았다. 분풀이가 곁들여지기도 했다.[19] 지주에게 꼬박꼬박 바

---

15) 충청도 일대의 사정은 조석헌의 「북접일기」, 『한국사상총서』 5 ; 최덕기, 『일기』 등을 통해 알 수 있다.

16) 이복영, 『일기 제10』.

17) 강원대 주채혁 교수의 증언.

18) 최덕기, 『일기』.

19) 양반가에서 기록한 일기는 동학도들의 중요한 횡포가 구채(舊債)를 강제로 받아 낸 사건이라고 쓰고 있다. 충청감사가 조정에 보고한 내용에도 "오래된 채무를 강제로 받아내고 인명을 살해한 것과 관청에 들어와 거처하면서 공갈을 일삼아 물건을 빼앗는 것, 그리고 수성군의 무기를 탈취하고 마을을 샅샅이 뒤져서 돈·곡식·말 등을 몰수하는 것" 등을 괴변이라고 하고 있다.

쳐 온 지대 상납은 소홀히했다. 이자를 내는 것도 거부하는 사람이 나왔다.

충청도는 국왕이 걱정할 만큼 무단 양반의 농민 침학이 심한 곳이었지만 토호 행위는 자연 그쳤다. 오히려 양반 지주들은 교도들의 공세에 어쩔 줄 몰랐다. 외지에서 온 교도들이 길거리에 나도는 때에는 얼굴을 아는 사람에게 지목될까 피했다.

동학교주 최시형은 교도들이 관가에 항거하면서 법에 의하지 않고 한꺼번에 세상 질서를 뒤바꾸는 일에 뒤탈이 있을까 두려워했다. 이미 교단의 위계를 무시하는 남접 농민군에게 경고를 내렸고, 교주의 지시를 따르는 조직은 전봉준, 서장옥 등과 거리를 두었다. 최시형은 교단에 알리지 않고 마음대로 취회하거나 불법을 저지르는 행위 등을 금지하는 지침을 내렸다.[20]

그러나 이러한 지침은 준수될 수 없었다. 전라도의 남접 조직이 충청도로 세력을 뻗쳐 와서[21] 같은 개혁 활동을 펼쳤고, 더군다나 신입 교도들은 개혁운동을 지지했다. 말단 접주들 중에는 교도들을 동원해서 오랜 폐단을 고치려고 앞장서는 사람이 많았다.

마침내 북접 영향 아래 있던 충청도 각 군현도 집강을 정해서 조직적인 개혁 활동에 들어갔다.[22] 경상도 예천·상주·김산의 사례에서 확

---

20) 8월에 보낸 통유문에 들어 있는 지침으로 금석지전(金石之典)을 삼으라는 11가지 조목.

21) 일본군이 진압 과정에서 얻은 정보는 "남접은 충청도의 서부와 전라도의 전부를 총괄하고 북접은 충청도의 동북부와 그 이동(以東), 이북(以北)을 총괄하는 것 같았다"는 것이다. 인맥에 의한 조직의 특성상 이렇게 지역으로 나눌 수는 없겠지만 전라도와 인접한 충청도 남서부 일대는 남접의 영향이 강했던 것으로 보인다(『일본군공사관기록』 6, 24쪽).

22) 동학 세력이 관아와 양반 지배층을 압도한 북접지역에서 개혁 활동이 전개된 것은 여러 사례를 볼 때 교단의 최고 지도부가 직접 결정한 것이 아닌가 한다. 이러한 개혁 활동과 최시형의 이른바 '금석지전'의 차이에 관한 것은 더 검토할 필요가 있다.

인된 것처럼 충청도 일대에서도 동학 조직의 간부들이 직접 개혁 활동에 나서고 있었다.

충청도 군현에서 전라도와 같이 집강을 두어 개혁을 주관하기 시작한 것은 정부의 방침에 따른 결과이다. 전주화약 당시 전라감사 김학진은 무장 봉기한 농민군의 해산과 무장 해제를 전제로 해서 집강 역할을 강화하자는 제안을 했다. 농민들이 요구하는 폐정을 집강이 관아에 알리는 임무를 맡고 관아의 처분을 기다리게 한다는 것이다.[23] 그러나 무장한 동학농민군은 해산하지 않은 채 각 군현을 장악하고 집강소를 설치해서 스스로 개혁을 해 나갔다. 충청도에서는 군현의 관아를 점거하지 않았을 뿐 집강이 군현의 실세로 등장한 사정은 같았다.

충청감사도 이를 현실로 받아들이지 않을 수 없었던 것 같다. 군현에서 관아가 해결하지 못하는 문제가 발생하면 직접 집강에게 통문을 전해 일을 처리했던 것이다. 충청감사 이헌영은 영동에서 동학농민군 1000여 명이 "인가(人家)에 돌입해서 사람을 구타하고 재산을 파괴하며 돈과 곡식을 빼앗으면서 모이고 흩어지기를 무상(無常)으로 한다"는 보고를 받고 영동집강 손인택 등에게 긴급한 공문을 보냈다. 그것은 "무리를 모아서 도리에 안 맞는 언행을 하는 행위를 집강을 차정(差定)해서 금단하라고 했거니와"로 시작하는 내용이었다. 즉 충청감사가 군현에 집강을 두고 동학농민군의 집단 활동을 막으라고 했다는 것이다. 충청도에도 전라도와 같이 관의 허락을 받고 집강소를 설치하고 있었던 것을 보여 준다. 그러한 군현 중 하나인 영동현에는 감사가 직접 집강 손인택을 책망하는 공문이 보냈던 것이다.

일본군이 동학농민군 진압을 위해 수집한 정보에도 충청도의 동학

---

23) 김성규, 『초정집』 7 ; 홍성찬, 「1894년 집강소기 설포하의 향촌사정」, 『동방학지』 39, 주 9) 참조.

지도자를 집강이란 직함으로 파악하고 있다. 공주·연기·전의·은진·진잠·서산·연산·면천·한산·홍주·결성·서천·남성(남포?)·부여·홍산·목천·평택·아산·온양·예산·덕산·청양·단양·청풍·충주·괴산·문의·회덕·회인·보은·청산·옥천·영동·황간 등 34군현의 무려 41명을 '집강망(執綱望)'에 포함한 것이다.

이 중엔 대접주도 있고 수접주와 접주 들도 있다. 개혁 사업을 주관한 집강은 대접주가 직접 담당하지 않고 예하의 접주를 정한 지역이 많았던 것 같다. 그리고 충주의 신재련은 '오읍집강(五邑執綱)'을 칭하면서[24] 장위영 영관 이두황에게 통문을 전하고 있다. 또 청산에는 팔로도집강(八路都執綱), 팔로도성찰(八路都省察), 부성찰(副省察)과 같은 직함이 있었다.[25] 전국을 대상으로 활동한다는 뜻이다.

이 같은 활동을 교주 최시형이 직접 통괄했다는 근거는 없지만, 교단의 고위 지도자들은 이러한 대세를 묵인하거나 적극 주관해 나간 것이 분명하다. 그 한 예로 청의대접주 손천민을 들 수 있다. 청주 일대가 주요 근거지였던 손천민은 남일면 솔뫼마을에서 동학 조직을 강화하고 젊은이들을 집결해서 군사훈련에 나섰다.[26] 솔뫼는 병영이 있는 청주 읍성에서 얼마 떨어지지 않은 마을이었다. 읍성에 강력한 진남영(鎭南營) 관군이 있었던 것을 고려하면 동학의 최고 지도부도 무장봉기까지 예상하고 준비한 것으로 보인다.

충청도의 동학 세력은 여러 군현에서 관아를 압도할 만큼 거대했으나 교주의 지침에 따라 읍내와 관아의 점거는 시도하지 않았다. 그렇

24) 이두황, 「양호우선봉일기」, 『동학란기록』 상.

25) 김석중, 『토비대략』. 팔로도집강이 실제로 제 기능을 했다면 각 도의 개혁 활동을 조정하는 역할이었을 것이다. 이때 옥천·영동·청산에는 대통령(大統領)이란 직함도 있었다고 한다(『주한일본공사관기록』 6, 24쪽).

26) 솔뫼 동학의 중심 지도자인 강영문의 손자 강대윤 씨의 증언.

지만 읍내를 제외한 대부분의 지역은 동학 세력이 장악했다. 양반들은 대항할 엄두를 내지 못했다. 그러한 분위기 속에서 동학 조직에는 농민들이 다투어 입도해 왔다.

신입 교도들은 종전처럼 엄격한 의식을 갖추는 포덕식을 통해 입도할 수 없었다. 많은 수가 마당에 모여서 함께 입도하는 마당 포덕을 거쳐 동학에 들어갔는데, 그 중 일부는 동학보다 사회 활동에 관심이 많았다. 이들은 떼를 지어 스스로 옳다고 판단한 일을 해 나갔다. 교주 최시형이 금지한 일도 자행했다. 동학의 지도자들은 그 같은 현상을 우려했으나 이들 신입 도인들을 통제할 수 없었다.[27] 도인이라고 자처하는 사람들 중에 전혀 동학과 관계없이 활동하는 집단이 다수 존재하고 있었다.

이와 함께 이제는 동학 교단에서 멀어진 서장옥 계열도 독자적인 활동을 해 나갔던 것으로 보인다. 교단이 행사한 동학 조직의 장악력에는 미치지 못하지만 일정한 지역에서 세력을 가진 혁신적인 동학의 간부들[28]은 전과 같이 서장옥의 급진적 개혁을 지지하고 있었다.

4. 1894년 가을 이후 동학농민군의 봉기와 대일전쟁

동학농민군의 활동은 인맥으로 얽힌 동학 조직이 토대가 되어 전개되었다.[29] 그런 까닭에 지역을 나누어 농민군의 활동을 살피는 데에는 다소 무리가 있다. 경상도 조직이 전라도와 강원도에도 퍼져 있고 충청도대접주가 경기도와 전라도까지 접 조직을 두고 있었던 것이다. 그

27) 조석헌, 「북접일기」, 『한국사상총서』.

28) 다음 장에서 말할 허문숙과 같은 인물이 있었다.

29) 천도교 표영삼 상주선도사의 여러 관련 글 참조.

래도 이를 무릅쓰면, 충청도의 농민전쟁 양상은 1)보은·청산·영동·옥천 2)청주·문의·연기 3)진천·음성·괴산 4)충주·제천·단양·청풍 5)천안·목천·전의·직산·아산·온양 6)홍주·덕산·예산·해미·당진·서산·태안 7)공주·회덕·진잠·연산·은진·부여·노성 8)남포·임천·정산·홍산·보령 등 8개 권역으로 크게 나눌 수 있다.

각 권역에 한 조직만 있었던 것은 아니다. 즉 한 사람의 대접주가 권역 전체를 장악하고 있었던 것은 아니었다. 두 개 이상의 대접주 조직이 한 권역에서 세력을 펼치기도 했고, 한 군현에 복수의 대접주가 활동하기도 했다.[30]

충청도의 동학 조직도 7월 초부터 전쟁 준비에 들어간다. 이때 전국의 동학 조직은 외세의 침략을 스스로 물리쳐야 한다는 목표를 세웠다. 경군을 제압한 강력한 일본군과 싸우기 위해 각 군현의 교도들은 군사력 강화에 나섰다. 짧은 시기 동안 무장을 갖추며 조직을 확대하느라고 분주한 모습을 보였다. 동학교도들은 양반과 상민을 구분하지 않고 입도를 권장하고,[31] 지주 부농에게서 군수전과 군수미를 강제로 걷었다. 시임 향리도 강요에 의해 교도 명부에 이름이 올랐다.

대일전쟁 준비는 사회개혁운동과 따로 떨어진 활동이 아니었다. 집강소는 원성을 산 양반과 향리를 징치하면서 지주 부농에게 협력을 강요하는 일을 동시에 전개했다. 이에 따라 향촌사회의 지배층은 반감을 갖게 되었다. 또 유생들은 유교의 명분을 부정하는 동학을 용납할 수 없었다. 일본의 침략을 눈앞에 보면서 민족 내부의 갈등이 커져 갔다.[32]

---

30) 일본군은 충청도 동남부의 보은·청산·영동 등지의 동학 지도자를 복수로 파악하고 있다. 『주한일본공사관기록』 1.

31) 최덕기, 『일기』.

32) 충청도의 유생들이 남긴 일기들은 여러 지역에서 이러한 갈등을 생생히 보여 주고

8월에 들어 동학 조직의 동향은 심상치 않았다.[33] 우선, 8월 1일부터 감영이 있는 공주 정안면에 동학교도들 '1만여 명'이 모여 시위를 벌였다. 감영에서 그 까닭을 알아본 바 이미 창의에 나섰다는 이들은 감사 이헌영의 이임을 반대하여 원류(願留)를 하려고 모였다는 것이다. 이헌영은 6월 중순 부임한 이래 경내 전역에서 동학 세력이 강성한 데다가 청과 일본군의 전투가 벌어져 언제나 긴급상황 속에서 지냈다. 그래서 전임감사들과는 달리 동학을 탄압하거나 조세를 수탈할 만한 시간이나 기회가 없었기 때문에 백성들의 사정을 잘 아는 방백으로 생각되었다. 그러한 까닭에 무장봉기한 동학농민군은 원류운동을 벌인 것이다.

8월 2일에는 감영이 있는 공주에 몇천 명의 동학교도들이 몰려와서 같은 요구를 했고, 다음날 부내에서 물러간 교도들은 공주 경내의 금강가에 둔취하여 기세를 올렸다. 8월 말까지 이런 상태가 이어졌다. 감영은 다시 부내가 점거될까 우려할 뿐이었다. 이때 각 군현의 동학 지도자들은 일본을 배척하는 창의에 나서겠다고 충청감사에게 잇달아 알려 왔다. 공주·홍산·은진·이인·부여 등지였다. 그러나 이헌영은 극력 억제하는 회답만 보냈다.

봉기 의사를 확고히 정한 지역은, 노성과 서산처럼 독자적으로 읍내를 들이쳐서 관아에 보관된 무기를 빼앗아 무장을 강화했다. 이 같은 시기에 경기도의 죽산과 안성에서 관아가 점거되었다. 이들 지역은 충청도 진천·충주와 이웃한 고을로서 같은 동학 조직으로 긴밀히 연결된 곳이었다. 서울에서 가까운 군현의 관아가 침범되었다는 보고가 들어오자 왕조정부는 대책 마련을 서둘렀다. 마침내 긴급 논의 끝에 일본

있다.

33) 충청도의 이 시기 동향은 『금번집략』에 잘 정리되어 있다.

군에 빼앗겼던 무기 일부를 되돌려 받은 장위영과 경리청 병정을 파견하기로 했다.

군대를 파견하는 방식은 독특했다. 동학농민군이 강성한 지역의 수령에 경군 지휘관들을 임명해서 휘하 군사를 이끌고 부임하도록 한 것이다. 그래서 장위영 영관 이두황을 죽산부사에, 경리청 영관 홍운섭을 안성군수에, 그리고 성하영을 서산군수에 임명해서 군대를 인솔해 가도록 했다.

9월에 들어 오래 기다려 온 전봉준은 다시 봉기를 결정했다. 무장 활동을 반대하던 교주 최시형도 대세를 받아들여 9월 18일 기포령을 내렸다. 이에 따라 충청도의 동학 조직은 즉각 각 군현에서 봉기했다. 기포령의 내용은 두 가지로 추정된다.[34] 그것은 그 동안 금지해 왔던 각 군현의 읍내를 점거하고 무기 등을 탈취해서 무장력을 강화한 다음 농민군 각 부대를 보은대도소로 집결한다는 것이다.

전라도·충청도·경상도·강원도·경기도·황해도지역의 동학농민군은 본격 활동에 들어갔다. 대단한 기세였다. 충청도에서 관아 점거나 대규모 집결이 없었던 군현이 오히려 그렇지 않은 곳보다 적어 보일 정도였다. 전쟁이 끝날 때까지 두드러진 사건으로 여러 문헌에 기록된 곳만 해도 다음과 같다. 공주·청주·충주·제천·청풍·영춘·진천·괴산·문의·청안·연기·영동·황간·청산·회덕·보은·서산·태안·덕산·해미·예산·연산·노성·남포·보령·홍산·석성·부여·은진·한산·서천·천안·목천·전의 등등. 동학농민군은 점거한 관아에서 무기와 화약 및 세곡을 탈취했다.

기포령 직후 동학농민군이 격화된 활동을 벌여서 진압군의 주목을

---

34) 기포령이 내려진 직후 북접 교단의 지시를 따른 각 지역의 동학 조직의 활동을 보면 알 수 있다.

끌었던 곳이 진천, 충주[35]와 청주[36]였다. 진천 광혜원에는 대접주 신재련이 '1만 명'을 집결했고, 충주 용수포에는 허문숙과 서장옥[36]이 이끄는 대규모 세력이 모였다. 이 두 집단은 갈등을 보였다. 교단의 지침에 따라 활동하던 신재련 조직과 독자적으로 활동하던 서장옥 계열 사이에 의견 충돌이 생겼던 것이다.

병영이 있는 청주에서는 9월 24일 수천의 동학농민군이 읍성을 포위해서 공격했다.[38] 병사 이장회가 앞장서 독전하여 방어에 성공했으나 긴급 구원을 바라는 청주 병영의 요청은 정부에 보고되어 경군의 남하가 촉진되었다. 장위영과 경리청 병대가 일본군과 함께 청주를 향해 내려왔다.[39]

그 후 청주 병영의 병정 70여 명은 10월 들어 연산·진잠을 순회하고 대전을 지나다가 농민군의 공격으로 모두 죽임을 당했다. 괴산은 읍내가 점거될 때 지른 불로 큰 화재가 일어났다.

충청도·경기도·경상도·강원도에서 속속 보은에 집결한 동학농민군은 영동과 황간에 거처를 마련하고 분산해서 주둔했다. 그리고 무기와

---

35) 9월 21일 장위영 영관 이두황은 진압군 지휘관으로 임명받은 후 장신(將臣) 신정희를 만나 충주·진천 두 읍의 적세를 들었다. 이두황, 「양호우선봉일기」.

36) 처음 파견된 경군과 중로(中路)의 일본군은 청주 병사의 상황보고가 급박하자 모두 청주를 목표로 남하했다.

37) 서장옥이 직접 충주에서 활동했는지 여부는 진압군을 지휘한 이두황의 단편 기록만 가지고는 알 수 없다. 일본군 보고에는 그 시점에서 서장옥이 청주성을 포위하고 있다는 내용이 있다.

38) 기포령 이후 청주성은 몇 차례에 걸친 동학농민군의 공격을 막아 낸다. 그 중 첫번째 9월 24일 공격은 서장옥, 손천민 등 청주 주변의 동학 조직이 주도한 것으로서 매우 치열했다. 읍성을 포위한 농민군은 시간이 지날수록 기세가 떨어지면서 남부의 육거리와 무심천까지 밀리다가 결국 패퇴했다. 그 뒤 북접 농민군과 남접 농민군의 연이어 공격하지만 관군과 일본군의 반격으로 점령하지 못했다.

39) 일본군은 청주와 충주의 동학농민군을 공격하기 위해 진천과 죽산으로 두 지역을 포위한다는 계획을 세웠다(『주한일본공사관기록』 1, 152쪽, 충청도 동학당 정토방략).

군량을 확보하기 위해 충청도 일대는 물론 경상도 북서부까지 교도들을 파견했다. 이 북접 농민군 대군은 10월 23일 통령 손병희가 지휘해서 논산으로 진군하여 전봉준의 남접 농민군과 합세한다. 이 대규모의 남북접 연합농민군의 첫 점거 목표는 공주성이었다.

그러나 농민군은 전쟁 준비와 남북접 갈등 해소에 시간을 너무 많이 소비했다. 그래서 크나큰 반격을 받게 된다. 동학농민군의 재기를 보고받은 정부는 진압군 파견을 서둘렀다. 이미 파견한 경군 정예병을 경기도와 충청도 청주, 공주를 목적으로 남하시켰다. 일본군은 농민군 진압을 위해 미나미 오시로 소위가 지휘하는 후비보병 독립 제19대대 병력을 증파해 왔다. 또 각 군현의 보수 세력은 자력으로 민보군을 결성해서 농민군을 견제했다. 충청도지역에서 활동한 민보군은 경기도에서 내려온 지평의 맹영재와 과천의 문석봉 그리고 옥천의 박정빈과 목천의 정기봉, 천안의 윤영렬이 두드러졌다.

일본군은 관군을 앞세우고 10월 15일(양력 11월 12일) 세 길로 나누어 내려왔다. 62중대는 직산·천안·예산을 거쳐 공주로 직행하고, 본부 및 3중대는 죽산·진천·청주·문의·옥천을 거쳐 금산으로 내려가고, 1중대는 이천·충주와 강원도 방면을 거쳐 경상도로 내려가 운봉·남원으로 들어갔다.[40]

공주로 내려가는 경군과 일본군은 충청도 곳곳에서 동학농민군을 수색해서 학살했다. 각 군현마다 엄청난 수가 희생되었다. 전투도 여러 곳에서 벌어졌다. 전쟁이 끝날 때까지 벌어진 큰 전투만 들어도 세성산전투, 문의 지명전투, 증약전투, 홍주성전투, 덕산전투, 해미전투, 청주성전투, 영동 용산전투, 보은 북실전투[41] 등이다.

---

40) 『주한일본공사관기록』. 국사편찬위원회에서 번역 간행한 이 자료에는 당시 충청도지역의 상황을 파악하는 데 도움이 되는 일본군의 여러 전투 보고서가 실려 있다.

41) 북실전투는 김석중의 『토비대략』과 『주한일본공사관기록』 6에 자세히 나와 있다.

공주 남쪽 노성과 논산에 대규모로 농민군이 집결했다는 감영의 전달을 받은 관군과 일본군은 공주로 모여들었다. 일본군 2중대는 10월 24일에 공주에 도착해서 진을 쳤다. 1중대는 강원도로 들어갔고, 본부와 3중대는 청주 부근의 문의, 지명과 증약에서 농민군과 몇 차례 접전하느라고 공주로 갈 수 없었다.

동학농민군은 목천 세성산에 거점을 확보했다. 부근 군현에서 빼앗은 각종 무기와 군량을 쌓아 두고 남북접 농민군의 북상을 기다렸다. 그러나 서울을 지척에 둔 거점인 까닭에 즉각 진압군의 공격을 받게 된다. 보은 장내리를 불태운 1000여 명에 이른 이두황의 장위영 병대는 10월 21일 포위 공격을 감행해서 거점을 점거했다. 조총 140정, 청국 탄환 26궤 2만 5500개, 철환 36만 6000개 등의 무기와 650여 석의 곡식은 남김없이 몰수되었다.[42]

10월 하순 서해안 쪽 정산·예산·덕산·온양·신창·대흥·홍주·결성·당진·면천·해미·서산·태안의 동학농민군이 남북접 연합농민군의 북상에 호응하여 대규모로 집결했다. 이들은 공주성을 공격해서 관군에 큰 피해를 입히고 해미성에 주둔했다. 공주전투가 시작된 뒤에도 일본군 2중대의 1개 지대는 홍주 방어에 가세해야 했다. 장위영병도 공주에서 서해안을 순회하며 11월 7일 해미성을 공격했다.

김개남이 인솔한 농민군은 남북접 연합농민군에 합류하지 않고 전주에서 진잠을 거쳐 청주 공격에 나섰다가[43] 관군과 1개 분대의 일본군의 기습을 받아 신탄진과 진잠 쪽으로 후퇴했다.

우금치 결전은 너무 늦은 11월 7~8일에 벌어졌다. 이때는 일본군과 관군이 철저히 대비한 뒤였고, 농민군 대군의 북상을 지원하기 위해

---

42) 이두황, 앞의 글.

43) 각 지방 군현과 관군은 공주전투에 참여하지 않고 곁길로 빠져 나가 북상하는 김개남군을 크게 경계하고 있다. 『동학란기록』에 실린 여러 자료에 그 사정이 자세하다.

집결했던 서해안과 청주, 문의, 목천의 농민군이 패산한 이후였다. 전력이 막강한 일본군을 상대하기에 남북접의 지도자는 대군을 지휘한 전투 경험도 없었고, 특히 화력이 열세였다. 추운 겨울철에 고지의 적군을 공격한 것은 잘못이었다. 결국 우금치공방전은 동학농민군의 일방적인 패배로 끝나고 말았다.

후퇴를 거듭한 농민군은 전라도 남단으로 몰려서 처참하게 학살당했다. 반일 세력을 제거하려는 일본군은 전쟁 마지막 시기에 살인마로 변했다. 충청도의 동학농민군도 똑같은 처지에 몰려 있었다. 일본군과 관군이 번갈아 각처를 순회하면서 낱낱이 수색하여 보는 대로 처형했다. 서산, 태안, 해미에서는 공주공방전 이후에도 끈질기게 저항했다. 이 지역의 동학농민군은 홍주전투 이래 오랜 기간에 걸쳐 격렬한 저항을 끈기 있게 펼쳤다. 공주대교 방면의 공격을 맡았던 옥천의 농민군도 재집결해서 일본군과 관군의 진압에 맞서다가 해산했다.

공주공방전에 참여한 최시형의 북접 농민군은 순창까지 후퇴했다가 교주 최시형을 만나서 같이 북상했다. 이 부대는 장수, 무주를 거쳐 영동, 황간, 청산으로 올라갔다가 보은 북실에서 12월 17~18일 일본군과 상주 소모영의 유격병대에 기습당해서 궤멸한다. 북접 농민군의 보은 북실전투는 18번째의 전투였다고 한다.[44]

5. 충청도지역 전개 과정의 특징

전라도의 동학농민군이 무장봉기한 뒤부터 동학 조직은 남접과 북접의 뚜렷이 대립하는 두 계열로 나누어진다. 동학교단의 지도를 따르지

---

44) 『보은 종곡 동학유적』, 충북대 호서문화연구소, 1993.

않고 무장봉기한 전봉준, 서장옥 등의 궐기 통문에 의해 행동을 같이 한 계열이 남접이고, 평소 북접 법헌(法軒)을 칭하던 교주 최시형을 정점으로 하는 교단 조직의 지도를 예전과 같이 따르던 계열이 북접이다.

충청도지역의 동학 조직이 갖는 첫번째 특징은 단연 북접 계열이 많았다는 것이다. 동학은 인맥으로 연결되어 조직이 확대되어 왔다. 1894년 당시의 동학 지도자들은 교조 최제우에 의해 입도된 일부를 빼놓고 대부분 최시형이 포덕한 사람들이다. 이들 중 교단의 지도와 통제권에서 스스로 벗어난 남접 계열이 아니면 기존의 방식대로 최시형의 방침을 따랐는데 충청도에는 그러한 조직이 많았던 것이다.

충청도에서 남접과 행동을 같이한 계열은 서장옥의 영향으로 입도했거나 시국관과 개혁론에 서로 기맥이 통했던 대접주 계열이었다. 그렇지만 그 세력은 그리 크지 않았다. 회덕 진잠과 충주 일부에 한정되었다. 전라도와 접경한 군현에 전라도에 근거를 둔 남접 계통의 조직이 있을 경우 도 경계를 서로 넘나들며 같이 활동하기도 했다.

1894년 충청도의 상황에서 나타나는 두번째 특징은 전라도지역보다 온건했다는 것이다. 최시형은 아직 때가 되지 않았다는 이유로 북접 계열 조직이 무장하고 관아를 들이치거나 급격한 개혁을 하는 것에 반대했다. 이 때문에 교주의 지침에 순응한 충청도지역의 동학농민군은 9월 기포령이 내려지기 전까지 읍내를 공격하는 등 거센 활동을 하지 않았다.[45)]

그러나 전라도의 상황을 속속 전해 듣게 된 충청도지역의 동학 조직도 활동 양상이 비슷해지지 않을 수 없었다. 충청도지역에도 전라도와

---

45) 반면 여러 관변 기록은 관권이 미치지 못하는 지역이 많은 충청도의 상황을 전라도와 큰 차이 없이 보고 있다.

마찬가지로 군현 단위에서 집강이 개혁 활동을 주도해 나간 것으로 보인다. 충청감사가 영동집강에게 보낸 공문서를 보면 그 설치 시기는 전라도와 같은 시기가 아니었는가 한다. 물론 군현마다 특수한 사정에 따라 설치 시기를 비롯한 존재 유무, 활동상, 남북접 지도부와의 연결망 등 여러 모로 달랐을 것이다.

북접 교단도 이 집강제도 운영에 직접 관여했을 것이 틀림없다. 교단이 위치한 중심부인 충청도 동남부 군현인 영동에 집강이 있는 것을 교단 지도부가 모르지 않았을 것이기 때문이다. 더구나 이 지역에서 활동하던 동학 간부 중에 팔로도집강 등의 직함이 있었다는 진압군의 기록[46]은 그러한 추정에 더 분명한 증거가 된다. 집강소 구성 등에 관한 자료는 아직 나오지 않아서 확인할 수 없지만 전라도나 경상도의 구성과 크게 다르지는 않았을 것으로 보인다.

최시형의 지침에 의해 동학 조직이 읍내 점거를 시도하지 않았던 까닭에 집강이 읍내에 주재하며 활동하지는 않았을 것이다. 동학 세력이 강대했던 충청도 동남부 몇 군현에서는 읍내까지 힘이 미칠 수는 있었겠으나 그 밖에는 읍내에 힘을 뻗친 기록이 보이지 않는다. 병영이 있던 청주 주변의 활동은 매우 조심스러웠다고 한다.[47]

동학 주요 지도자들은 세거지를 근거로 활약한 사람도 있고,[48] 고향을 떠나서 동학 교세를 확장한 지역과 연관을 맺어 활약한 사람[49]도 있다. 양반가에서는 동학에 들어간 자체를 못마땅하게 여겼기 때문에 입도 후 왕래가 끊어진 사람도 있었다. 이러한 사례는 전국 각지에서 확인이 가능한 것들이다.

---

46) 김석중, 『토비대략』.

47) 청주 남일면 솔뫼의 진주강씨가의 증언.

48) 청주 북이면 금암리의 서우순의 경우 등.

49) 충주의 손병희, 보은의 임규호는 모두 청주 출신으로서 다른 지역에서 주로 활약한다.

무장 활동과 읍내 점거를 금지한 교단의 지침은 동학농민군이 관군과 보수 세력의 반격을 용이하게 하는 결과를 가져왔다. 동학 교세가 1894년에 들어와 갑자기 증대되자 양반 보수 세력은 매우 당황해서 처음에는 전혀 대응하지 못했다. 교단의 읍내 점거 금지는 보수 세력에 기회를 마련해 주었다. 각 군현 관아의 기능이 온전히 유지되어서 진압군이 파견되자 향리들이 이에 합세해서 이미 파악하고 있었던 동학농민군의 근거지를 일거에 궤멸했다. 또 국면이 바뀌면서 옥천같이 동학농민군의 세력이 매우 강력했던 곳에서도 읍내의 양반과 향리들이 민보군을 결성했는데 이것은 읍내가 점거되지 않아 대응할 시간 여유가 있었기 때문이다.

충청도의 동학농민군은 교주 최시형이 기포령을 내린 즉시 무장봉기에 나섰다. 많은 군현에서 읍내의 관아를 점거하고 무기고의 총포를 탈취하는 등 활발한 활동을 벌였다. 북접 교단의 기포령에 따른 이 같은 충청도 사정의 격변을 조정에서 크게 주목했다. 남접 농민군의 군사력은 강력했지만 서울에서 멀리 떨어져 있었고, 충청도는 서울과 가까이 있어서 더 심각한 위기국면이 초래될 가능성이 있었기 때문이다.

충청도지역의 전개 상황에서 드러나는 세번째 특징은 북접 농민군의 역량이 일정 기간 동안 충청도 동남부에 집결되어 있었던 사실이다. 기포령 이후 충청도와 경기도·강원도·경상도에서 모여든 북접 농민군은 황간과 영동에 분산해서 주둔했다.

9월 말에 집결해서 10월 23일경 논산으로 가기 위해 출발할 때까지[50] '수만 대군'이 군수미를 확보하고 무장을 강화하느라고 노력했다. 충청도뿐 아니라 인근 경상도에 속한 군현의 관아와 양반지주들이 그 때문에 곤욕을 치렀다.[51] 북접 농민군은 한편으로 전봉준의 남접 농민

50) 정의묵, 『소모일기』.

51) 「세장년록」, 『갑오이후일기』.

군과 합세하여 공주 우금치공방전에 참여했고, 또 한편으로는 충청도 여러 지역에서 연합농민군의 북상에 호응하거나 북상로의 주요 길목에 근거지를 마련했다.

동학농민군과 관군·민보군·일본군의 전면전이 벌어진 뒤의 충청도 지역의 특징은 진압군의 예봉을 이 지역 동학 조직과 농민군이 먼저 맞았다는 것이다. 10월 들어 서울에서 여러 갈래로 남하하던 진압군은 충청도의 동학농민군과 각처에서 맞닥뜨리게 된다. 이로 말미암아 충청도의 동학 조직과 농민군 세력은 결정적인 타격을 받았다. 보은의 교단 근거지가 파괴되는가 하면 후방 지원을 해야 할 각 군현의 동학 조직이 무너졌다.

충청도의 동학농민군은 목천의 세성산과 문의·옥천의 집결지 그리고 홍주·해미·태안 등지에서 일본군과 경군의 발목을 잡았다. 일본군 후비보병 제19대대의 중로군 1개 중대 병력은 이 때문에 충청도 동남부에 오랫동안 머물러 있어야 했다. 그래서 이 병력은 공주 우금치공방전에 합류하지 못했다. 동로군은 충주 등지에서 강원도의 험한 산맥으로 동학농민군이 올라가는 것을 막는 임무를 받고 따로 떠났다.[52] 즉 우세한 화력을 가진 일본군 2개 중대가 충청도 동학농민군의 공세로 인해 우금치공방전이 끝날 때까지 공주에 모이지 못했다. 남북접 연합 농민군은 불과 서로군 1개 중대가 가진 화력을 이겨 내지 못하여 결국 패산하고 만 것이다.

가을 봉기에서 진압군의 주력이 된 일본군은 충청도지역의 동학농민군 근거지를 공격할 때 지도부 궤멸과 조직 파괴에 중점을 두었다.[53] 이 방침 때문인지 우금치전투 이전까지는 일본군과 전투를 벌이고 흩

52) 『주한일본공사관기록』에는 동로군 기록이 빠져 있어 그 자세한 움직임은 알 수 없다.
53) 『주한일본공사관기록』 1, 152쪽.

어진 동학농민군을 추적해서 희생을 강요하지 않았다. 그러나 우금치에서 퇴각한 동학농민군을 전라도 남쪽으로 몰아가 반일 세력을 제거하는 것으로 일본군의 방침이 바뀌자 살륙 사태가 벌어지기 시작했다. 충청도에서 일어난 대표적인 살륙전이 보은의 북실전투였다. 하룻밤을 새우며 치른 격전에서 북접 농민군 2600여 명이 학살되었다.

6. 맺음말

전근대 사회체제의 모순을 개혁하려고 나섰다가 일본의 침략에 직면해서 분연히 맞서 싸운 동학농민군의 봉기는 좌절로 끝이 났다. 그 결과 향촌사회의 보수 세력은 다시 사회경제면에서 안정을 얻었고, 개화파 관료는 지배층 중심의 갑오개혁을 추진했으며, 일본은 침략에 항거하는 최대 장애를 제거했다. 그 이후 동학농민군과 같은 대규모의 민족 저항은 다시 벌어지기 어려웠다. 보수 세력은 아래로부터의 개혁을 막는 데 성공했으나 어느 위치에 있었든지 식민지 백성으로서 험난한 고난의 길을 같이 가지 않으면 안 되었다.

충청도지역의 동학농민전쟁은 여러 권역에서 격렬하게 전개되었다. 그렇지만 참여 당사자와 희생자 후손들의 집안만 빼놓고 차츰 잊어갔다. 이제는 그 사실조차 제대로 아는 사람이 없이 이미 오래 전 역사의 뒤꼍에 잠겨 버렸다.

그런 까닭에 갖가지 일들이 벌어진다. 홍성지역은 동학농민군의 집단매장지로 보이는 곳이 의병 무덤으로 간주되어 다른 이름으로 넓은 안식처를 얻었다. 보은 북실은 집단매장지가 확인만 되었을 뿐 그 지역민이나 동학을 계승했다는 천도교의 적극적인 관심이 없이 몇 년이나 버려진 채로 있다. 또 충청도 사람들은 동학농민전쟁 역사기행을 멀리 전라도지역으로 떠나면서 충청도에서도 전라도 못지 않은 활동이 있었던 사실을 알지 못하고 있다.

동학농민전쟁 100주년을 맞아 충청도의 당시 상황이 새삼스럽게 관심을 끌고 있다. 이 관심이 이어져서 많은 사료가 발굴되고, 이를 통해 충청도 여러 지역에 대한 사례 연구가 활발해지기를 기대한다.

1894년의 경상도지역의 동학농민전쟁

이윤갑(계명대 사학과 교수)

1. 머리말

1894년의 농민전쟁은 전국적인 규모로 전개된 반침략·반봉건투쟁이었다. 전라도지역에서는 물론이고 경상도·충청도·강원도·황해도 등지에서도 동학 조직을 중심으로 결집된 농민군들이 정부군 및 보수 세력이 만든 민보군과 일본군을 상대로 치열한 전투를 벌였다. 따라서 이 전쟁의 역사적 성격을 총체적으로 파악하기 위해서는 농민군의 형성 과정, 구성, 사회적 지향과 현실적 역량 등을 지역사례 연구를 통해 밝혀 내고 종합할 필요가 있다.

농민전쟁에 관한 그간의 연구 경향을 살피면 두 가지 면에서 반성이 요구된다.

첫째는 반제 반봉건으로 요약되는 이 시대의 역사적 과제를 제시하고, 농민전쟁을 곧 시대적 과제를 해결하려 한 혁명운동으로 단정하는 연구방식이다. 물론 시대적 과제의 설정은 타당하다고 생각된다. 그러나 객관적 상황이 그러하다고 해서 그 속에서 일어나는 사회운동이 반드시 시대적 요구와 부합한다고 보는 것은 무리라 생각된다. 그간의 연구를 살피면 농민전쟁의 실체를 있는 그대로 해명하고, 그것이 얼마

만큼 시대적 과제의 해결에 부합했는가를 따져 보는 연구보다도 시대적 과제 해결에 부합하는 농민전쟁상을 선험적으로 그려 놓고 관련자료를 확대 해석하는 연구가 많았다. 전쟁 패배의 책임을 일차적으로 농민군 자체 내에서 찾아야 함에도 불구하고, 이를 검토하는 연구가 거의 없었음이 이러한 한계를 잘 나타낸다.

둘째는 전봉준, 손화중, 김개남이 이끄는 전라도 농민군의 활동을 중심으로 농민전쟁의 성격을 파악하려는 연구방식이다. 물론 전라도 농민군은 1894년의 농민전쟁에서 시종 중심적이고도 선도적인 역할을 담당했고, 그들의 활동은 타지역 농민군들에게 직간접으로 막대한 영향을 끼쳤다. 그러나 농민전쟁의 진행 과정을 세밀히 관찰하면 농민군의 활동은 전국적인 체계성이나 통일성을 결한 채 지역별로 독자성을 띠는 분산적인 형태로 전개되었고, 그러한 특성은 전라도지역에서도 동일하게 나타났다. 이 점을 고려하면 농민전쟁 일반의 성격을 전라도 농민군의 활동, 그 중에서도 최선진 부분이었던 전봉준, 김개남, 손하중 휘하에 있었던 농민군의 활동을 중심으로 파악하는 것은 한계가 있다고 생각된다. 분산적으로 활동한 각 지역 농민군의 역량을 종합적으로 고려해 농민전쟁의 역사적 성격을 규명하는 것이 민족운동으로서, 전국적인 농민전쟁으로서 1894년의 농민전쟁을 객관적으로 인식하는 올바른 방법이 아닌가 생각된다.

본 연구는 이러한 반성에 입각해 경상도지역의 농민전쟁을 구명해 보고자 했다. 이 지역 농민전쟁에 대해서는 신영우와 김준형의 연구가 있다.[1] 신영우는 경상북도 북서부지역의 농민전쟁을 파악할 수 있는 풍부한 자료를 발굴했고, 증언채록을 이용해 농민전쟁 지도부의 신분

---

1) 신영우, 「갑오농민전쟁과 영남 보수세력의 대응」, 연세대 박사학위논문, 1991 ; 김준형, 「서부경남지역의 동학군 봉기와 지배층의 대응」, 『경상사학』 7·8합집, 1992.

과 경제 기반을 밝힘으로써 농민전쟁 연구에 새로운 관점을 제시했다. 김준형은 경상남도 진주·하동지역의 농민전쟁을 연구하여 이 지역의 동학 세력이 최제우의 포교시에 형성되기 시작했음과 순천·광양지역의 농민군과 결합해 활동했음을 해명했다. 본 연구는 이상의 연구 성과를 기초로 경상도 전역의 농민 세력의 형성 과정과 반봉건투쟁의 성격, 반일 봉기 과정 등을 해명하고자 했다.

2. 농민전쟁 발생의 역사적 배경

(1)개항 후의 사회경제적 변동과 반봉건 농민항쟁의 발전

1894년의 농민전쟁은 조선후기사회의 사회경제적 모순이 개항을 계기로 일층 확대 심화되는 가운데 폭발한 것이었다. 조선후기의 사회적 생산력의 발전과 상품화폐경제의 발달은 중세적인 신분제도 및 그와 결합한 지주전호제도와 부세제도에 내재한 사회적 모순을 계급 대립과 이데올로기적 갈등을 전면적으로 표출하는 형태로 격화했고, 그러한 대립과 갈등은 19세기 중엽에 이르자 마침내 임술농민항쟁을 연출하면서 조선봉건사회를 전면적인 해체국면으로 몰아갔다. 이러한 변동에서 선도적 위치를 차지했던 것이 경상도지역이었다. 가령 1862년의 농민항쟁의 전개 양상을 보면 단성과 진주민란이 시발이 되어 3월 말~4월 초에 걸쳐 먼저 경상도지역에서 폭발하고, 곧이어 4월 말~5월 초에 걸쳐 전라도지역에서, 5월에는 충청도지역에서 민란이 일어났던 것이다.[2] 그것은 경상도의 농업생산력 발전이 이중환(李重煥)의 『택리지

2) 망원한국사연구실, 『1862년 농민항쟁』, 동녘, 1988.

擇里志)』에서도 언급되듯이 삼남지방에서도 선진적이었던 점과, 미작과 면작을 위시해 다양한 상품작물을 재배하기에 적합한 농업환경을 갖추고 있었던 점, 그리고 편리한 상품유통로로 기능할 수 있었던 낙동강이 이 지역의 주요 농업지대를 관류하고 있었던 점 등에서 원인을 찾을 수 있었다.[3] 조선봉건사회를 해체하는 이러한 변동은 개항을 계기로 새로운 국면을 맞이하게 되었다. 외세는 개항과 불평등조약을 이용해 조선에 대한 경제적 침략을 확대했다. 그리하여 1880년대가 되면 영국산 면제품이 청국과 일본 상인을 통해 사치품 수요가 많았던 서울 등 대도시의 시장은 물론이고 경상도·충청도·강원도를 여행하면서 농상황(農商況)을 조사했던 마쓰다(松田)의 보고서에서 나타나듯이 농촌시장 깊숙이까지 침투하여 유통되고 있었고,[4] 일본 상인들이 활발하게 곡물매집 활동을 보였던 경상도 일부 지역에서는 종종 시장에서 종곡을 매입하기 어려운 사태가 초래되기도 했다.[5] 그러나 전체로 보면 외세의 이러한 경제적 침략은 적어도 갑오농민전쟁이 일어나기 전까지는 조선후기 이래의 경제적 변동을 근본적으로 교란하거나 방향을 바꿔놓지는 못했다. 그것은 경제적 침략의 주역이 조선의 경제를 전면적으로 교란할 수 있는 제국주의 열강들이 아니라 아직은 자국의 산업혁명도 이루지 못한 상태에 머물렀던 청국과 일본이었기 때문이다. 그런 사정으로 인해 전반적으로 보면 개항은 적어도 1890년대 초반까지는 조선의 상품화폐경제를, 따라서 상품경제의 주도권을 둘러싼 사회적 대립을 더욱 발전시키는 계기로 작용했다고 생각된다.[6]

---

3) 이윤갑, 「18·19세기 경북지방의 농업변동」, 『한국사연구』 53, 1986.

4) 松田行藏, 『朝鮮國慶尙忠淸江原道旅行紀事及び農商況調査』, 1887.

5) 하원호, 「개항 후 방곡령 실시의 원인에 관한 연구」, 『한국사연구』 49·50·51호, 1985.

6) 이하 서술 부분은 다음 연구 참조.
이윤갑, 「한국근대의 상업적 농업 연구－경상북도지역의 농업변동을 중심으로」, 연세

더 구체적으로 살피면 개항은 대일 곡물수출을 발전시키는 계기가 되었다. 일본으로의 곡물수출은 1887년 이후에야 본격화되었는데 쌀과 콩이 주종을 이루었다. 곡물수출은 농산물의 상품화를 확대하는 계기가 되었고, 동시에 상품생산의 주도권을 둘러싼 관료·지주·대상인자본 대 농민·소상인의 대립을 격화하는 요인이 되었다. 쌀과 콩을 나누어 살피면 쌀의 수출은 관료·지주가 주도하는 상품생산을 확대하는 계기로 작용했고, 반면 콩은 농민층의 상품생산을 확대하는 계기로 작용했다. 그런 까닭에 개항 후 대일 곡물수출의 확대는 한편으로 농산물의 상품화를 일층 확대하는 계기가 되었지만, 또한 그것은 도리어 봉건반동을 강화하는 계기로도 작용할 수 있는 것이었다. 따라서 개항 후 농업 변동은 해당 지역의 농업 환경에 따라 상이한 양상을 보이게 되는 것이었다.

경상도의 주요 농업지역은 내륙 깊숙한 부분까지 낙동강 수로를 통해 가장 큰 대일 무역항이었던 부산항과 바로 연결될 수 있었던 까닭에 개항 직후부터 직접적으로 대일 곡물수출의 영향을 받았다. 1885년부터 1894년 사이에 이 지역에서 무려 14회에 달하는 방곡령이 발포되었던 사실이 그 예가 되겠다. 그러나 이 지역의 곡물수출은 전라도지역과는 다소 다른 양상을 보였다. 청일전쟁 전후해서 부산항을 통해 일본으로 수출되던 곡물을 산지별로 구분하면 쌀은 "전라도산이 70%, 경상도산이 30%"[7]이었고, 콩은 "경상도산이 80%이었고, 전라도산이 20%"[8]이었다. 즉 개항 이후 전라도지역에서는 쌀 위주의 수출이 확대되었던 데 비해 경상도지역에서는 쌀과 콩의 수출이 동시적으로 확대되는 양상을 보였던 것이다. 경상도지역에서도 콩은 개항 이전에는 거

대 박사학위논문, 1993.

7) 「보고」, 『통상휘찬(通商彙纂)』 17호.

8) 「조선국 경상도 순회보고(朝鮮國 慶尙道 巡廻報告)」, 『통상휘찬』 19호.

의 상품화되지 못했다. 콩은 어디서나 손쉽게 재배될 수 있을 뿐 아니라 운송비가 많이 들어 상품성이 낮았고, 더구나 수익성 높은 면화의 대항작물이었던 탓이었다. 그러던 것이 개항 이후 일본으로 수출이 이루어지면서 상품생산으로 발전할 수 있게 되었는데, 콩 수출이 호황을 누리면서 이 지역에서는 "새로이 산야를 개간하여 콩을 파종"하거나, "하등답을 콩밭으로 만들거나, 논·밭이랑에도 콩을 파종"[9]할 정도로 상품생산이 확대되었다. 이같이 콩의 수출은 그 자체로서 상업적 농업을 확대하는 것이었지만, 나아가 더 중요하게는 앞의 자료가 말하듯이 그것이 농민층의 상품생산을 발전시키는 것이었다.[10] 말하자면 개항 후 대일 곡물수출은 경상도지역의 경우 봉건적인 농민 수탈을 강화하는 계기가 되기도 했지만, 다른 한편으로는 농민적 상품생산을 한층 확대하는 계기가 되기도 했다. 1862년의 농민항쟁과는 정반대로 1894년의 농민전쟁의 경우 고부를 중심한 전라도지역에서 먼저 봉기가 일어나고, 경상도지역이 그 뒤를 이어 늦게 봉기하게 만든 사정은 이러한 변동과 관련이 있다고 생각된다.

또한 개항 후 기선을 주종으로 하는 근대적인 외국 선박이 연안 무역에 종사하면서 원격지간 상품유통을 확대한 것도 상품생산의 발전을 촉진한 계기가 되었다. 가령 함경도는 운송문제만 해결되면 경상도의 미곡과 면포의 상품시장이 될 수 있었다. 그러나 재래식 한선(韓船)으로 화물을 운송할 경우 동해안 해로가 바람이 높고 물결이 급한 까닭으로 통상 열 번에 여섯, 일곱 번은 목적지에 닿기 전에 침몰했다.[11] 그런 사정으로 함경도 시장을 대상으로 한 상품생산은 제한될 수밖에 없었는데, 이제 새로 도입된 근대적 선박은 이러한 제약을 완전히 해

9) 「조선국 전라도 순회복명서(朝鮮國全羅道巡廻復命書)」, 『통상휘찬』 22호.

10) 宮嶋博史, 「甲午改革以後の商業的農業」, 『史林』 56·57호, 1974.

11) 「원산항지부(元山港之部)」, 『통상휘찬』, 1883년 상반계.

소할 수 있었다. 외국 선박이 동해안 운송을 담당하기 시작한 것은 1880년대 후반이었는데, 이후 그들의 비중은 급속히 커져서 1890년대가 되면 재래의 판선업을 완전히 구축할 정도가 된다. 이러한 변화와 궤를 같이하여 경상도에서는 함경도 시장을 대상으로 한 상품생산이 급속히 발전해서, 1893년 부산항에 역외 판매를 목적으로 집하된 경상도산 면포는 무려 65만 필에 달했고, 농민전쟁이 일어난 1894년에도 61만 필이나 되었다.[12]

다른 한편 이와는 별도로 임술항쟁을 계기로 반봉건투쟁이 확대되고 일상적으로 만연하게 된 것도 개항 후 이 지역에서 농민적 상품생산을 발전시킨 계기가 되었다. 임술항쟁에서 봉건관료와 양반을 공격하고 신분제적 부세제도의 개혁을 요구했던 농민들은 그 항쟁의 수습 과정에서 단행된 대원군의 서원 철폐와 무단토호의 징치 그리고 호포법의 실시 등을 경험하면서 지방관리나 양반들에게 "주저 없이 소란을 피우고 공공연히 불복하는" 저항의식을 발전시켜 갔다.[13] 그로 인해 관리나 양반층이 주동이 된 법외 가렴은 민란 형태의 농민층의 집단적 저항을 받게 되었다. 1875년의 울산민란, 1883년 성주민란, 1890년 함창민란 등이 그런 경우였다. 울산에서는 이포(吏逋)·반포민결(班逋民結)·은결남배(隱結濫排) 등에 맞서, 성주에서는 임술항쟁 직후 7, 8냥으로 인하했던 결가(結價)를 20～30냥으로 인상한 것에 맞서, 함창에서는 현감의 탐오(貪汚)에 맞서 농민항쟁(민란)이 폭발했던 것이다. 그로 인해 부세제도를 악용한 가렴은 제한을 받았고, 민란 발생 소지가 커질 정도가 되면 상주지역에서와 같이 수령이 선도적으로 부세제도상의 문제점을 개선하는 경우도 있었다.[14]

---

12) 이윤갑, 앞의 논문, 1993 참조.

13) 이윤갑, 「19세기 후반 경상도 성주지방의 농민운동」, 『손보기박사정년기념한국사학논총』, 1988.

또한 농민들의 이러한 저항은 지주들의 수탈에도 영향을 끼쳤다. 신분제가 약화되면 지주권도 약화되기 마련이다. 소작농민들이 허약지주나 경영이 부실한 지주에 대해 작료를 거납하는 사례가 빈발했고, 이는 서원전의 경우에도 동일했다. 또한 농민들은 지대 인하를 관철해 갔고, 현실적으로 소작농에게 유리한 도조법을 확대해 갔다. 그리하여 경상도지역에서는 지주가 총수확의 30% 정도만을 겨우 수취할 수 있는 도조법이 대체로 1880년을 전후한 시기에 전·답 모두에서 일반화되어 간 것으로 보이며, 특히 전에서는 소작농이 수익성이 높은 작물을 재배하더라도 일반 곡물재배를 기준하여 약정된 지대액을 초과할 수 없게 하는 소작관행이 성립하고 있었다.[15]

이상과 같은 조건에 힘입어 개항 후 경상도지역에서는 상업적 농업이 더욱 확대되었고, 봉건적·지주적 상품생산의 증가에 못지 않게 농민적 상품생산 또한 급속히 발전했다. 경상도에서 상업적 농업이 발전한 지역으로는 먼저 낙동강 연안지역을 지적할 수 있다. 당시 경상도에서는 산이 많은 지리적 제약으로 인해 육로의 발달이 부진하여 곡물일 경우 육로로 운송하면 거의 이문을 남길 수 없을 정도였다. 그런 사정으로 상품생산은 이런 제약이 적은 낙동강 연안지역을 중심으로 발달했다. 『택리지』에 따르면 김해 칠성포를 기점으로 낙동강을 통해 화물을 실은 배가 다닐 수 있는 한계는 북으로는 상주였고, 서쪽으로는 진주였다.[16] 즉 북으로는 김해·밀양·창녕·현풍·고령·성주·대구·선산·인동·의성·상주 등지의 낙동강 연안지역과 서쪽으로는 의령·함안·진주 등지의 낙동강 연안지역이 여기에 속했다. 하동 또한 섬진강을 이용해 상품생산을 발전시킬 수 있는 지역이었다. 이 지역에서는 이미

---

14) 「상주사례(尙州事例)」, 1888.

15) 이윤갑, 앞의 논문, 1993.

16) 『택리지』, 팔도총론 경상도.

조선후기부터 상업적 농업을 발전시키고 있었는데 개항 후 대일 곡물수출이 가능해지자 쌀과 콩의 상품생산을 더욱 확대해 갔고, 그 발전은 토지가 상대적으로 더 비옥했던 낙동강 서쪽지역이 더욱 두드러졌다.

이들 지역 외에 상품생산이 발전한 지역으로 들 수 있는 곳은 면화 내지 면포가 생산되는 지역이었다. 면화나 면포는 곡물과는 달리 육로로 운송하더라도 충분히 이문을 남길 수 있는 장점이 있었다. 그런 사정으로 낙동강에 연해 있지 않더라도 충분히 상품생산을 발전시킬 수 있었다. 경상도에서는 매년 부산항에서 인천·원산으로 수출되는 면포가 60~70만 필에 이를 정도로 면포의 생산이 활발했는데, 주산지는 대구·칠곡·청도·경산·자인·현풍·고령·성주·김산·개령·인동·상주·의흥·의성·밀양·고성·진주 등지였고, 그 중에서도 진주·고성·의성·상주·경산·자인 등지는 전국적인 명성을 얻을 만큼 대규모로 상품을 생산했다.[17] 상업적 농업의 발전은 농민경제의 성장을 가져왔지만 동시에 농민층 분해를 진전시켰다. 이들 지역에서는 상품생산을 통해 부농이 성장했다. 쌀과 콩의 상품생산이 발전한 지역에서는 '겸병광작(兼倂廣作)'하는 부농이 증가했고, 면업 중심지에서도 여러 명의 임노동자를 고용해 상품용 면포를 대량으로 생산하는 부농경영이 출현했다. 면업에서는 호당 면포 생산고가 20필을 상회할 경우 임노동을 고용한 생산이라고 볼 수 있는데, 한말 일본인들의 면작 조사보고에 따르면 진주가 호당 60필을 넘었고, 상주·함창이 호당 30~40필에 달했으며, 의성·풍기·자인·창원 등지도 모두 20필을 넘었다. 따라서 이들 지역에서는 임노동을 고용해 상품을 전문적으로 생산하는 부농경영이 상당수 존재했다고 할 수 있다.[18]

---

17) 梶村秀樹, 「李朝末期朝鮮の纖維製品の生産及び流通狀況」, 『東洋文化硏究所紀要』 46, 1968.

18) 이윤갑, 앞의 논문, 1993.

그러나 부농경영의 성장은 필연적으로 광범한 영세 소빈농층의 몰락을 초래하게 된다. 소빈농층의 몰락은 광작형 부농이 성장하는 쌀과 콩의 상품생산이 발전한 지역일수록 더욱 심각한 양상을 띠었다. 그들의 몰락은 봉건적인 부세수취제도와 도결제 및 금납화의 확대를 매개로 더욱 촉진되었다. 그러한 변동의 사례를 육운이나 해운이 다 남북으로 통하여 수륙교통의 요지에 위치한 상주지역에서 살필 수 있다. 1888년에 상주목사가 작성한 「상주사례」에 따르면 군정의 경우 대원군의 개혁으로 호포법이 실시되고 있었지만 반호(班戶)와 상민호(常民戶)가 각각 1냥 8전과 5냥여로 차등하게 부담한 까닭에 상민 중에서 모칭유학의 방법으로 양반호가 되는 자가 8년 사이에 무려 2800여 호나 늘어나 종전 8700여 호의 상민호가 지던 군포를 6000여 호가 부담하게 되어 결국 소민이 지탱하지 못하고 이산이 속출하는 사태가 초래되었다. 또 임술년(1862) 개혁시 결가를 13냥으로 작정했던 것이나 흉년이 들어 면가(棉價)나 곡가가 앙등하면 '읍외잡류(邑外雜類)'들이 관속과 결탁해 호수직(戶首職)을 모차(冒差)하고는 평상시 가격에 상당하는 쌀과 면포를 징수하는 농간을 부려 소민을 몰락케 했다. 이러한 사태는 성주에서 그대로 나타나는데 1893년의 이 지역 사정을 전하는 도한기(都漢基)의 「대삼정책(對三政策)」에 따르면 '간맹(奸氓)'과 결탁한 '활리(猾吏)'의 농간으로 포락지나 황무지 개간으로 겨우 연명하는 소민들이 요호민(饒豪民)의 전세까지 전가받아 결국 농사를 폐하고 행상으로 밀려나는 사태가 야기되고 있었다. 1880년대 초반에 이 지역에서 화적이 출현하고, 이후 그 수가 점점 늘어나 하나의 사회 세력을 형성하게 되는 것은 개항 이후 일층 급격해진 이러한 농업 변동이 초래한 결과라 하겠다.

그러나 부농층이라 하여 온전히 성장할 수 있는 것은 아니었다. 가령 상주지역의 경우 많은 부농들이 흉년에 면임직을 배정받아 낭패를 보거나, 관부와 결탁한 세력 있는 양반가에게 토색질을 당하거나, 적게는 500~600냥에서 많게는 1000~2000냥을 강탈당하는 공명첩 강매에 시달리고 있었다.[19] 신분이 상승해 공적인 부세 수탈에서는 감면받거나 유리한 위치에 놓일 수 있었지만 관료나 세력 있는 양반이 자행하는 사적인 침탈 앞에서는 속수무책으로 당할 수밖에 없는 처지에 있었다.

이런 사정으로 농민전쟁기의 농촌사회는 임술항쟁 때보다도 분해 속도가 더욱 더 빨라지고, 그런 만큼 부농 세력이 커지고 더불어 몰락하는 농민도 증가하면서 봉건지배체제의 전면적 개혁을 요구하는 혁명적 기운도 고조되었다. 그리하여 계기만 주어지면 쉽게 폭동이 발생했는데, 농민전쟁의 발발로 봉건지배체제가 전면적으로 동요한 1894년의 경우 경상도에서는 전체 71개 군현 가운데서 무려 60여 곳에서 민요(民擾)가 발생했는데 그 중 상당수가 동학 조직과는 무관하게 폭동을 일으켰던 것이다.[20]

이상의 검토에서 1894년의 농민전쟁의 배경으로 주목되는 것은 다음 세 가지이다. 첫째는 개항 후 상품화폐경제의 발전이 한층 촉진됨으로써 농민층 분해가 진전하는 가운데 부농 세력이 커지고 있었고, 그들은 자신들의 사회적 경제적 발전에 중대한 장애가 되고 있는 신분제의 모순—즉 관리나 세력 있는 양반들에 의한 부농 수탈—을 개혁하고자 했다는 점이다. 둘째는 농민층 분해가 발전하면서 소빈농층이 점점 부농 세력과 이해를 달리하게 되었고, 그 몰락에 비례해 봉건

19) 「상주사례」, 『지방사사료총서』 9, 1888, 191쪽. "一職帖之弊 監役職帖盖出於補軍需之擧 而往往有憑藉侵魚之弊 甚至有浮浪無恒之輩 出沒京鄉圖出勳都敦正監察等職命空名職帖 預署饒民之姓名來 土價多或至一二千金小不下五六當."

20) 『고성총쇄록(固城叢瑣錄)』 2, 갑오년 9월 6일. "巡相曰 近聞京奇時局一變 爻象洶洶 寧欲無言 且道內民閙之邑 幾至六十餘."

적인 지배체제에 대해서는 물론이고 부농적 착취에 대해서까지도 공격적으로 되고 있었던 점이다. 셋째는, 낙동강 연해읍에서 자주 방곡령이 실시되고, 일부 포구에서 일본인 상인에 대한 적대 행위가 나타나기도 했지만 전반적으로 보면 적어도 농민전쟁기까지는 일본의 경제적 침략에 대한 일반 농민들의 체감도나 적대감이 매우 낮다는 점, 달리 말하면 일본의 경제적 침략이 경상도지역의 경우 아직까지는 민족적, 계급적 적대감을 불러일으킬 만큼 크지는 않았다는 점이다.

(2)동학의 전파와 교세의 형성

1894년 이전에 일어났던 농민항쟁은 군현 차원을 넘지 못하는 국지적 항쟁으로서의 한계를 지녔다. 그것은 또한 봉건적 모순의 개혁이라는 측면에서도 부세제도의 개혁이라는 제한된 요구에 묶여 있는 경우가 대부분이었다. 그에 비해 1894년의 농민전쟁은 봉건지배체제를 전면적으로 변혁할 목적으로 애초부터 군현 단위의 국지성을 뛰어넘는 조직화된 전국적인 농민봉기로 전개되었다. 반봉건투쟁에서 이러한 도약을 가능케 한 것은 동학의 조직이었다. 이 점은 1894년에 이 지역에서 발생한 60여 건의 민요를 검토하더라도 분명하게 알 수 있다. 그 민요 가운데서 동학 조직과 무관하게 발생한 것은 모두 이전의 민란과 아무런 차이성을 보이지 않았음에 비해, 동학 조직이 지도한 지역에서는 그 민요가 시종 반침략·반봉건의 전국적인 농민전쟁의 일환으로 진행되었던 것이다. 따라서 우리는 농민전쟁의 배경으로 동학 세력의 형성 과정과 그 성격을 살피지 않을 수 없다.

경상도에서 동학교도가 최초로 형성된 곳은 수운(水雲) 최제우의 고향이었던 경주 일대였다. 최제우는 득도 이듬해인 1861년에 경주에서 포덕을 시작했고, 교도들이 늘어나자 관의 이목이 쏠리는 것을 피해 전라도 남원으로 잠시 옮겼다가 그 이듬해 3월에 다시 경주로 돌아온다. 이후 그는 「논학문(論學文)」, 「수덕문(修德文)」, 「몽중노소문답가(夢中老少問答歌)」, 「포덕문(布德文)」을 짓고 적극적인 포덕 활동을 펼치면서 그해 12월에는 접주제를 창설한다. 이때 경주·영덕·영해·대구·청도·청하·연일·안동·단양·영양·영천·신령·고성·울산·장기에 접주가 임명되는 것으로 보아 이들 지역에 이미 교단 조직을 설치할 만큼 상당수의 동학교도가 형성된 것으로 보인다. 그러나 이러한 교세는 이후 채 1년이 되지 않아 수운이 체포되어 처형되고 아울러 다수의 접주가 옥사하거나 유배당하는 탄압을 받게 되면서 크게 약화된다.[21] 수운이 처형된 이후 동학 조직의 명맥을 유지할 수 있었던 지역은 경주·영덕·영해·영양·단양 등지로 국한되었다.

최수운이 처형된 이후 동학 조직을 수호하고 확대해 갔던 것은 해월(海月) 최시형이었다.[22] 해월은 수운이 처형된 이후 안동·영해·평해·영양·상주·정선·단양·울진·예천·영월 등지를 전전하는 도피 생활을 하면서도 교문을 수호하고 포교 활동을 게을리하지 않았다. 그러한 노력으로 경주에서 울진으로 이어지는 동해안지역에서는 다시 많은 교도가 생겨나고 약화되었던 동학 조직도 상당수 복구된다. 그러나 그러한 노력은 1871년 이필제난이 일어나게 되면서 다시 수포로 돌아가게 된다. 이필제는 1871년 영해와 문경에서 교조신원(教祖伸冤)을 내걸고 울진·경주·안동·영양·영덕지역의 동학교도들을 대거 참여시킨 폭동을 일으켰고,[23] 그 폭동이 진압되면서 이들 지역의 동학 조직은 일거에 궤멸당

21) 「제1편 천통(天統)」, 「천도교회사 초고」.

22) 최시형의 활동에 관해서는 다음 연구 참조.
박맹수, 「매월 최시형 연구－초기 행적(1861～1871)을 중심으로」, 한국정신문화연구원 대학원, 1985.

23) 박맹수, 앞의 논문, 1985 ; 윤대원, 「이필제난의 연구」, 『한국사론』 16, 서울대 국사학과, 1987.

하고, 해월 자신도 또다시 관헌에 쫓기는 신세가 된다.

이후 해월은 강원도의 인제, 정선 등지로 피해 활동하다가 1884년 6월에 상주로 돌아오게 된다. 그 사이에 관헌의 탄압도 둔화되고, 또 계속된 포교 활동과 1880년의 경전 간행 등으로 교도수가 증가하여 해월도 안착하여 포교할 수 있는 조건을 얻게 된 것이다. 이후 그는 상주와 보은지역에 거처를 두고 1894년 농민전쟁 때까지 경상도·충청도·전라도 일대를 순행하면서 적극적으로 포교를 하게 된다.[24]

경상도의 경우 1894년의 농민전쟁에서 주도적 역할을 담당하게 되는 동학교도들은 해월이 상주에 안착하는 1884년을 전후한 시기부터 본격적으로 형성되기 시작했다고 할 수 있다. 이 지역에서 동학은 먼저 관헌의 감시가 소홀한 소백산맥 오지의 산간부락들에서 집중적으로 포교되었다. 그리하여 반상(班常)을 가릴 것 없이 거의 마을 전체가 동학에 입도한 동학촌들이 산속 오지에 형성되었고, 이를 거점으로 동학은 관아가 있는 군현의 중심부로 전파되어 갔다. 최시형은 이러한 포교 활동을 직접 관장한 것으로 보이며, 접주들 또한 동학교단 내에서 가장 충실히 그의 지시를 따른 것으로 알려지고 있다.[25]

이렇게 형성되어 가던 동학 세력이 공개적으로 모습을 드러낸 것은 1893년에 교조신원을 요구하면서 개최된 보은취회(報恩聚會)에서였다. 보은취회에서 퇴산할 당시 보은의 남·동면 요로의 방수자(防戍者)였던 장리(將吏)들이 파악한 경상도의 군현별 동학교도의 수는 〈표 1〉과 같다.

이 표를 보면 경상도에서 보은집회에 참석한 교도수는 매우 적은 것으로 나타난다. 가령 보은집회에 가장 많이 참여한 상주접도 그 수가 전부 합쳐 170여 명에 불과했는데 경기도·강원도에서 참여한 접들은

---

24) 「제2편 지통」, 「천도교회사 초고」.

25) 신영우, 앞의 논문.

대부분이 200명을 상회했다. 그것은 경상도에서 동학교도가 적게 참여했다기보다는 밤을 타고 샛길을 따라 퇴산한 교도들이 타지역에 비해 많았기 때문이라 생각된다.[26] 이를 감안하고 살피면 1893년에 이르면 상주·김산·선산·성주·인동·안동 등 경상도 서북부지역에는 접 조직을 갖추고 상호간에 밀접하게 연계를 가지고 활동하는 상당수의 동학교도들이 형성되어 있었다고 하겠다.

한편 이 표를 보면 진주와 하동에서도 상당수의 교도가 보은취회에 참여했음이 확인된다. 진주와 하동에서 동학교도가 형성되는 과정은 경상도 서북부지역과는 달랐다. 이 지역에 동학을 전파한 것은 최제우였다. 최제우는 1862년 관헌의 지목을 피해 남원으로 옮겨가서 1년 여를 머물게 된다.[27] 그때 교도가 된 자들이 있었고, 그들이 최제우 처형 이후에도 인근 지역간에 서로 연결을 가지면서 독자적으로 포교 활동을 전개하여 세력을 형성했다. 가령 진주의 경우 최제우에게 직접 동학을 전수받은 백낙도가 손웅구를 제자로 삼고, 손웅구가 다시 고만준·임정룡·임말룡 등을 제자로 삼으면서 이들이 중심이 되어 무려 수천에 달하는 무리에게 동학을 포교하고 덕산과 같은 동학촌을 형성하게 된 것이었다.[28]

경상도의 경우 1894년의 농민전쟁에서 지도적 역할을 담당한 동학세력은 이러한 과정을 거쳐 형성되었다. 그 형성 과정에서 주목되는 점은 이 집단이 계속된 봉건지배 세력의 탄압에도 불구하고 교세를 꾸준히 확대해 갔던 사실이다.

이러한 확대를 가능케 한 요인은 우선 당면한 사회적 위기와 모순을 각자가 '수심정기(守心正氣)'하는 도덕적 수양의 자세로 극복하려 한 동

26) 「취어(聚語)」. "外他從間路乘夜潛逃走者 不計其數云云."

27) 「제1편 천통」, 「천도교회사 초고」.

28) 김준형, 앞의 논문.

〈표 1〉 보은취회에 참가한 경상도 동학교도 분포(출전 :「취어」)

일 시	접 명	인 원
3월 30일	상주강화일접	6
	김산인	2
	(상주)공성인	7
	성주 선산 김산 상주 등인	36
4월 2일	김산접	2
	성주접	30여
	선산접	30여
	상주접	90여
	상주공성접	50여
	김산·선산 등지	100여
	안동접	40여
4월 3일	상주접	20여
	선산접	60여
	김산접	18여
	인동접	40여
	하동접	50여
	진주접	60여

학의 현실대처자세를 들 수 있다.[29] 수운은 자신이 살고 있던 사회를 '천리(天理)에 순종하지 않고 천명(天命)을 돌아보지 않고' 각자가 제멋대로 살아가는 소인들의 사회, 시운(時運)으로 말하면 쇠운(衰運)의 사회로 보았다. "父子有親 君臣有義 夫婦有別 長幼有序 朋友有信"을 말로만 떠들 뿐 천리에 순종하는 자가 없는 까닭에 "君不君 臣不臣 父不

29) 영류사회철학연구소 동학사상연구반, 「동학의 사상사적 의의와 그 위치를 재론한다(4) —동학의 인간관과 사회관」, 『사회철학』 4, 1994.

父 子不子"가 되었고,[30] 매관매작하는 세도자와 부첨지는 권세와 재물에 혈안이 되어 날뛰는 다른 한편으로 유리걸식자가 줄지어 생겨나고 있었다. 세상풍속은 고이했고, 사람들은 울울한 회포를 가슴에 가득품고 어디로 가야할지를 몰라 우왕좌왕했고, 그 틈을 타서 괴이한 동국참서가 유행하고 서학이 세력을 넓히고 있었다.[31] 수운의 눈에 비친 이 사회는 이미 유도(儒道) 불도(佛道)의 운이 다했고, '요순지치(堯舜之治)'나 '공맹지덕(孔孟之德)'으로도 구제가 힘든 지경에 있었다.[32] 그뿐만이 아니었다. "싸우면 이기고 공격하면 탈취하여 이루지 못하는 일이 없는"[33] 서양의 국가들이 이미 중국을 침략하고 조선으로 몰려오고 있었다.

수운은 이와 같은 사회적 민족적 위기가 초래된 원인을 '각자위심(各自爲心)'—각자가 천도(天道)를 벗어나서 사욕(私慾)만을 추구하는 것—이 요순이나 공맹의 덕치로도 바로잡기 힘들 정도로 도를 넘어 버린 데서 찾았다.[34]

그러면 이 위기는 어떻게 극복될 수 있는 것인가? 수운은 이 위기 극복의 방법에서 각자가 '수심정기'하는 수양을 통해 도덕군자가 되는 것이 매우 중요하다고 생각했다.[35] 그러나 그러한 수양은 사회구조나 제도의 변혁 내지 개혁과는 뚜렷이 구별되는 것이었다. 그는 모순에 찬 현실사회가 사회구조의 변혁이나 개혁을 통해 '경천(敬天) 순천(順天)'하고 '국태민안(國泰民安)'한 태평성세로 개벽되는 것이라고는 생각하지 않았다. 개벽은 운수를 따라 이루어지는 것이고, 인간이 수양하는 것은 그 운수와 하나로 돌아가기 위함일 뿐이며, 수양이나 변혁을 위

30) 「몽중노소문답가」, 「권학가(勸學歌)」, 『용담유사(龍潭遺辭)』 1.
31) 「몽중노소문답가」, 『용담유사』 1.
32) 위와 같음.
33) 「포덕문」, 『동경대전(東經大典)』.
34) 「포덕문」, 『동경대전』.
35) 「논학문」, 『동경대전』.

한 사회적 노력이 운수를 돌릴 수 있는 것은 아니라고 보았다.

(1) 텬생만민 하여쓰니…… 우리라 무슨팔자 그다지 긔험할꼬 부하고 귀한사람 이전시절 빈천이오 빈하고 천한사람 오는 시절 부귀로세 천운이 순환하사 무왕불복 하시나니[36]

(2) 천운이 둘너시니 근심말고 도라가서 윤회시운 구경하소 십이제국 괴질운수 다시개벽 아닐런가 태평성세 다시정해 국태민안 할꺼시니 개탄지심 두지말고 차차차차 지나셔라 하원갑 지나거든 상원갑 호시절에 만고업는 무극대도 이세상에 날꺼시니 너는 또한 년천해서 억조창생 만은백성 태평곡 격양가를 불구에 볼것이니 이세상 무극대도 전지무궁 아닐런가[37]

(3) 문 "이러한 자(배교자—인용자)에게는 해도 없고 덕도 없습니까."

답 "이 세상의 운수는 세상과 더불어 동귀일체할 것이니, 해가 있고 덕이 있음은 한울님께 달린 일이고 나에게 있는 것이 아니다. 하나하나를 깊이 캐어 본다면 그런 사람의 몸에 해가 미칠는지 어떨는지 자세히 알 수 없다. 그러나 그런 사람이 복을 누린다고 남에게 말할 수는 없다. 그런 일은 그대가 물을 일도 아니고 내가 관여할 일도 아니다."[38]

(4) 운수야 조컨이와 닥거야 도덕이라 너의라 무순팔자 불로자득 되단말가[39]

시운을 의론해도 일성일쇠 안일넌가 쇠운이 지극하면 셩운이 오지마난 현숙한 모든군자 동귀일체 하렷던가[40]

---

36) 「교훈가」, 『용담유사』 1.

37) 「몽중노소문답가」, 『용담유사』 1.

38) 「논학문」, 『동경대전』.

39) 「교훈가」, 『용담유사』 1.

40) 「권학가」, 『용담유사』 1.

자료 (1), (2)에서 수운은 인간의 부귀와 빈천이 천운으로 인해 결정되는 것이고 천운을 따라 순환하는 것이니 개탄지심을 갖지 말라는 것과, 하원갑이 지나가고 상원갑이 돌아오면 무극대도가 실현되고 모든 사람이 태평곡 격양가를 부를 날이 저절로 올 것이니 아무런 근심 말고 윤회하는 시운을 구경하라 했다. 또한 자료 (3)에서도 진리를 좇아 살지 않는 사람에게 반드시 해가 미치게 될지는 모른다고 하면서 왜냐하면 그것은 세상의 운수와 관련 있기 때문이라 했다. 자료 (4)에서는 사람이 왜 도덕을 닦아야 하는가를 말하면서 시운은 일성일쇠를 순환하는 것이고 이제 쇠운이 다하고 성운이 시작되는 시점에서 이 운수와 동귀일체하기 위해서는 반드시 도덕을 닦아 군자가 되어야 하며 불로자득은 없다고 했다. 이들 자료는 공통되게 세상은 천운을 따라 일성일쇠를 순환하는 것이고, 사람이 도덕을 닦아 군자가 되는 것은 그 천운과 동귀일체하기 위한 것이라는 점을 밝히고 있다. 즉 사회의 변혁은 전적으로 천운의 순환에 맡기면 되고, 인간은 오로지 수심정기에만 힘써 그러한 순환에 동귀일체하면 된다는 것이었다. 사회제도의 개혁을 모순의 해결 방안으로 제시하지 않았던 것이다.

수운의 이러한 사상은 2대 교주 해월에 이르러 일층 강화된다. 그렇게 된 계기는 이필제난이었다. 수운이 처형되고 난 이후에 그의 제자들 가운데서는 수운의 이러한 입장에 도전하는 자들이 나타났다. 그러한 성향을 지녔던 대표적인 인물이 교조신원을 표방하고 영해와 문경에서 폭동을 일으킨 이필제였다. 그러나 그 폭동은 연루된 지역의 동학교도들이 대량으로 희생되는 참담한 실패로 끝났고, 해월 자신도 이로 인해 어렵게 마련한 포교의 근거지를 일거에 상실하고 다시 도피생활을 하는 처지가 된다. 그리하여 이 사건을 계기로 이후 해월이 교문을 지도하는 방침은 더욱 개인적인 수양에 치중하는 방향으로 나아가게 되었다. 동학교단이 해월의 방침에 충실해 이 같은 현실대처 자세를 취했기 때문에 쉽사리 그 조직이 노출되지 않았던 것이고, 계속된 추적과 탄압에도 불구하고 교세를 꾸준히 확대할 수 있었다.

다음으로 동학이 비록 현실적인 사회개혁을 추구하지 않았더라도 교단 내에서는 철저히 신분차별을 철폐했던 점을 지적할 수 있다.[41] 최수운이 궁극적으로 성취하고자 한 사회는 '시천주조화정(侍天主造化定)'이 되는 후천개벽(後天開闢)이었다. 그 개벽에 대비하여 각자는 수심정기하여 모두 도덕군자가 될 때 비로소 가능하게 되는 것이었다. 수운은 누구나 수심정기하고 시천주할 수 있다고 했으며, 또 반드시 그렇게 해야 한다고 생각했고, 오로지 양반만이 도덕군자가 될 수 있다는 봉건적인 신분차별사상에 반대했다. 즉 그는 "매관매작 세도자는 일심은 궁궁이요 전곡싸인 부첨지도 일심은 궁궁이요 유리걸식 패가자도 일심은 궁궁이라"[42]하여 인간은 사회적 지위고하에 상관없이 근본적으로 평등한 존재라 했고, "열세자 지극하면 만권시서(萬卷詩書) 무엇하며 심혹이라 하여스니 불망기의 하엿서라 현인군자 될거시니 도성입덕(道盛立德) 못미칠가"[43]라 하여 누구나 수양하면 신분에 관계 없이 현인군자가 된다고 보았다. 그는 자신의 이러한 평등관을 자신이 소유하고 있던 노비를 해방시켜 수양딸과 며느리로 맞아들임으로써 확고히 내보였다. 수운의 평등사상은 해월에게 계승되어 '베짜는 며느리가 하늘님이며', '어린이를 때리는 것은 하늘님을 때리는 것이다'라는 범천론적인 평등사상으로 전개되었다. 해월은 이러한 평등의 원칙을 동학교단의 운영이나 간부의 임명에 그대로 관철시켰다. 동학에 입도하면 그날로 신분의 차별 없이 맞절하게 하고 서로 접장이란 호칭을 사용하게 했으며, 간부를 선임할 때도 오로지 수도 자세와 개인적인 자질만을

41) 박맹수, 「동학농민혁명에 있어서 동학의 역할」, 『동학농민혁명과 사회변동』, 1993.

42) 「몽중노소문답가」, 『용담유사』 1.

43) 「교훈가」, 『용담유사』 1.

기준으로 삼았다. 이로 인해 동학은 봉건지배계급의 탄압에도 불구하고 상민 노비 등의 하급신분에서 물론이고 양반이면서도 양반 대우를 받지 못했던 하급 양반이나 향리층에게까지도 쉽게 전파될 수 있었다.[44)]

또한 동학이 유무상자(有無相資)를 장려하고, 또 부적을 불살라 먹이는 방법으로 질병을 치유했던 것도 어려운 조건 속에서도 동학이 꾸준히 확산될 수 있었던 원인이 되었다.[45)] 당시는 흉년이 잦았고 전염병 또한 수시로 돌았지만 봉건지배층은 이러한 사태를 수수방관했고, 개중에는 심지어 이를 축재의 기회로 악용하려는 자들도 있었다. 이러한 상황에서 동학은 농민들에게 생명을 살리는 구원처로 환영받을 수 있었던 것이다.[46)]

동학의 교세가 확대될 수 있었던 요인이 이러했으므로 동학교도의 신분 구성이나 계급 구성은 매우 다양했다. 신분 구성으로 보면 동학의 평등사상을 열렬히 환영했던 상민이나 노비 출신은 물론이고 상당수의 하급신분의 양반이나 향리·읍속 등이 입도했고, 소수이기는 하나 동학의 교리에 공감하는 토착 세력 가문의 양반들도 교도가 되었다. 계급 면에서 보면 그 구성은 더욱 다양했다. 교단은 계급문제에 대해서는 유무상자만을 강조했을 뿐 아무런 제한을 두지 않았다. 그런 까닭으로 교도 중에는 대지주나 부농도 있었고, 영세소농·소작빈농·임노동자·행상·수공업자 등의 하층계급도 있었다.[47)] 물론 교도 구성에서

---

44) 신영우, 앞의 논문.

45) 최승희, 「서원(書院)세력의 동학배척운동 소고-1863년 동학배척 통문분석」, 『한우근박사정년기념사학논총』, 1981.

46) 「세장년록」, 갑오년 8월 3일.
"稱以布德誘惑愚氓曰 入此道則亂可避矣 飢可免矣 不此入道者皆死云云 噫彼沒覺之輩一時皆入如水之潰火之揚 父不得禁其子 兄不得禁其弟."

47) 신영우, 「1894년 영남 북서부지방 농민군 지도자의 사회신분」, 『학림』 10, 연세대 사학과, 1988.

압도적 다수를 점한 것은 상민이나 노비 신분에 속하는 자들이었고, 계급으로는 소작빈농·임노동자·행상 등의 하층계급이었다. 그러했지만 교단이 그들의 계급적·신분적 요구를 좇는 방향으로 운영되지는 않았다. 교단 차원의 활동이나 교도 개인의 수행에서 가장 중시된 원칙은 신분 또는 계급의 이해를 초월하여 '수심정기'하는 것이었고, 유무상자하는 것이었다. 그런 까닭에 성심수도(誠心修道)하는 것에 더해 풍력(風力)이나 기강(紀綱)에 밝을 것이 요구되었던 접주나 육임(六任) 등의 동학 지도부에는 지주 또는 부농이었던 하급양반층이 상당수 임명되고 있었다.

이 같은 신분·계급 구성에서 다양성과 개인적인 도덕수양을 중시하는 종교적 자세로 인해 동학 조직은 현실적인 사회모순을 개혁하는 변혁운동 조직으로 전화하기가 쉽지 않았다. 앞서 살폈듯이 이 시기에 이르면 봉건체제에 대한 변혁요구는 점점 더 계급적 색채를 분명하게 띠게 된다. 객관적인 조건으로만 보면 상민·노비 신분의 소작빈농 이하의 하층계급이 절대 다수를 차지했던 점에서, 동시에 군현의 경계를 초월한 전국적인 교단 조직을 보유하고 있었던 점에서 동학집단은 충분히 이러한 추세에 부응하는 혁명 세력으로 전화할 수 있었다. 그러나 그 전화는 동학집단이 가지는 바로 이 같은 제약성 때문에 쉽게 이루어지지 못했다. 1893년의 보은집회가 그 자리에 모인 교도들의 현실적인 계급 이해와는 다소 거리가 있는 교조신원과 소파왜양(掃破倭洋)을 중심 기치로 내걸었던 것이나, 선무사의 일방적인 약속과 위협 아래 지도부가 도피 잠적하면서 대중 속에 고양되고 있던 혁명적 기운을 어이없이 무산시켜 버린 것 등이 그러한 한계를 잘 반영한다.[48] 최시형의 지시에 특히 충실했던 경상도의 동학 지도부는 이러한 한계성을 지

48) 보은집회의 한계성에 대해서는 다음 연구 참조.
김인걸·배항섭, 「농민전쟁의 전개과정 1—고부민란에서 제1차봉기까지」, 한국역사연구회 1894년 농민전쟁100주년기념 제5차년도 학술심포지엄, 1994.

닌 채 1894년 봄 전라도에서 동학농민군이 봉기했다는 소식을 접하게 된 것이다.

3. 농민전쟁의 전개 과정

(1) 동학농민군의 세력 결집과 반봉건투쟁

은인자중하던 경상도의 동학교도들이 공개적으로 농민군 결집에 나서게 되는 것은 전라도 농민군이 전주성을 함락했다는 소식이 전해지면서부터였다. 관군이 농민군을 제압하지 못하고, 중앙정부가 농민군 지도부와 협상했다는 소식이 전해지자 이 지역의 동학 지도자들도 접소(接所)를 공개하고 적극적으로 포교에 나서 농민들을 규합했다.

경상도 북서부지역에서 활동했던 동학 조직은 크게 5개 포가 있었다. 상주·함창 일대에서 큰 세력을 가졌던 충경포(忠慶包)와 상공포(尙功包), 관동지역과 예천·안동·풍기·충주·평창 일대에서 활동했던 관동포(關東包), 김산과 지례·영동·옥천 등지에서 활동했던 영동포(永同包), 선산 일대를 관할했던 선산포(善山包)가 그것이었다. 각 포는 그 산하에 수십 개 접을 거느리고 있었고, 포에는 대접주가 있었고, 접에는 그 크기 대소에 따라 수접주(首接主)와 접주가 있었다.[49] 동학농민군의 결집은 이러한 포·접 조직을 통해 이루어졌다.

경상도 북서부지역에서 농민군 결집이 두드러졌던 지역은 상주와 예천이었다.[50] 상주에서는 상공대접주 이관영과 김현영, 김현동, 김현양,

49) 신영우, 앞의 논문, 1991.

50) 상주, 예천, 김산의 동학농민군 결집 과정은 신영우, 앞의 논문, 1991 참조.

신광서, 정기복 등의 접주들이 중심이 되어 덕곡, 임곡, 용호, 사제, 대곡, 왕곡 등에 도소(都所)나 접소를 설치하고 대대적인 교세 확대에 나섰다.[51] 그들은 먼저 자신들의 근거지였던 화북, 화서, 화동, 모서, 모동면을 장악하고 나아가 상주 전역으로 세력을 확대했다. 그리하여 1894년 여름이 되면 관아가 있는 읍내를 제외한 면리 전부가 농민군의 지배를 받게 된다. 예천에서는 수접주 최맹순(崔孟淳)의 활약이 두드러졌다. 그는 이해 3월부터 동로면 소야리를 중심으로 적극적인 포교 활동을 펼쳐 여름이 되면 유천면, 개포면, 저곡면 등지에 무려 48개소에 달하는 접소에 설치했다.[52] 앞의 지역들보다 교세가 약했던 김산과 성주에서는 이보다는 약간 늦게 세력을 형성했다. 김산에서는 인근의 상주, 선산, 영동에 근거를 가진 대접주들이 각각 독자적으로 활동하고 있었는데, 이해 8월 편보언(片輔彦) 등이 김천 장터에 집강소를 설치하면서 그 세력들을 통합하여 읍 내외를 지배하는 강력한 세력을 이루고 있었다.[53] 성주에서는 8월에 들어서 동학군들이 읍내로 들어가 접소를 설치하고 세력을 규합하기 시작했다.[54]

한편 같은 시기 경상도 남서부의 진주와 하동 일대에서도 동학군들이 활동을 개시했다.[55] 그러나 진주에서는 1894년 4월 관군이 진주의 동학 세력 구심지라 할 덕산을 습격해 백낙도를 포함한 핵심지도부를

---

51) 상주의 동학 세력은 『토비대략』에서 전모를 살필 수 있다.

52) 『갑오척사록(甲午斥邪錄)』.
"今年三月 分設接於本郡蘇野地 無論他道本道 誘募徒黨爲七萬餘名 地狹類多 出接各處爲四十八所."

53) 「세장년록」, 8월 3일, 8월 6일.
"比近東徒滋盛 所謂片輔彦稱以都執綱 設都所於金泉市 入道者錄其姓名 分定有司如接主接司大正中正書記教授省察等名……該接主日事布德 各有布率 入忠慶布則稱曰忠慶布入尙公布者稱曰尙公布."

54) 「세장년록」, 갑오년 8월 6일 ; 이윤갑, 앞의 논문, 1988.

55) 김준형, 앞의 논문.

처형함으로써 세결집에 큰 타격을 입는다.[56] 그런 관계로 9월에 가서야 순천 광양 등지의 농민군의 도움을 받아 읍 내외를 장악할 수 있는 세력을 형성하게 된다. 하동에서도 6월 말경 동학도들이 읍내에 도소를 설치하고 세확대를 꾀했지만 화개동의 민포군(民砲軍)을 끌어들인 하동부사의 공격을 받고 퇴각하게 되며, 9월에 들어서 광양·순천포의 도움으로 읍내를 장악하게 된다.[57]

이상에서 보듯이 경상도의 동학 세력은 전라도 농민군이 전주성을 함락한 이후 세규합에 들어갔는데 불과 한두 달 만에 상주·예천·선산·김산·성주·하동·진주 등지를 지배하는 강대한 세력으로 성장했다. 이들 지역 외에도 의성·풍기·안동·봉화·남해·사천·고성 등지에서도 동학 세력은 급속히 세를 확대하고 있었다. 동학 세력이 이와 같이 확대될 수 있었던 요인으로는 이 지역의 지배 세력들이 전라도 농민군의 위세에 놀라 동학의 세규합을 저지하지 못했던 점을 들 수 있다. 그러나 더 주된 원인은 이 지역의 농민들이 전라도의 농민봉기에 고무되어 적체된 봉건적 모순을 일거에 해결할 수 있으리라는 기대로 앞다투어 동학에 입도한 것이었다. 전주성 함락 이후 이 지역에서는 하루에도 수천 명 이상의 농민이 동학에 가입했는데 그들 중 압도적 다수를 차지한 것이 "市井童昏 平民 藏獲 雇傭等輩"[58] 등의 하층계급이었다. 동학이 급속히 세를 확대했던 예천·상주·함창·선산·김산·지례·개령·성주·하동·진주 등지는 앞서 살폈듯이 토지가 비옥하고 낙동강과 섬진강의 수로를 이용할 수 있었던 사정으로 상업적 농업이 발전이 현저했다.

56) 『고성부총쇄록(固城府叢瑣錄)』, 갑오년 4월 21일.
"兵營甘 營將朴喜邦 率兵往德山面 捉得東學魁首白弘道及徒魁二名 梟警後餘外黨類數千名 一併曉諭散去事 到付."

57) 「오하기문」 2필, 갑오년 9월 1일.

58) 『갑오척사록』.

그런 만큼 농민층의 분해도 진전되었고, 이들 하층계급이 떠맡아야 하는 봉건적 모순도 매우 심각했다. 이들 하층계급은 동학농민군이 자신들에게 가장 큰 희생을 강요하는 봉건적 모순을 일거에 해결해 줄 것이라 기대하고 있었던 것이다.

이런 사정으로 신입 농민군이 증가할수록 자연히 반봉건투쟁도 확대되어 갔다. 반봉건투쟁은 이 지역 지도부의 종교적 지도 방침과도 관련하여 주로 사적인 차원에서 양반이나 향리·읍속들을 징치하는 방식으로 전개되었다. 신입 농민군들은 평소 부당한 수탈을 일삼던 읍속이나 토호 또는 부가(富家)들을 공격하여 전곡(錢穀)이나 포백(布帛)을 빼앗기도 하고, 횡포한 양반을 징치 또는 난타하며, 산송(山訟)을 일으켜 반가(班家)의 무덤을 파헤치기도 했다.[59] 악질양반을 비상수단으로 처결하는 살반계(殺班契)를 조직하기도 했고, 상주 공성면 소리나 내남면 봉대 등에서와 같이 토호부락을 완전히 불태워 버리거나 부숴 버리기도 했다.[60]

신입 농민군들의 이러한 투쟁에 대해 이 지역의 동학 지도부의 입장은 부정적이었다. 그 투쟁이 사적인 분풀이 방식으로 전개되고 있다는 점 때문이기도 했지만, 더 근본적으로는 앞장에서 살폈듯이 현실 모순에 대처하는 기본 자세가 달랐기 때문이었다. 그들은 오랜 세월 동안 최시형의 지시를 충실히 따랐던 자들이고, 최시형은 교단이 직접 표면에 나서 반봉건투쟁을 벌이는 것에 반대해 왔다. 그들이 전주성 함락 이후 적극적으로 교세확대에 나선 것은 봉건적인 사회체제를 개혁하기 위해서가 아니었다. 그들이 목표한 바는 이 기회를 이용해 교조신원을

---

59) 「세장년록」, 갑오년 8월 3일.
"手携竹杖項掛念珠 成群作黨侵掠閭里 勒奪錢穀與布帛 私家奴隷毆打上典 輿撞下賤刑撻士夫 小怨必報前恩不顧 人有難捧之債 必捧而分食 人有難掘之塚 必掘而示威."

60) 신영우, 앞의 논문, 1991.

성취하는 것, 즉 동학을 합법적인 종교로 승인받는 것과, 동시에 동학을 자체를 널리 포교하는 것이었다. 그런 까닭에 그들은 신입하는 농민들에게 반드시 동학교단의 전례에 따르는 입도식을 치르게 했고, 입도식이 끝나면 도인이 되었음을 증명하는 교주 최시형의 도장이 찍힌 명지(名紙)를 교부했다.[61] 도인이 되면 접에 소속시켜 접주의 지시를 따르게 했고, 동학의 주문을 익혀 집회 때마다 다른 도인들과 같이 암송하게 했다. 이런 입장이었으므로 사회개혁에 임하는 그들의 자세 또한 동학교도에 대한 탄압을 시정 내지 개혁하는 한도를 크게 벗어나지 못했다. 따라서 신입 농민군들의 반봉건투쟁에 대해 부정적 입장이 되는 것은 당연했다.

동학 지도부는 신입 농민군들의 독자적인 반봉건투쟁을 최대한 금지하거나 억제하려 했다. 예천 일대에서 적극적인 포교 활동을 벌여 그 산하 교도가 7만 명에 달했던 소야수접주 최맹순의 경우가 대표적인 예였다. 최맹순은 예하 접주들에게 관아가 있는 읍내를 범하거나 양반 또는 향리가를 공격하지 말도록 엄명하고 있었다. 그러나 그러한 통제는 결코 쉽지 않았다. 반봉건투쟁에 대한 요구가 날로 커지면서 전면적인 사회개혁에 소극적이던 지도부의 권위가 흔들렸고, 새로 입도한 자들로 구성된 접들이 늘어나면서 상부 조직의 지시에 복종하지 않고 독자적으로 행동하는 사태가 늘어났기 때문이었다. 최맹순 예하에서도 그런 일이 발생했다. 유천접주가 그의 지시를 거부하고 농민을 모아 지주가를 공격했던 것이다.[62] 최맹순은 당시의 동학 지도자로서는 최상급의 위세를 지니고 있었다. 그의 권위도 무시되는 상황이었으니 다른 접주의 경우는 더 말할 필요도 없었다.

---

61) 「세장년록」, 갑오년 8월 6일. “入道者皆有禮紙一幅.”

62) 『갑오척사록』, 8월 11일.
“蘇野接主押送柳川接主趙成吉 錄送其罪案 已爲鳴鼓割案 願加任意措置.”

사태가 이렇게 전개되자 최시형은 자신의 권위를 내세워 신입 농민군들의 반봉건투쟁을 억제하려 했다. 그는 1894년 8월 각 포에 「영위금석지전(永爲金石之典)」으로 삼을 것을 요구하면서 자신의 이름으로 내린 11개조의 통유문을 내렸다.[63] 그 주요 내용은 1)수신행사(修身行使)는 반드시 충효로써 근본을 삼고 거가집사(居家執事)는 경독(耕讀)을 힘쓸 것 2)각 포의 활동은 중앙교단 ── 법소(法所)와 포덕소(布德所)─의 지도에 따라 봉행하고 자의로 취당(聚黨)하지 말 것 3)당세(黨勢)를 업고 전재(錢財)를 강탈하거나 굴총(堀塚)하는 자를 엄히 징치할 것 4)교인의 품위를 손상하는 행위 ── 도기(賭技)·편재(騙財)·무리(無理)한 일로써 힐난(詰難)하며 구타하는 행위 ── 를 징계할 것 5)관령에 복종하고 공세(公稅)를 제때에 납부하도록 힘쓰고 영읍(營邑)에 획죄(獲罪)하지 말 것 등이었다. 포접의 동학농민군의 활동은 어디까지나 수심정기하는 종교적 수행에 치중해야 하며, 봉건국가의 기본질서를 무너뜨리는 행위는 결코 용납할 수 없다는 취지였다. 최시형은 이 통유문을 내리면서 아울러 그 지시를 이행할 검찰관과 안렴사(按廉使)를 파견했다.[64] 그들은 각 읍과 포를 순행하면서 사송(詞訟)을 처결했는데, 그것은 다름 아니라 교단이 주체가 되어 반봉건투쟁을 체제내화하고 그 강도나 수위를 통일적으로 조절하고 통제하려는 시도였다.

그러나 이러한 조치로 신입 농민군들의 개혁요구를 진정시키거나 반봉건투쟁을 억제할 수는 없었다. 그런 가운데 9월로 넘어가면서 일본군과의 전쟁이 불가피하게 되고, 이 지역의 동학 지도부도 전쟁 준비에 나서지 않을 수 없게 되었다. 그렇게 되자 지도부는 농민들의 반봉건투쟁을 억제하는 방침을 포기하게 된다. 억제하는 것 자체가 불가능

---

63) 천도교사편찬위원회, 『천도교백년약사』 상, 1981, 246~248쪽.

64) 『갑오척사록』, 8월 20일 ; 『저상일월(渚上日月)』, 8월 14일.

하고, 그 문제를 놓고 농민 대중과 대립하는 것이 전쟁 준비에 결코 이롭지 않다고 판단했기 때문이다. 그리하여 이후 지도부도 전쟁 준비를 위해 반봉건투쟁에 적극 가담하는 새로운 국면이 전개된다. 각지의 도소나 접소 또는 집강소가 앞장서 사족들을 동학군에 가입시키고, 지주나 부농층이 소유한 전재를 징발하여 전비나 군량을 조달했다. 나아가 여러 포가 연합하여 상주·선산·성주 등지의 관아를 점령하고 양반과 향리·읍속 등 봉건지배 세력을 징치했으며 무기와 군량을 징발했다.

한편 진주와 하동에서도 9월 들어 동학농민군이 읍내를 점령하고 반봉건투쟁을 전개했다. 7월 초 관군과 민포군의 공격을 받고 광양으로 쫓겨갔던 하동의 동학도들은 9월 1일 광양·순천포 농민군들과 함께 하동을 공격하여 함락하고 도소를 설치했으며, 다시 외곽의 각 촌락으로 들어가 지주나 토호들을 공격하고 민포군의 거점이었던 화개동을 점령했다.[65] 진주에서도 9월 1일부터 동학농민들의 취회가 시작되어 9월 8일에는 평거 광탄진에서 수천 명이 모이는 집회가 개최되었다. 이 집회에는 73개 면에서 죽창으로 무장한 농민들이 백 명씩 참여했고, 각 동리의 이임(里任), 동장 들에게 자기 지역의 민폐를 교정할 것을 요구하고, 그 요구에 불응하는 이임, 동장의 집을 탕진할 것 등이 결의했다.[66] 이후 9월 17일에는 하동으로부터 수천 명의 동학군이 진주로 진격하여 관아를 점령했고, 그 다음날 영호대접주 김인배가 입성함으로써 진주에서 동학군의 위세는 절정에 달했다.[67] 또한 남해에서는 9월 11일에 무장한 호남의 동학도들이 현청에 돌입하여 감옥에 있는 동학도를 석방했고, 사천에서는 9월 13일과 20일에 수백 명의 동학농민군이 봉기하여 무기고를 열어 무기를 탈취했고 관아를 불태웠고, 고성에

65) 「오하기문」 2필, 갑오년 9월 1일.

66) 「동학당의 격문통보 및 정보통지요청」, 『주한일본공사관기록』 1, 남참발갑 제152호.

67) 『장계(狀啓)』, 서울대 규장각 소장, No. 80932.

서도 600여 명의 농민군이 봉기했다.[68]

1894년의 농민전쟁에서 경상도의 경우 반봉건투쟁은 이상과 같이 전개되었다. 반봉건투쟁은 이곳에서도 양반지배체제를 완전히 무너뜨릴 만큼 격렬했다. 양반들은 하천 신분의 감시를 피해 앞다투어 산곡이나 인근 군현으로 도망했고, 미처 피난하지 못한 자들은 재물을 강탈당하고 여러 차례 곤욕을 치러야 했다.[69] 반면 동학도들의 위세는 그 소문만 듣고도 양반이 몸을 숨길 만큼 당당했다.

그럼에도 불구하고 이 지역의 반봉건투쟁은 체계적인 폐정개혁이나 근대변혁투쟁으로 발전하지 못했고 대개는 사적인 원한과 울분을 분풀이하고 재물이나 강탈하는 저급한 투쟁에 머물렀다. 또한 그 투쟁은 농민군의 역량을 결집하고 강화하는 방향으로 추진되지도 못했다.

그렇게 된 원인은 이 지역의 동학 지도부에서 찾을 수 있다. 그들은 전라도 농민군의 승리를 교조신원과 교세확대의 기회로 활용하고자 했을 뿐이며 동학교단이 현실변혁의 주체가 되는 것에 반대했다. 그들은 신입 농민 대중의 반봉건투쟁을 억제하려 했고, 자신들의 지시에 불응하는 농민을 관에 고발해 처벌하려 했다. 그로 인해 이 지역에서는 지방행정에 전면적으로 개입하는 집강소가 설치되지 못했고 체계적인 폐정개혁투쟁도 발전할 수 없었으며, 농민들의 변혁의지는 저상되었고, 상층 지도부와의 하층농민 대중 사이의 갈등이 커져 농민군의 결집 또한 강력하게 이루어질 수 없었던 것이다. 그러한 갈등은 항일전쟁을 준비하는 과정에서 다소 약화되었으나 근본적으로 해소되지는 않았다. 지도부가 반봉건투쟁에 가담했지만 그것은 어디까지나 전쟁 준비를 위해서였고 하층농민 대중의 개혁요구를 실현하기 위한 것은 아니었던

68) 앞의 글.

69) 구체적 사례는 『저상일월』 갑오년 기사 참조.

것이다.

한편 하동이나 진주 등 경상도 남서부지역에서도 반봉건투쟁이 체계적인 폐정개혁운동으로 발전하지 못했다. 지역 자체의 동학 세력이 미약했던 데에 원인이 있었다. 진주나 하동은 순천·광양포에서 지원 나온 농민군의 힘으로 봉건지배 세력을 제압할 수 있었으므로 그들이 퇴각하자 자체 힘만으로는 폐정개혁을 발전시킬 수 없었다.

(2) 항일봉기와 반침략투쟁

농민들이 폐정개혁과 신분해방의 기대로 앞다투어 동학에 입도하고 있던 6월, 천진조약을 핑계로 서울에 진주한 일본 군대는 경복궁 쿠데타를 일으키고 청국에 전쟁을 선포하면서 조선에 대한 침략 의도를 표면화했다. 이러한 소식과 때를 같이해 이 지역에서도 상주의 낙동과 함창의 태봉에 일본군 병참기지가 설치되고 일본군이 주둔하기 시작했다. 민족적 위기의식이 고조될 수밖에 없었고, 동학농민군도 이러한 상황을 크게 우려하게 되었다.

그러한 가운데 9월이 되면서 삼례회합를 통해 남접 소속 전라도 농민군이 재차 봉기하게 되고, 그 소식이 날아들면서 이 지역의 농민군 내에서도 낙동과 태봉에 있는 일본군을 공격해야 한다는 주장이 강하게 일었다. 그러나 이 지역의 동학 지도자들은 항일봉기에 신중하지 않을 수 없었다. 최시형이 전봉준 등의 남접 세력에 대해 비판적이었기 때문이다. 북접 지도부는 삼례회합을 이끈 호남의 전봉준과 호서의 서장옥을 "국가의 역적이요 사문의 난적이라" 비난하고 있었다.[70] 그러나 남북접간의 이러한 갈등은 손병희와 오지영의 극적인 협의를 통

---

70) 오지영, 「동학사」, 1940, 137~139쪽.

해 오래지 않아 해소되었고, 마침내 최시형도 9월 18일 북접 산하의 각 포 접주들과 동학농민군이 청산에 결집한 자리에서 "군(君) 등은 도중(道衆)을 동원하여 전봉준과 협력하고 사면(師冤)을 신(伸)하며 오도(吾道)의 대원(大願)을 실현하라"는 명령과 함께 손병희를 북접군의 통령으로 임명한다.[71] 이로써 경상도지역에서도 항일전쟁의 막이 오른다.

최시형의 지시가 떨어지자 이 지역의 농민군들은 서둘러 항일전쟁을 위한 준비를 진행했다. 준비 작업은 두 방면으로 추진되었다. 하나는 농민군을 증강하는 것이었다. 이미 입도한 농민들을 군사적으로 편제하는 한편, 사족들에게 항일전쟁에 동참할 것을 촉구하고, 나아가 더 적극적으로는 농민과 사족들을 동학군에 강제 가입시키기도 했다. 다른 하나는 전비(戰費)·군량·군마와 무기를 확보하는 일이었다. 전비와 군량은 지주나 부농층의 전재를 징발했고, 군마와 무기는 민간에서 수집했다. 그러나 이러한 방법으로 농민군의 무장을 강화하는 데에는 한계가 있었다. 일본군과 대적하려면 신식무기를 확보해야 했는데 민간에서 수집할 수 있는 무기는 고작해야 창과 칼이 전부였다. 이에 동학지도부는 관고(官庫)의 무기를 탈취할 목적으로 읍성을 공격했다.

읍성에 대한 공격은 성주와 용궁에서 먼저 일어났다. 성주 읍성에 대한 공격은 9월 9일에 있었다. 충경접 예하의 상주·김산의 농민군이 그 공격에 참가하여 동학군을 공격한 향리에 대한 응징으로 성 내 민가 600여 호를 불태우고 무기고를 점령해 무기를 탈취했다.[72] 이어 동학농민군은 9월 17일에는 용궁현을 공격하고 무기고를 점령했다.[73] 이러한 경험을 바탕으로 9월 22일에는 대읍 상주와 선산을 공격했다. 상주 읍성에 대한 공격에는 함창·예천·상주의 농민군이 참가했다. 수천

71) 이돈화, 『천도교창건사』, 1933, 65쪽.

72) 이윤갑, 앞의 논문, 1988.

73) 『일성록』, 고종 31년 9월 17일.

명의 농민군이 읍내로 진격하자 그 위세에 눌린 수성군(守城軍)은 감히 대항 하지 못했고 향리들은 전부 도망했다. 그리하여 상주성은 별다른 충돌 없이 농민군이 점령했다.[74] 선산에 대한 공격도 동시에 행해졌다. 선산 공격에는 김산·선산의 농민군이 참가했다. 선산 또한 쉽게 함락되었다. 성주의 지배 세력이 동학농민군을 공격했다가 호되게 보복당했다는 소식이 전해지면서 이 지역의 향리들이 선불리 농민군에게 대항하려 하지 않았기 때문이었다.[75] 읍성을 장악한 농민군은 객관(客館)에 지휘부를 설치하고 관고의 무기를 탈취하여 무장을 강화했다.

상주와 선산이 농민군에게 함락되자 낙동과 해평에 있던 일본군이 농민군을 공격했다. 농민군이 신식무기로 무장하게 되면 다음 공격목표는 낙동과 해평에 있는 일본군 병참부라 판단하고, 미처 전력이 강화되기 전에 선제공격을 가하기로 작정한 것이었다. 일본군이 먼저 공격한 것은 선산이었다. 마침 선산의 향리들이 강을 건너와 개입을 요청하자 일본군은 농민군이 잠든 그 이튿날 새벽을 틈타 선산을 기습했다.[76] 농민군은 기습에 전혀 대비하지 못했던 터라 수백 명을 잃고 황급히 패퇴할 수밖에 없었다. 선산 기습에서 자신을 얻은 일본군은 9월 28일 상주성을 공격했다.[77] 그들의 병력은 소수였지만 농민군에 비해 월등히 우세한 화력을 가지고 있었다. 제대로 훈련을 받지 못한 농민군은 곧 혼란에 빠졌고 100여 명의 희생자를 남긴 채 퇴각했다. 그리하여 농민군은 관고에서 탈취한 무기와 화약을 가져올 수 없었고, 결국 선산과 상주 공격은 비록 읍성 점거에는 성공했으나 당초 목표를

74) 『갑오척사록』, 『토비대략』.
상주 읍성 점거일자는 신영우, 앞의 논문, 1991, 110쪽 참조.
75) 『갑오이후일기(甲午以後日記)』.
76) 「세장년록」, 『갑오이후일기』, 갑오년 9월조.
77) 『갑오척사록』, 9월 30일.

이루지 못하고 말았다.

상주와 선산에서 패퇴하게 되면서 이후 동학농민군의 세력은 급속히 약화되었다. 당초 계획은 상주와 선산을 점거해 농민군의 무장을 강화한 다음 낙동과 해평의 일본군을 몰아내고 영동·황간으로 이동해 북접 농민군과 합류하는 것이었으나, 선산과 상주전투에서 패퇴하고 그러는 사이에 신식무기로 훈련받은 대구 감영의 남영병(南營兵)이 농민군 토벌을 위해 이 지역으로 파견되자 상층 지도부가 자신감을 상실하고 하층 농민 대중이 급속히 이탈했던 것이다. 가령 선산 공격에서 주력부대가 되었던 김산 농민군은 선산에서 패퇴한 이후에도 집강소를 운영하면서 전쟁 준비를 계속했던 것이나 10월 5일 대구에서 파견된 남영병이 진주하자 도집강 편보언 등 상층 지도부가 저항을 포기한 채 먼저 도망했고 뒤따라 농민군들도 모두 뿔뿔이 흩어지고 말았다.[78] 이러한 사정은 다른 지역에서도 마찬가지였고, 다만 일부 세력만이 충청도로 이동하여 북접 농민군에 합류했다.

상황이 이렇게 반전되자 보수지배층은 속속 민보군(民堡軍)을 결성해 농민군을 추적하기 시작했다. 안동과 의성에서는 보수유림이 주도하여, 성주·예천·선산·상주에서는 향리층이 주도하여, 용궁·문경·함창·김산·지례·개령·인동에서는 수령이 주도하여 민보군을 결성했다.[79] 민보군의 활동은 동학농민군이 패산한 경내에 구질서를 회복하고, 동학농민군이 재기하지 못하도록 동학에 가담한 농민군을 적극 귀화하는 한편 접주 등의 농민군 지도자를 색출하여 처형하는 것이었다. 농민군 공격에 가장 적극성을 보인 부대는 상주 소모영(召募營) 산하의 민보군이었다.[80] 상주 소모영은 농민군의 귀화를 종용하고 접주를 잡아 오거

---

78) 「세장년록」, 갑오년 10월 5일.
"大邱兵丁入金泉 片輔彥逃走 其餘布率散如晨星."

79) 신영우, 「제4장 보수지배층의 민보군 결성과 농민군 진압」, 앞의 논문, 1991, 참조.

나 그 소재지를 밀고하면 상을 내린다는 방문을 각 면동리에 게시하는 한편, 민보군을 파견하여 농민군의 주요 근거지를 초토화하고 가담자의 재산을 몰수했으며, 유격대를 편성해 접주들을 집요하게 추격하고 처형했다.[81] 또한 민보군은 대구 감영의 남영병 및 일본군과 연합하여 충청도의 북접 농민군이 남하하는 것을 저지하고 나아가 그들을 공격하기도 했다. 그 공격을 지휘한 것은 상주 소모영의 유격장 김석중이었다. 김석중은 190명의 유격대를 이끌고 미사와(三宅) 대위가 지휘하는 일본군 37명과 연합하여 청산과 보은에서 공주전투에서 패배하고 돌아오는 북접농민군을 공격했다. 이 연합부대는 12월 18일 종곡에서 야간공격을 전개하여 북접 농민군의 주력부대를 최종적으로 궤멸하는 전과를 올렸다.[82]

한편 같은 시기에 경상도 남서부의 동학농민군들도 농민전쟁을 진압하기 위해 대구에서 파견된 관군과 부산에서 파견된 일본군을 상대로 전투를 벌였다. 앞서 보았듯이 순천·광양포의 농민군의 도움으로 하동·진주·남해·곤양·사천·고성 일대를 장악한 농민군들은 관고의 무기를 탈취해 무장을 강화하고 9월 25일에는 하동에서, 10월 10일에는 곤양에서, 10월 14일에는 진주 수곡촌 고승산성에서 일본군과 전투를 벌였다. 농민군은 화력의 열세로 이들 전투에서 모두 패배했고, 계속된 일본군의 추격을 피해 지리산과 섬진강 서쪽의 광양지역으로 이동했다.[83] 섬진강을 건너온 농민군은 광양에서 김인배가 이끄는 광양 농민군 부대와 합류한 다음 10월 22일 하동을 공격했고, 11월에는 두 차례 전라좌수영을 공격했다. 농민군들의 활동은 12월 7일 김인배와 여타

80) 신영우, 「1894년 영남 상주의 농민군과 소모영」, 『동방학지』, 51·52합집호, 1986.
81) 『토비대략』, 『소모사실(召募事實)』.
82) 『토비대략』.
83) 「오하기문」 3필, 갑오년 10월 14일 ; 『부산부사원고』 6권, 544~545쪽.

농민군 지도자들이 처형되면서 막을 내린다.

농민군 세력이 약화되자 이 지역에서도 양반들이 민포를 조직하고 '의여(義旅)'를 만들어 농민군을 추적하고 처형했다. 하동에서 동학군 토벌에 참여한 곤양의 황보연과, 자체적으로 병대를 조직해 추포(追捕) 활동을 벌였던 진주의 윤순백 등이 그 대표적 인물이었다.[84]

경상도에서 전개된 항일봉기를 전체로 개관하면 남서부지역의 농민군들은 전라도 순천·광양의 농민군과 연합하여 여러 차례 전쟁에 참여했으나 북서부의 농민군들은 남서부에 비해 오히려 세력 결집이 컸지만 일본군과는 거의 전투도 치르지 않은 채 해산하고 말았다. 북서부지역의 동학 농민군이 그렇게 된 원인은 동학의 상층 지도부가 하층 농민 대중의 변혁열기를 수렴하지 못하고 도리어 반봉건투쟁을 억제하려 한 데서 찾을 수 있었다. 농민들은 봉건적 모순을 개혁하겠다는 기대로 입도했던 것이고, 따라서 그들을 강고한 변혁 세력이나 항일 세력으로 결집하기 위해서는 무엇보다도 그러한 욕구를 충족하는 폐정개혁을 이루어야 했다. 앞서 언급했듯이 당시까지는 아직 일본의 경제적 침략이 농민 대중의 민족적, 계급적 적대감을 불러일으킬 만큼 크지는 않았고, 따라서 항일투쟁의 필요성은 정치·군사적 측면이 더 컸다. 그런 만큼 일본의 침략이 농민군이 쟁취한 반봉건투쟁의 성과물을 위협하는 것이라는 인식이 있어야 열세인 무기를 갖고서도 일본군과 맞서 싸우겠다는 각오가 생겨날 수 있는 것이었다. 그렇지 않고 막연한 민족적 위기의식에만 호소해서 목숨을 건 항일전쟁에 농민을 결집하거나 동원한다는 것은 애초 무리였다. 그러나 이 지역에서는 동학 상층 지도부의 한계로 말미암아 항일전쟁이 본격화되기까지 그러한 성과물을 거의 확보할 수 없었고, 또한 농민들의 반봉건투쟁조차 점차 사적인

84) 김준형, 앞의 논문.

설욕(雪辱) 내지 토재(討財) 행위로 타락하고 있었다. 농민들은 관군과 일본군에 맞서 굳이 전쟁할 필요성을 인식하지 못했고, 동학이 열세로 몰리자 더 이상 그것에 편승해 얻을 것이 없다고 판단하고 적이 공격해 오기도 전에 뿔뿔이 흩어지고 말았다. 이 지역 동학농민군의 이러한 속사정을 『저상일월』에 실려 있는 다음 기사에서 살필 수 있다.

9월 16일 청풍에서는 동학군의 내분이 일어났다. 동학도들이 접주를 무기로 위협하기를 "너는 왜 우리를 간교한 말로 동학에 끌어들였느냐. 이제는 하루속히 사죄하고 우리 모두가 화를 입지 않도록 하라"고 하고 그 길로 그를 상주부에 송치했다고 한다.[85]

4. 맺음말

농민전쟁이 발생한 전후 시기에 경상도의 농촌 사정은 개항을 계기로 상품화폐경제가 더욱 발전하면서 농민층 분화가 진전되고, 따라서 부세제도를 위시한 사회경제적 모순이 격화되면서 몰락한 소빈농층들은 봉건적인 지배체제에 대해서는 물론이고 부농적 착취에 대해서까지도 공격적으로 되어 가고 있었다. 한편 1860년 수운 최제우에 의해 창도된 동학은 거듭된 봉건지배 세력의 탄압에도 불구하고 예천·상주·선산·김산·성주·하동·진주 등지에서 꾸준히 교세를 확대하고 있었다. 그것은 동학이 교도 사이의 신분적 평등을 실현하고, 질병을 치유하고, 유무상자로 빈궁한 농민을 도왔기 때문에 가능했다. 그러나 동학은 당면한 사회적 민족적 위기를 반봉건·반침략투쟁을 통해서가 아니라

85) 『저상일월』, 갑오년 9월 16일.

각자가 수심정기하는 종교적 수행에 치중해 극복하려 했다. 이로 인해 신분으로는 상민과 천민이, 계급적으로는 소작빈농 이하의 하층계급이 교도의 다수를 이루었지만 동학집단은 사회개혁 세력으로 전화하지 못했다.

이러한 가운데 1894년 전라도의 동학농민군이 보국안민과 폐정개혁을 기치로 내걸고 변혁투쟁을 개시했다. 농민군이 전라도 일대를 장악했다는 소식과, 정부가 농민군과 협상하여 폐정개혁을 약속했다는 소식이 전해지면서 경상도지역에서도 봉건사회의 개혁을 희구하는 농민들이 앞다투어 동학에 입도했다. 그들은 대부분 "市井童昏 平民 藏獲雇傭等輩"등의 하층계급이었고 당대 사회모순의 최대의 희생자들이었다. 신입 농민군은 이 지역의 동학도 전라도에서와 같이 폐정개혁을 추진할 것이라 기대하면서 양반·향리 등을 상대로 활발히 반봉건투쟁을 전개했다.

그러나 동학의 상층 지도부의 생각은 농민 대중의 기대와는 달랐다. 그들은 각자가 수심정기하는 종교적 수행에 치중할 것을 요구했고, 신입 농민군의 증가가 곧 수도자의 증가로 되어야 하며 사회변혁을 직접 추구하는 변혁 세력의 결집으로 되어서는 안 된다고 생각했다. 동학 지도부는 신입 농민군들의 반봉건투쟁을 가능한 한 억제하려 했고 폐정개혁에도 소극적이었다. 그로 인해 농민 대중의 반봉건투쟁은 사적인 설욕 내지 토재투쟁 이상으로 발전하지 못했고, 농민 대중과 상층 지도부 사이의 갈등이 커지면서 동학농민군의 결집력도 점점 저하되어 갔다.

이러한 한계로 경상도의 농민군은 9월 18일의 최시형의 명령으로 개시된 항일투쟁에서 적극적인 활동을 전개할 수 없었다. 군비 확보를 위한 성주·용궁·선산·상주 등의 읍성 공격까지는 그 전열을 유지했으나, 일본군의 공격을 받고 무기력하게 선산과 상주에서 패퇴하면서 상층 지도부도 자신감을 상실하고 하층 대중들도 속속 농민군에서 이탈해 갔다. 그 즈음 봉건지배 세력들이 민보군을 결성하고 관군 및 일본군과 연합하여 농민군 근거지를 공격하고 접주 등의 농민군 지도부를 색출 처단하는 활동을 벌이기 시작했으며, 그러한 공격으로 잔여 농민군 세력조차도 완전히 궤멸하고 말았다.

그러나 경상도 남서부지역의 농민군은 이와는 다른 활동을 보였다. 진주·하동을 중심으로 한 이 지역의 동학교도들은 큰 세력을 형성하지 못하여 1894년 8월까지도 자체 힘만으로는 이 지역을 장악할 수 없었다. 이들은 9월 이후 순천·광양포의 농민군의 지원을 받아 경상도 남서부지역을 장악하면서 반봉건투쟁을 전면화함과 동시에 항일투쟁을 전개했다. 이 지역의 농민군이 뒤늦게 세력을 형성하고서도 항일투쟁에 적극 참여할 수 있었던 기반은 자신들과 결합해 활동했던 남접 농민군에 대한 신뢰에 있었다고 생각된다. 즉 폐정개혁의 성과를 실질적으로 농민들에게 안겨 주었던 순천·광양포의 집강소 활동에 대한 신뢰와 바로 그들이 항일봉기의 전면에 나서고 있다는 사실이 이 지역 농민들로 하여금 일본군과의 전투에 적극 나서게 한 것으로 생각된다.

1894년 농민전쟁에서의 패배는 이후 조선이 일본의 식민지가 되는 분수령적 계기가 되었다. 그 패배의 요인으로 우리는 일본군의 개입과 농민군에 대한 개화파 정권의 공격이라는 객관적 제약과 '이념상의 미숙성, 통일적인 지휘체계와 조직력의 미흡, 전술 전략상의 미숙함, 그리고 무기의 열세' 등의 농민군의 주체적 한계를 지적해 왔다. 이제 이에 더해 각자의 수심정기에 큰 비중을 두었던 동학 지도부의 운수론적 소승적(小乘的) 사회관에도 비판적으로 주목할 필요가 있다. 1894년의 농민전쟁은 전국적인 농민봉기로 총체적으로 이해해야 한다. 그럴 경우 농민전쟁에서의 패배와 경상도·충청도·강원도·황해도 등지의 농민전쟁 지도부가 대부분 이런 입장에 충실한 동학간부였다는 사실은 결코 서로 무관한 일이 될 수 없다. 이러한 비판은 다른 한편으로 보면 농민전쟁을 주도한 핵심적 주체들이 당시의 객관적인 변혁역량을 얼마나 정확하게 파악하고 행동했던가를 농민전쟁의 패배 요인과 관련해 근본적으로 재조명해야 한다는 문제 제기이기도 하다.

제1부 토론회(2)

사회 : 송정수(전북대)
토론 : 최윤호(충북대)
김준형(경상대)

송정수:바로 약정 토론자들의 토론으로 들어가도록 하겠습니다. 먼저 신영우 선생님의 발표에 대한 토론을 최윤호 선생님께서 해주시겠습니다.

충청도지역 농민군의 조직 구성

최윤호:세 가지 질문 사항을 준비했습니다. 첫번째는 충청도지역에서의 활동 상황을 분석하는 데 새로운 방법론이 모색되어야 하지 않을까 하는 생각에서 질문을 마련했습니다. 제일 처음에 의문을 가졌던 것은 “동학 조직이 인맥으로 짜여 있다”, “동학교단은 보은에 대도소를 설치하고 전국 각지의 도인들과 연결망을 구성했다. 동학은 인맥으로 이어져 조직이 짜여지기 때문에 대접주와 이들의 활동 지역을 확인하면 지역별 조직체계를 알 수 있다”라는 서술 내용입니다. 처음에는 이것에 대한 단순한 의문에서 출발했습니다. ‘인맥으로 이어져 조직이 짜였다’라는 내용의 정확한 뜻이 무엇일까 하는 의문을 가지면서 그 이후의 서술들을 보면 철저하게 요조직이 짜였다고 하면, 예를 들어 최시형의 지휘 아래 일사분란하게 움직여야 되는데 그렇지 않은 모습들을 볼 수 있다는 것이지요. 그 뒤쪽의 서술들을 보면 “북접의 접주들이 남접의 움직임에 가세를 하고 있다”는 서술도 보이는데 이런 형태들을

볼 때, 그렇다면 인맥을 중심으로 해서 또 접주를 중심으로 해서 충청도지역의 전반적인 전개 과정을 분석하는 데는 문제가 있지 않은가 하는 생각에서 하나의 방법론을 생각해 봤습니다.

예를 들어 '인맥으로 구성된 조직이다'라고 했을 때는 북접과 남접을 구분하면서 북접의 경우에는 최시형의 임명을 받은 접주들, 남접의 경우에는 전봉준 휘하의 사람들 이러한 식으로 분석을 해 들어간다면 북접의 경우를 잘 보면 알다시피 물론 온건파라든지 강경파라든지 하는 구분이 적당한지 모르지만, 온건파를 중심으로 임명을 하고 있습니다. 그렇다면 충청도지역에서의 움직임은 온건파들에 의한 움직임이기 때문에 여태까지 봤던 남접, 북접의 구분 방법을 벗어날 수 없는 것이 아니냐는 입장에서 '인맥 중심의 파악이 문제가 있지 않을까' 하는 생각을 했습니다. 그렇게 된다면 또 새로운 방법론을 찾아야 되는데 그것은 인맥 중심이나 접주 중심의 전개방식이 아니라 충청도 농민들과 전라도 농민들의 차별성이라면 차별성 내지는 그들이 똑같이 수탈을 당했다면 얼마만큼 어떻게 당했는가 하는 부분들을 검토하는 가운데 이념상으로는 북접이 '후천개벽' 내지는 '시천주조화정'이라는 교리 속에서 일정하게 움직여 나갔고, 남접의 경우에는 '보국안민'이라는 일정한 움직임 속에서 나타나는 행동양식을 검토해야 충청도와 전라도의 전개방식을 동시에 설명할 수 있지 않을까 생각했습니다.

제 얘기를 보완하기 위해서 신영우 선생님께서 서술하신 내용을 잠깐 읽고 두번째 질문으로 넘어가겠습니다. 앞에서는 "인맥으로 이어져 조직이 짜여 있기 때문에"라고 서술하셨는데 조금 뒤에는 "그러나 이러한 지침은 준수될 수 없었다. 전라도의 남접 조직이 충청도로 세력을 뻗쳐 와 같은 개혁 활동을 펼쳤고, 더군다나 신입 도인들은 개혁운동을 지지했다. 말단접주들 중에는 도인들을 동원해서 오랜 폐단을 고치려고 앞장서는 사람이 많았다. 대접주들 속에도 그러한 사람이 나타났다"라고 서술하셨고 이것들을 보더라도 접주들 가운데에도 남접에 참가하는 형태가 나타나는데 과연 북접의 명령계통이 일사불란했는가에 대해서는 그렇지 않았다는 서술들을 해주셨습니다. 그렇기 때문에 인맥 중심, 접주 중심으로 충청도 농민전쟁의 움직임을 파악하는 것은 문제가 있다고 생각합니다. 또 "그렇지만 일부 대접주를 포함한 말단 접주들과 도인들은 전라도의 개혁운동에 고무되어서 곧 뒤따라 집강을 정하고 폐정개혁에 나섰다"고 접주들의 움직임이 나름대로 일정한 지시에 따르지 않는, 그러니까 북접교단측의 지시에 따르지 않는다는 형태의 서술이 보이는데 이런 서술들을 조금 더 보완하기 위해서는 인맥 중심의, 접주 중심의 충청도 움직임이 아니라 다른 방법이 모색되어야 하지 않겠는가라는 의문 속에서 질문을 드립니다.

충청도지역 집강소의 성격

두번째 질문은 충청도의 경우에 집강소가 설치되어서 실제로 집강을 운영한 여러 가지 형태가 보인다고 했는데 그 집강의 움직임 속에서 특징적인 것이 "읍내와 관아의 점거에는 들어가지 않았다"라고 서술한 점인데, 그렇다면 읍내와 관아의 완전점거를 하지 않은 채 집강의 움직임은 어떠한 개혁의 성격을 지녔겠는가는 분명히 전라도의 경우와 차이가 있을 것 같습니다. 그런 내용을 본문에서는 서술해 주시지 않았는데 그런 부분이 있으면 얘기를 해주시기 바랍니다.

세번째 질문은 충청도문제를 다루기 때문에 제 나름대로 지방사라고 하는 부분을 생각해 봤는데 이것은 물론 앞에서 계속 나온 얘기이긴 합니다만, 과연 전체 농민전쟁, 농민혁명문제를 얘기하면서 충청도의 경우를 얼마만큼 반영해야 될까라는 것은 부분과 전체의 문제라고 생각합니다. 과거에 우리는 부분이라고 하는 것 열 개가 모여서 하나의 전체를 이룬다고 생각했는데 역사 속에서 어떤 한 부분, 예를 들어 '충청도'라고 했을 때 충청도와 전라도 등등 여러 개를 합쳐서 전체를 만

든다는 것은 말이 안 되지요. 즉, 전체 농민전쟁을 설명할 때는 충청도의 그런 부분이 전체가 될 수도 있고 전라도의 그런 부분이 전체가 될 수도 있다는 입장에서 부분과 전체라는 부분은 중요한 것 같습니다. 신영우 선생님께서는 경상도 북서부지방 예천이나 상주, 김산 등등의 지역을 직접 발로 뛰시면서 자료를 수집해 주셨는데 그렇게 움직이시면서 특히 충청도의 경우에는 얼마만큼 어떤 식의 자료를 모을 필요가 있겠는가, 그 자료 발굴의 중요성을 더더욱 선생님께서 생각을 많이 하고 계실 텐데 그 자료 발굴의 중요성 같은 부분에 대해서 말씀해 주시기 바랍니다. 이상입니다.

동학의 포덕과 지휘체계

신영우: 첫번째 질문은 인맥으로 짜인 조직이 어떠한 내용이냐 하는 것인데, 이것은 내일 종합토론에서 말씀해 주실 표영삼 선생님께서 교단 내 조직 구성에 대해서 이미 상세히 써 놓고 계시고 제가 직접 자료에서 잘 해독되지 않은 부분들입니다. 즉, 동학은 초기에 발생하는 과정에서 그러했는지 아니면 그 이후에 관의 탄압을 받아서 그러했는지 지역별로 지역책임자를 정해 놓고 포교하도록 되어 있지 않은 것 같습니다. 사람과 사람이 연결되는, 즉 인맥 형태의 조직이 이루어지게 되지요. 그래서 여러 자료를 보면 흥미 있는 것이 나옵니다. 이를테면 교조 최제우에게 포덕된 인물과 2대 교주 최시형에게 포덕된 인물 그리고 최시형에게 포덕된 인물 가운데에서 대접주가 된 인물들에게 포덕된 인물 이런 인물들이 중첩적으로 섞여 있다는 것입니다. 이필제 같은 경우 교조 최제우에게 포덕되었기 때문에 그 당시 교단을 책임지고 있던 최시형의 말을 따르지 않는 것을 볼 수 있습니다. 어떻게 보면 대등포덕(對等布德)이라고 하는 개념이 아주 중요한 것 같은데 어떤 한 사람을 포덕하는 것은 요즈음 종교에서 교인을 전도하는 것과는 뜻이

다른 것 같습니다. 아주 강한 의미가 들어 있습니다. 그래서 저는 글을 쓸 때 도인(道人)이라는 말을 자주 씁니다. 그 도인은 단순히 요즘 특정 종교처럼 교도와 교도가 이어지는 것이 아니라 도를 전하는 것입니다. '도인(道人), 도유(道儒)' 이런 식으로 쓰는데 그래서 같은 교도다 하는 것이 아니라 제자라고 하는 말을 씁니다. 이를테면 서장옥과 전봉준, 김개남의 관계는 우리가 생각하는 스승, 제자를 생각하면 스승·제자관계가 아닌 것처럼 보이는데 여러 자료에 "서장옥의 제자 전봉준"으로 표현이 됩니다.

따라서 포덕이라고 하는 개념을 동학 연구에서 더 강조해야 할 것 같고 그러한 형태로 이루어지는 조직이 인맥으로 짜여서 1894년까지 계속되는 것이지요. 그러한 인맥으로 짜인 조직이 느슨하게 보인다고 했는데 1894년에 들어서는 분명히 그렇게 보이는 경우도 있습니다. 이를테면 대개의 경우 교주의 허락을 받아서 교단 조직을 움직이는데 전라도에서 전봉준이 봉기를 할 때는 그렇지 않고 독자적으로 행합니다. 그래서 '사문난적'이라고 해서 비판을 받기도 하지요. 예산에 있던 동학 조직의 활동상을 전해 주는 조석헌의 『일기』를 보면 거대한 봉기가 일어났을 때 어떻게 해야 되는지 사전 지침을 받지 못한 사람들이 보은에 가 있던 대접주를 기다려서 어떻게 지시를 받을 것인가 얘기하는 부분이 나옵니다. 대개의 경우 동학 조직은 교단 조직의 커다란 지침을 따라서 여러 가지 활동을 펴 나갔지만 제1차 봉기에 가담했던 전라도의 남접(전라도 내에서도 북접을 따르는 인맥이 있습니다), 또 충청도의 서장옥 계열들은 그때부터 따로 떨어져서 활동한 것이 아닌가 싶습니다. 그런데 교단의 일정한 지침을 따라서 활동하기는 하지만 새로 들어온 신입 도인들의 활동은 그 시기의 시세 흐름에 따라서 과격해집니다. 그래서 아까 경상도지역의 사례에서도 나온 것처럼 수접주가 예하접주를 붙잡아서 관아의 처벌을 받게 하는 일이 있는 것이지요. 그런데 6월 말 일본군이 경복궁을 습격하고 농민군들이 본격 무장투쟁을 벌이려고 준비를 할 때는 상황이 달라지는 것 같습니다. 교주의 지침 내용은 바뀌지 않았지만 여러 지역에서 대규모의 조직이 합세를 해서 어떤 한 지역 관아와 민보군을 공격합니다. 무장 활동을 교주가 금지했는데 그런 일이 벌어지는 것이지요. 그런데 그렇게 공격을 해서 성공했으면 모르겠는데 패배했을 경우에는 아주 호된 보복을 받습니다. 많은 도인들이 살던 집이 불에 타고 사람도 체포돼서 처형되고 그런 과정에서 이 무장 활동을 교단에서도 심각하게 모색하고 그런 주장이 대접주 속에서 계속 나오고 그런 것을 결국 받아들여서 제2차 봉기에 합세하게 되는 것이 아닌가 싶습니다.

조직문제를 말씀 드리면, 적합할지 모르지만 얼마 전에 있었던 천주교 활동과 비교해 보지요. 천주교는 엄격한 상명하복의 조직을 갖고 있습니다. 그 조직하에서 최고 결정기관의 지침을 따르지 않았던 것처럼 생각되는데 거기에 반독재운동을 펴던 사제단이 있었습니다. 그런데 이 사제단은 틀림없이 천주교인이고 사제이지만 교단의 특정한 지침에 의해서 활동한 것이 아니고 독자적인 활동을 폅니다. 1894년에 활동하던 남접 농민군도 크게 봐서는 동학 교단, 동학도인에 속해 있는 사람들이지만 특정한 정치목적을 위해서 활동할 때는 교단의 지침을 따르지 않고 독자적으로 활동하다가 이것이 대일전쟁이라고 하는 대의명분과 합쳐서 제2차 봉기를 벌이게 된다고 파악하고 있습니다.

두번째 질문은 짤막하게 말씀 드리겠습니다. 충청도지역의 집강 활동은 전라도와 어떻게 다른가? 읍내, 관아를 점거하지 않은 상황에서 집강의 활동은 어떠한가? 읍내와 관아를 점거하지 않았을 뿐이지 주요한 접소, 도소에(그것이 집강소라고 불렸는지 모르겠는데) 동학도들이 결집을 해서 실제 여러 가지 조처를 집강 중심으로, 집강이 아니면 대접주, 수접주, 접주 중심으로 펴 나가는 것 같습니다. 농민들이 이제 이

시기가 되면 관아에 가서 무엇을 상의하거나 호소하거나 하지 않습니다. 그렇게 할 수가 없죠. 또 관아에 있는 향리들은 무서워서 세금을 걷거나 하지 못합니다. 심지어는 나중에 나오는 기록을 보면 동학도들이 떼로 몰려와 아전들, 특히 이방에게까지 "동학에 들어오라"고 합니다. 그래서 할 수 없이 동학에 들어가서 이름만 올리고 활동을 하지 않다가 나중에 그것이 발각이 돼서 "이런 이런 사정이 있다"고 호소하는 것을 봤는데 바로 그러한 상황에서 동학도인들이 활동을 했던 것이지요.

지역 사례 연구의 중요성

세번째 질문은 동학농민전쟁 연구의 '부분, 전체' 이런 말씀을 하셨는데 오늘 주제가 지역적인 전개 상황을 모색하는 자리인데 아까도 토론에서 나왔지만 저는 이 동학농민전쟁의 연구가 전체 모습을 파악하는 것도 필요하지만 그것보다 더 필요한 것이 각 지역의 사례를 재구성해서 그 사례 속에 나타난 여러 문제점들이 무엇인가? 각 지역으로 종합한 다음 그것을 비교하고 검토해서, 그런 뒤에 다시 동학농민전쟁 전체를 체계화하는 작업이라고 생각합니다. 농민전쟁 전체의 흐름, 이것은 초기 연구에 나온 것이 지금까지 계속됩니다. 그 초기 연구는 오지영의 「동학사」라든가 김상기 선생의 『동학과 동학란』에서 '처음 동학이 어떻게 만들어졌는가? 그리고 보은집회, 교조신원문제가 대두되고 1894년에 고부민란에서부터 어떻게 확대돼서 이렇게 됐는가?'를 파악하는 것이 우리가 알고 있는 대체적인 체계입니다. 그런 체계에 따르다 보니까 전라도지역에서만 모든 일이 있었고 전봉준을 중심으로만 파악을 하게 됩니다. 물론 전봉준이 가장 중요한 인물입니다. 우리가 많이 연구해야 되죠. 그러나 전봉준 개인만 가지고서는 그 시기의 충청도, 전라도 대부분의 지역에서 활동했던 수많은 동학도인들, 농민군들의 활동을 제대로 파악할 수 없다는 것입니다.

그래서 제 글을 유심히 보는 분들은 그런 것을 확인할 수 있을 겁니다. 툭하면 농민군, 농민군 하는데 아무 때나 농민군입니다. 1894년 초부터 농민군이 뭐했다, 전라도지역에서 이랬고, 경상도, 충청도에서 이렇게 했다 하는 얘기를 하는데 농민군은 군대로 이루어진 뒤에나 쓸 수 있는 말입니다. 즉 무장을 하고 활동하던 시기에 어떤 조직을 얘기하는 것이지, 다른 지역에서는 동학도인들이었습니다. 그럼 그런 지역에서 우리가 동학도인으로 부르던 사람들이 언제부터 농민군으로 편제돼서 활동했느냐? 그것은 각 시기에 따라서 지역별로 차등이 있다는 것이지요. 그런데 이런 구체적인 사례를 찾지 않으니까 전라도에서 농민전쟁이 처음 일어났던 시기에 동학농민군, 농민군, 이런식으로 쓰다가 그 시기에 다른 지역에 무슨 일이 있으면 똑같이 농민군으로 표현하는 그런 잘못을 범합니다. 이런 것 외에도 제가 보기에는 잘못이 무수합니다. 저는 차근차근 한 개인, 한 사례, 한 지역을 시간 순서대로 추적을 하다 보니까 기왕에 나와 있던 연구에서 용어라든가, 전개 과정이라든가, 여러 가지 상황에 대해서 이해를 잘못하고 있는 점을 무수하게 봅니다. 그런 것은 결국 지역사 연구를 통해서 보완되는 것이지요.

충청도지역의 여러 지역을 답사해 보면 사료가 없습니다. 경상도지역은 아직도 자료가 많이 남아 있습니다. 그것은 유교 지식인들이 가지고 있던 많은 서책들, 이것을 가지고 있는 집도 있고, 또 그런 거대한 학자가 아니라고 할지라도 자기 집안에 가지고 있던 책들을 잘 보존을 해 왔습니다. 특히 교통이 불편한 지역에 살던 사람들은 아주 잘 보존해서 연구에 도움이 되는 것들을 찾을 수가 있지요. 충청도지역을 다녀 보면 자료가 없습니다. 아마 처음부터 제대로 만들지 않았을 수도 있고, 또 광복 이후 서울과 가까운 지역은 상인들 등 서울에서 오가는 사람들이 많아서 전통문화가 급속히 해체되는 과정에서 엄청난 자료가 인멸되었으며 충청도는 경상도보다 더 서울과 가까웠기 때문에 그런 파괴가 많이 일어난 것이 아닌가 생각이 됩니다. 더 드릴 말씀이 있지만 여기서 마치겠습니다.

송정수: 감사합니다. 시간이 10분도 채 안 남은 것 같습니다. 바로 이어서 두번째 주제에 대한 토론을 하도록 하죠. 김준형 선생님 부탁합니다.

김준형: 각 지역의 지역적 조건에 따른 운동의 양상에 특성을 전제하고 경상도 농민전쟁을 다루고 있고, 그래서 이것을 전반적으로 경상도로 묶어 구조화해서 얘기하고 있는데 이 부분에 여러 가지 동감하는 부분들이 많습니다만 일부 경남지역과 관련해서는 섣불리 단정할 수 없는 부분들이 좀 있다고 봅니다. 사실 경남지역에 동학농민군 봉기는 아직 제대로 어떤 자료들이 많이 발굴되어 가지고 본격적으로 연구되고 있는 부분이 아니기 때문에 좀 치밀한 조사 연구가 이루어져야만 실상이 많이 밝혀질 수 있는, 연구가 취약한 부분들이 상당히 많습니다. 그렇기 때문에 단정지어서 얘기할 수는 없지만 몇 가지 경남지역과 관련해 이윤갑 교수님의 논문에서 보이는 한계점, 의문 사항에 대해서 얘기를 하려고 합니다.

경상도지역 농민군 활동의 취약성과 그 배경

물론 경상도지역은 농민군의 취약성, 소위 체계적인 폐정개혁운동으로 나아가지 못했다는 것하고 일본군에 대한 적대감 등이 다른 지역에 비해 낮지 않았나 하는 문제, 물론 여기에서 농민군의 취약상을 얘기할 때 동학 조직과 관련해서 그 얘기를 하고 계십니다. 분명히 경상도지역이 전라도지역이라든가 충정도지역에 비해서 조직이 취약했나? 하는 부분을 얘기할 때 경북지역과 경남지역은 구별해서 얘기를 해야 되지 않겠느냐? 경남은 현재까지 여러 가지 자료로 보면 경북에 비해서 훨씬 약한 것은 사실인데, 물론 4월에 백낙도가 거사를 하려고 했다가 도중에 진주진영장의 병사에 의해 토멸되어 궤멸되면서, 자체적으로 어떤 활동을 하지 못한 면이 있는지 모르겠는데요. 어쨌든 경남지역이 취약했던 건 사실입니다. 그런데 이 취약성을 설명하면서 어떤 부분이 강조되느냐 하면 동학 조직의 지도부와 농민층의 입장이 갈려서 그렇다, 그런데 어떤 부분에 직접 이렇게 연결하지는 않고 있는데 대충 그 원인을 설명하는 것을 보면 농민적 상품 생산이 다른 지역에 비해서 경상도는 좀 순조로웠기 때문에 어느 정도 성장한 부농층이나, 동학 조직의 지도부를 구성하는 부농층이 그만큼 순조로운 성장을 했기 때문에 일본에 대한 적대감이라든가 또는 체계적인 폐정개혁 쪽에 부정적이고, 자기의 경제적 기반을 온전하기 위한 입장에서도 적극적인 봉기에 대해 부정적이었던 게 아니냐 하는 식으로 연결하는 것 같은데 과연 그런지 잘 모르겠습니다.

그런데 문제는 이것을 단순히 지도부와 농민층의 입장 차이로만 설명해 들어갑니다. 이 취약성을, 그것도 대립 구도라든가 경제적 관계로만 단순화해서는 제대로 설명할 수 없을 것 같고, 그것 이외에 여기 토론자와 신영우 선생님께서도 얘기를 하셨지만, 인맥이라든가 또는 지리적 관계, 조건이라든가 여러 가지를 고려해서 얘기를 해야 될 것 같다 하는 거죠. 특히 그 중에서도 중요한 것이 앞의 토론자께서 제기하시던 것과는 약간 반대되는 입장인지 모르겠는데요. 북접과 남접, 물론 이 남접 같은 경우 실체가 어떻게 되는지 정확히 얘기된 글을 제가 못 봤습니다만 그 관계도 같이 고려를 해야 되지 않겠느냐, 왜 이 얘기를 하는가 하면 경북은 분명히 북접 산하에 들어가 있는 것으로 지금까지의 글을 보면 그렇게 전개되어 있는데 경남지역은 북접 산하에 들어가 있는 것이 아닙니다. 이 동학 조직들을 가만히 보면, 아직 미확인된 자료이긴 합니다만, 경남지역, 서부경남지역에 동학을 퍼뜨렸던 아주 중요한 인물이었던 백낙도가 최수운으로부터가 아니라 장수의 유해룡으로부터 동학을 전수했다든가, 자칭 동학도 두 명이 경남 여러 고을들을 순행하면서 고을수령들을 질타하면서 고을을 잘 다스리라고 하면서 나중에 노자돈과 마패를 받고 떠납니다. 그래서 여러 고을을 순행하게 되고 그들이 전봉준의 통문을 받아왔다고 하는데, 물론 일본군은 이 두 사람을 잡아 가짜인 것 같다고 단정합니다만 가짜가 아닌 것 같습니다. 여러 가지 다른 자료의 정황으로 봐서는 진짜인 것 같은데, 이들이 활약을 하고 있다든가 또 하동점령 때 적극적으로 동학군이 지원을 해줍니다.

그것뿐만이 아니고 앞에 박찬승 교수님께서 발표해 주신 부분에서도 잠깐 언급이 됩니다만 남원의 동학군들이 운봉을 넘어서 함양 안의로 쳐들어가서, 물론 거기서 실패합니다만, 어쨌든 이쪽으로 들어옵니다. 이건 그만큼 호남의 동학군과 밀접한 교류를 하고 있기 때문인것 같습니다. 최시형이 직접 통제를 하고 있는 북접 입장에서는 아직도 전봉준에 대해서 상당히 적대적인 입장이었기 때문에 쉽게 연대할 수 있었을까, 의문스럽습니다. 최시형이 최종적으로 북접을 봉기에 참여하게 하는 것은 9월 중순경입니다만 그전에 이런 여러 가지 일들이 벌어집니다. 그래서 같은 경상도라 하더라도 북쪽과 남쪽이 좀 다르다는 걸 알게 됩니다. 이것을 우리가 간과했는데, 그래서 처음에 박명규 선생님이 얘기하셨던 권역별로 구분해서 다시 살펴볼 필요가 있습니다. 잘못하면 선불리 그대로 단순화해서 도로 묶는다 하더라도 여러 가지 문제가 생길 가능성이 있다는 것을 하나 지적하고 싶고요.

경남지역 보수 세력의 동향

두번째로는 이 농민전쟁의 실패와 관련해서 동학농민군의 역량에만 초점을 맞춰서는 안 될 것 같습니다. 물론 실패의 내적인 요인을 주목할 때 동학농민군의 역량에 여러 가지 한계가 있었다 하는 문제가 거론되긴 해야겠는데 이것만 얘기하다 보면 자칫 너무 과대평가를 해 버린다든가 과장할 가능성이 있습니다. 구조적으로 볼 때는 그 상대편, 소위 보수세력들의 대응양상도 봐야 된다는 것이지요. 그런데 이것이 경남지역에서는 경북하고 좀 다르게 나타난다는 겁니다. 하동지역에 예외적으로 민포군이 구성이 되어 있었는데, 그것은 지리산을 근거로 해서 경상도, 전라도를 넘나들면서 화적떼들이 활동을 하고 있었는데 그런 화적떼들을 막기 위해서 이미 일찍부터 이 화개동에 민포군이 만들어져 있습니다. 6월 말경에 부사 이채현이 하동에 집강소가 만들어졌는데, 혼자 진압하지 못하니까 이 민포를 끌어들여서 동학도를 쫓아냅니다. 그래서 동학도들이 광양으로 쫓겨나게 됩니다. 어쨌든 그 이후에는 자체적으로 민포가 구성된 경우가 없습니다. 물론 나중에 일본군에 패해 동학도들이 크게 궤멸되면서 동학군이 침체돼 가는 과정에서 민포군이 여기저기에서 만들어집니다만 그런 민포군의 활동도 사실은 다른 지역에 비하면 상당히 미약합니다. 오히려 일본군들이 어느 정도 진압했다고 판단하고 서부경남지역에서 떠나려 하니까 대소민인들, 소위 보수 세력들이 중심이 돼서 "일본군은 제발 떠나지 말라. 일본군이 우리에게 왔기 때문에 우리가 살아난 것이다. 만약 돌아가면 우리는 다 죽는다" 하는 호소장을 낼 정도로, 북쪽 같은 경우에는 이미 그 전 단계에서 여러 민포군이 조직되어 동학군과 충돌합니다만 이쪽은 그런 대응을 할 수 있는 처지가 못 됩니다. 그것은 논리비약인지 어쩐지 모르겠지만 대북파(大北派)의 거점이라고 볼 수 있는 이 경상우도가 인조반정 이후 타격을 받게 되고 그 이후 무신난이 일어난 이후 남명 조식의 학통을 이어받은 경상우도는 소위 반역향으로 지목되기에까지 이르면서 이 지역의 사림들, 보수색깔의 사족들이 어느 지역보다도 몰락 속도가 빨랐기 때문에 지위, 향촌에 대한 지배력이 어떤 사회변혁운동이 일어났을 때 대응할 수 있는 힘이 상당히 약화된 상황에서 야기된 것이 아니겠느냐 하는 것입니다. 경상남도도 그렇고 경상북도도 그렇고 이런 측면을 같이 고려하면서 농민역량을 평가할 때는 그런 것을 고려 않고 평가할 때하고는 양상이 달리 나타나야 하지 않겠습니까? 그 두 가지 점만 지적하겠습니다.

송정수: 시간이 다 되었습니다. 사실 시간을 지키려고 내부적으로 많이 노력을 했지만 잘 안 되는군요. 어쩔 수 없이 한 5분 정도 늦어질 것 같습니다. 짤막하게 토론에 대한 답변을 해주셨으면 좋겠습니다.

이윤갑: 제가 농민전쟁을 본격적으로 연구해 본 적도 없고 한 달 만에 논문을 쓰게 되어서 곤란한 질문을 하면 어떨까 했는데 마침 시간이 다 되었다고 해서 반가운 일인 것 같습니다. 간단히 몇 가지만 얘기하겠습니다. 우선 북접, 남접 이렇게 나누는 이 문제에 대해서 우리가 좀더 생각을 해봐야 되겠다 하는 입장입니다. 지역으로 북접, 남접 나눌 게 아니라 지도부의 자세가 어떠했느냐 하는 것이 지역에 따라 굉장히 다르다는 것입니다. 전라도 내에서도 반드시 모든 접주들이 전봉준 노선이나 김개남, 손화중 노선에 동조했던 것은 아니라는 점을 우리가 이해를 할 필요가 있습니다. 실제로 최시형의 기포령이 있고 봉기한 지역들도 있거든요.

그 다음 제 발표에 대해서 지적한 것 중에 왜 항일전쟁에서 그렇게 제대로 힘을 발휘하지 못했는가 하는 문제에 대해서 농민군 대중의 계급적인 요구와 지도부의 종교적인 자세가 일치하지 않아서 역량이 저하되었다는 지적에 대해서 문제 제기가 있었는데 그 중에 하나가 지도부들이 대개 계급적으로는 부농이나 지주가 많았기 때문에 그렇지 않았느냐 하는 의문이 든다고 얘기를 했는데, 저는 그런 생각은 안 했습니다. 지도부가 그런 계급이었기 때문에 북접 산하에, 혹은 이 지역에 동학 조직이 현실개혁 집단으로 전환하는 데 어려움이 있었다는 계급적 제약보다도 역시 동학 자체가 가지는 종교적인 특성에 그런 문제들이 있고, 그러면서 그런 계급적인 요인들도 부차적으로 얽혀 들었던 게 아닌가 하는 정도로 답변을 드리겠습니다. 자세한 얘기는 내일 종합토론에서 시간이 되는 대로 다시 또 보완하겠습니다.

농민전쟁과 농민군의 대일항전의식

그 다음에 또 하나 말씀 드리고 싶은 것은, 대일항전문제와 관련해서 민중들이 적극적으로 참여할 수 있는 계기가 있었겠느냐 하는 점인데, 흔히들 그간 우리 연구에서 보면 전운사문제라든지 고부에서 미곡이 외국으로 유출된다든가 하는 문제들을 들어 전라도지역에서 실질적으로 농민들이 일본의 경제적 침략에 대한 경계가 대단했던 것으로 파악하고 있지만, 경상도지역에서 기포를 하고 대중을 선동할 때 동원되는 얘기들은 "임란 때 우리가 이렇게 당했다"라는 겁니다. 지금 왜놈들이 들어와서 우리를 못살게 굴고 어쩌고 하는 이런 것은 적어도 의병전쟁 단계에 가야 생활상의 문제로 농민들에게 다가오게 되고 적극적으로 항쟁에 나서게 되지, 갑오농민전쟁 단계에는 그것이 실제로 민중경제를 위협할 정도로까지 된 지역은 일부 지역이었다는 점을 말씀드리고 싶습니다.

그 다음에 또 하나는, 전라도에서 전봉준 산하의 농민군들이 파견돼서 김산 쪽에 들어와서도 활동을 하고 일부는 경상도 동남부지역까지 뻗쳐서 활동을 하는 대목들이 발견이 되는데요. 이 점에서 저는 이런 생각을 하게 됩니다. 결국은 전국적인 반봉건투쟁을 통해서 근대국가를 수립하는 것, 그 다음에 제국주의 열강의 침략을 이겨 내고 자주독립국가를 건설하는 것이 그 시대주의에서 객관적인 과제라고 보이고 그 객관적인 과제는 전 민족적인 역량이 결집될 때만 가능하다고 볼 수 있습니다. 그리고 실제 전라도에서 봉기가 일어났을 때 전국적인 호응이 있었다 말이죠. 적극적으로 그렇게 하겠다는 의지가 있었던 것이죠. 제가 왜 이 농민전쟁을 민족운동 내지 전국적인 항쟁으로 파악해야 된다고 하는가 하면, 결국 거기에서 경상도지역의 동학 지도부에 한계가 있었다는 점을 지적하는 것도 제 논문의 중요한 요지 중의 하나입니다만, 그에 못지 않게 중요한 것은 당시 전봉준을 중심으로 하는 전쟁 핵심 지도부들이 객관적인 주체역량에 대해 어느 정도 파악했나를 우리가 비판해 본 적이 있는가 하는 문제 제기입니다. 사회의 여러 가지 모순이라든가 부조리에 대해서 항거하고 일어나는 것은 인간의 고유한 본성에 해당하는 문제입니다. 문제는 그것을 어떻게, 제대로 바른 결과가 나올 수 있도록 조직하는가 하는 역량의 문제가 별개의 문제로 남게 되는데, 그 점에 대해서 우리가 농민전쟁의 여러 가지 문제들을 생각하면서 제대로 반성해 본 적이 있었는가 하는 문제 제기를 하고 싶습니다. 시간도 많이 됐다고 하니까 제 답변을 오늘은 이 정도만 하겠습니다.

송정수: 감사합니다. 아마 충청도, 경상도 지역에 대한 연구는 앞으로 많은 연구의 여지가 있기 때문에 질문과 토론도 자연히 매우 많이 있을 것으로 생각합니다. 이번 시간에는 플로어의 질문을 받으려고 노력을 많이 했습니다만 역시 공수표를 날릴 수밖에 없을 것 같습니다. 다음 프로그램이 예정되어 있고 또 내일 종합토론 시간이 있기 때문에 이번 발표와 토론은 미진하지만 여기에서 마칠까 합니다. 끝까지 진지한 분위기 속에서 경청해 주신 여러분들께 진심으로 감사의 말씀을 드립니다. 대단히 감사합니다.

제2부

1894년 강원도 농민군의 활동과 반농민군의 대응

황해도지방의 농민전쟁의 전개와 성격

제2부 토론회

제3부 종합토론

1894년 강원도 농민군의 활동과 반농민군의 대응

박준성(역사학연구소 연구원, 성균관대 사학과 강사)

1. 머리말

19세기 조선사회가 지향하던 내재적 근대화의 중요한 과제는 지주제와 신분제를 중심으로 하는 봉건질서를 폐지하고 근대국가를 수립하는 일이었다. 그러나 이러한 과제를 해결하지 못한 채 조선사회는 1876년 개항을 통하여 자본주의세계 질서체제에 편입되었다. 안팎으로 모순이 심화되는 가운데 다양한 변혁과 저항운동이 전개되었다. 1894년 농민전쟁은 19세기 후반 아래로부터의 반봉건 변혁과 반침략 저항의 정점이었으며, 이의 좌절로 이어지는 조선의 근대는 반식민지, 식민지로 전락한 역사였기 때문에 1894년 농민전쟁에 대하여 그 동안 많은 연구가 이루어져 왔다. 특히 1994년은 농민전쟁 100주년이어서 이를 앞두고 관심이 더욱 고조되었다.

그러나 1894년 농민전쟁에 대한 연구나 관심은 대부분 고부농민항쟁이 일어나고, 제1차 농민전쟁의 중심지였으며 집강소체제가 실시된 전라도와, 제2차 농민전쟁의 최고 격전지인 충청도지역에 집중되었다. 이와 더불어 농민전쟁의 전개 과정도 주로 전라도와 충청도에서 제1·2차 농민전쟁을 주도해 간 전봉준을 중심으로 파악해 왔다. 이 지역 농민군의 활동이 농민전쟁의 주요 흐름을 이룬 것은 분명하다. 그렇지만 1894년 농민전쟁은 함경도와 평안도 일부를 제외하고 전국에서 일어났다. 지역에 따라 조직과 지향, 전개 양상에도 다른 점이 나타난다. 따라서 1894년 농민전쟁의 전체상을 파악하려면 각 지역 농민전쟁에 대한 개별 사례 연구가 다양하게 이루어질 필요가 있다. 최근 들어 그 성과가 축적되고 있으나 아직도 농민군이 활동했던 각 지역의 사례 검토가 충분하다고 보기 힘든 형편이다.

1894년 반봉건·반침략 농민전쟁 때 강원도지방의 사정은 어떠했으며 이에 대한 검토는 어느 정도 이루어졌을까. 1894년 제1차 농민전쟁이 전개될 때 강원도에서는 농민군의 활동이 보이지 않는다. 집강소기라고 할 수 있는 8월부터 강원도에서도 농민군의 활동이 활발해지고, 9월 초순에는 강릉부를 점령하기도 했으며, 11월까지 농민군의 투쟁이 치열하게 전개되었다. 그러나 강원도 농민군의 활동에 대한 연구는 1978년에 쓴 한우근의 「동학농민군의 봉기와 전투―강원·황해도의 경우―」 이후 거의 이루어지지 않고 있다.[1] 그 동안 농민전쟁 지역 사례

---

1) 한우근, 「동학농민군의 봉기와 전투―강원·황해도의 경우―」, 『한국사론』 4, 서울대 국사학과, 1978. 이 밖에 최현식, 『갑오동학혁명사』, 향토문화사, 1980 ; 신용하, 「갑오농민전쟁의 제2차 농민전쟁」, 『동학과 갑오농민전쟁』, 일조각, 1993 ; 이이화, 「전봉준과 동학농민전쟁 4―농민군의 전면 항쟁과 그 최후」, 『역사비평』, 계간 10호, 1990년 가을에서 일부 언급하고 있다. 강원도 농민전쟁 역사기행·안내문으로 배항섭, 「강원도에 서린 동학농민군의 발자취」, 『역사비평』, 계간 11호, 1990년 겨울 ; 강원역사교사모임, 「강원지역 동학농민전쟁의 맥을 찾아서」, 『살아 있는 삶을 위한 역사교육』 2, 푸른나무, 1991 ; 박준성, 「강원도 농민전쟁의 흐름」, 『동학농민전쟁 역사기행』, 여강출판사, 1993이 있다.

그리고 1994년 전북일보 동학농민혁명 특별취재반(학계 참여자 박맹수, 박명규, 이진영)이 두 차례에 걸쳐 「강원 남부 지역―정선 영월 평창 강릉」과 「강원 중부내륙지역」의 농민군 활동을 개괄했다(『전북일보』, 1994년 4월 18일, 25일). 강원일보사의 월간 『태백(太白)』, 1994년 4월호에서도 특집으로 '강원 동학혁명사 재발굴'을 기획하여 박준성, 「강원 농민전쟁은 반봉건투쟁」 ; 김영기, 「홍천 장야촌 풍암리 전투」 ; 박찬언, 「해월 원주

에 대한 관심이 부족했고, 강원도 농민군의 활동을 알려 주는 자료를 새로 발굴하지 못했으며, 자료만으로는 강원도 지역 사정을 실감나게 이해하기 힘들었기 때문이었을 것이다.

한우근의 논문은 강원도 농민군 활동의 큰 흐름을 어느 정도 개관하고 있으나, 지리 조건과 관련한 농민군 사이의 연계와 투쟁의 전개 과정, 반농민군의 구성과 활동에 대해 좀더 검토할 여지가 있다. 그리고 1894년 농민전쟁을 다룬 연구가 대부분 날짜를 음력으로 표기하고 있는 데 비해 이 논문은 양력을 썼기 때문에 전체 농민전쟁 과정에서 강원도 농민군이 활동했던 때를 가늠하기가 어렵다.

강원도 농민군의 활동을 알 수 있는 자료는 한우근이 처음으로 이용한 「동비토론(東匪討論)」과 「임영토비소록(臨瀛討匪小錄)」말고는 여기저기 단편으로 흩어져 있을 뿐이다.[2] 그마저도 손꼽을 수 있을 정도이다. 이 글에서는 강원도 농민전쟁의 배경을 이제까지의 연구 성과를 바탕으로 살펴보고, 위 두 자료와 단편 자료를 다시 검토하여 강원도 농민군의 활동과 반농민군의 대응을 재구성해 보려고 한다.[3]

송골서 체포당해」; 진용선, 「정선은 동학 제2의 고향」을 다루었다.

2) 「동비토론」은 1894년 9월 8일부터 1895년 3월 9일까지 강릉부에서 농민군 진압에 나선 토벌군과 각 고을, 순영과 중앙관사 사이에 주고받은 관첩, 전령, 감결 등 문서들을 기록한 것이고, 「임영토비소록」은 1895년 9월 하순에 농민군 토벌에 앞장서 강릉부사와 관동소모사가 되었던 이회원과 가까운 어느 강릉 유생이 1894년 8월부터 11월까지 토벌군과 농민군의 동향을 기록한 자료이다. 이 두 자료는 철저하게 반농민군의 위치에서 기록한 것이기 때문에 강릉부를 중심으로 한 반농민군의 동향은 어느 지역 못지 않게 상세하게 살필 수 있다. 그러나 농민군의 조직, 구성과 지향, 농민군 사이의 연계를 파악하기에는 부족하며, 강원도 다른 지역의 활동 또한 알 수 없다는 한계를 지니고 있다. 『한국민중운동사자료대계—1894년의 농민전쟁편』 1, 여강출판사, 1986에 실려 있다. 이 자료를 인용할 때 앞으로 『자료대계』, 「토론」, 「소록」으로 표기하기로 한다.

3) 부족한 자료를 대신하여 어떤 부분은 증언 내용과 답사 경험으로 보충했다. 그러나 강원도는 다른 지역에 비해 농민군의 활동을 증언해 줄 수 있는 생존자가 거의 없는 실정이다. '동학농민군 후손 증언록'인 『다시 피는 녹두꽃』, 역사비평사, 1994에 실린 강

2. 강원도 농민전쟁의 배경과 계기

농민전쟁보다 30여 년 앞서 1862년에 삼남지방을 중심으로 전국 70여 개 고을에서 농민들이 봉기했을 때 강원도에서는 어느 고을에서도 농민항쟁이 일어나지 않은 채 잠잠했다. 그때만 해도 삼남지방이 지주제·신분제의 모순과 삼정을 둘러싼 보수지배층들의 탐학과 수탈이 심했던 데 비해 강원도는 그 정도가 약했기 때문이었다. 그러나 1876년 개항 이후 안팎으로 모순이 심화되면서 강원도에서도 사정은 달라졌다.

개항 이후 지주제 강화와 농민층의 광범위한 몰락, 외국상품의 유입에 따른 지배층의 소비욕 증대, 그를 채우려는 탐학과 수탈의 증대는 강원도라고 예외는 아니었다. 사회모순이 심화되면서 강원도 농민들도 이에 저항하여 빈번하게 항쟁을 벌이기 시작했다. 1880년대 후반과 1890년대 초반에 집중되어 일어난 강원도 농민항쟁의 주된 원인은 삼정의 폐단과 수령·이서·토호 들의 수탈과 탐학이었다.

이 시기 강원도에서는 1885년 3월 원주목, 1889년 1월 정선군·인제군·흡곡현, 3월 통천군, 그해 여름 낭천현, 1891년 6월 고성군, 1892년 3월 낭천현, 1893년 12월 금성현에서 농민항쟁이 일어났다. 그 원인은

원도 증언자가 두 사람밖에 없는 사실에서도 알 수 있다. 다행히 강원도 농민군에 대한 네 차례의 답사와 홍천 서석의 고향산 아미산과 운무산, 평창의 오대산 등은 농민군 활동 공간을 이해하는 데 도움이 되었다. 그렇지만 강원도 내륙지방 농민군의 근거지였고 마지막 큰 전투가 벌어졌던 계방산과 오대산 자락의 홍천 내면 일대의 골짜기 골짜기를 직접 찾아보지 못한 점, 반농민군 세력의 방어선이었으며 포위 공격을 하던 통로였던 오대산 진고개에서 두로봉, 신배령, 응복산, 약수산, 구룡령으로 이어지는 백두대간의 한줄기를 밟아 보지 못한 점, 봉평에서 내면과 서석으로 통하는 보래령과 구목령을 넘어 보지 못한 점은 아쉬움으로 남는다. 정선 쪽도 제대로 답사를 못했다. 뒷날 못 가본 지역의 산과 고개를 오르고 넘으며 이 글의 부족한 점을 보충할 기회가 있기를 바란다.

환곡의 폐단(원주), 군수·도사령·향인·외지인의 불법 탐학과 광산의 폐단(정선), 군수와 이향의 불법 탐학(인제), 현감과 이방의 불법 탐학(흡곡), 이서들의 환곡폐와 남징(통천), 호역의 불균등과 간향 환리의 환곡폐(낭천), 경거인·중·간민의 평민 토색과 군정 문란(고성), 현감의 불법(낭천), 간향 활리와 현감의 탐학(금성) 등이었다.[4]

이러한 항쟁의 전통과 함께 강원도에는 일찍부터 동학이 전파되고 확산되었다. 강원도지방에 동학이 포교되는 계기는 최제우와 함께 체포되었던 이경화(李慶化)가 영월로 정배됨으로써 마련되었다. 그는 1864년 3월 무렵 정배된 영월 소밀원을 중심으로 동학을 포교했다. 이후 강원도 영월과 정선지역은 관의 지목을 피하여 피신과 잠복을 거듭해야 했던 동학교단의 지도자와 교도들의 피신처 역할을 했으며 조직의 복원과 교세확장의 기반을 제공했다. 그 가운데서도 영월의 직동과 소밀원, 정선 고한의 정암사와 적조암 무은담이 동학 재건의 중심지였다. 1870년대 후반 동학교단은 영월, 정선 등 영서지방의 비밀 포교지를 중심으로 교단의 위기를 극복하고 기반을 다져 나갈 수 있었다. 그리고 1880년 5월에는 인제 갑둔리에 각판소를 설치하고 한 달가량 작업을 벌여 『동경대전』 100권을 간행했으며, 이듬해에는 같은 인제 천동에서 『용담유사』를 간행했다.[5]

1880년대 이후 강원도지방에서 동학의 조직과 활동이 어떠했는지는 잘 드러나지 않으나 1893년 3월 보은 장내리에서 열린 교조신원운동에 강원도에서도 관동대접주 이원팔 등이 참여했으며,[6] 여기에 참여했다

4) 김양식, 「고종조(1876~1893) 민란연구」, 『용암화갑기념사학논총 - 한국사의 이해』 근현대편, 1990.

5) 박맹수, 「동학의 교단조직과 지도체제의 변천」, 『1894년 농민전쟁연구』 3, 역사비평사, 1993.

6) 「보은집회」, 「동학사」; 「신원운동」, 『천도교창건사』, 제2편 제7장.

가 4월 초 장내리에서 해산하여 돌아간 농민들 가운데에는 강원도 원주접 200여 명도 포함되어 있었다.[7] 이를 보면 1880년대 이후에도 강원도에서 동학의 활동은 계속되었으며, 조직도 유지 발전되었음을 알 수 있다. 이러한 동학 조직은 1894년 강원도 농민전쟁에서 농민군을 묶어 내는 주요한 조직 기반이 되었다.

농민항쟁의 원인이 되었던 중앙권력으로부터 지방수령 이서배들에까지 이르는 관리들의 탐학, 삼정을 중심으로 한 부세 수탈은 1894년 강원도 농민전쟁에서도 역시 중요한 원인이 되었다.

강원도 농민군 활동의 직접 계기는 전라도를 중심으로 전개된 제1차 농민전쟁과 전주화약을 이끌어 낼 정도로 승리에 찬 전라도 농민군의 활동 경험, 정부의 개혁 후퇴, 타지역 농민들의 새로운 활동 분위기였다. 집강소가 설치된 지역의 농민군 소식은 강원도에도 전달되었고, 농민전쟁의 수습책으로 실시된 정부의 개혁정치에 대해서도 각지의 농민들은 상당한 기대를 걸고 있었다. 그러나 일본이 조선에 친일 내각을 세워 내정을 간섭하기 시작한 8월 들어 정부의 개혁의지는 점차 약화되었다. 각 지방에서도 개혁조치가 제대로 시행되질 않았다. 8월 10일경에는 6월 28일 제정한 군국기무처 의안 가운데 농민군이 요구한 '반상의 등급을 혁파한다'는 조항을 '관리를 등용할 때 귀천을 가리지 않는다'로, '공사노비를 일체 혁파한다'는 조항은 '압량위천(壓良爲賤)하여 세세위역(世世爲役)을 금지한다'로 바꾸었다. 이에 대해 농민들은 지배층의 욕심으로 외세가 조선 땅에 들어왔다고 인식하고 지배층에 대한 불신을 노골적으로 나타냈다. 각지에서 농민들은 계속 폐정개혁을 요구했다. 그 동안 자제하던 양반과 부민들에 대한 투쟁의 강도도 다시 높아지기 시작했다.[8] 충청도에서는 8월 초 농민군이 공주 감영을 점거

7) 「취어」, 『동학란기록』 상, 국사편찬위원회, 1894년 4월 초3일, 124쪽.

했다가 물러나 각지에 주둔하면서 8월 내내 곳곳에서 충청 감영의 관군과 대치하고 있었다. 경상도에서는 8월 2일 산청, 8월 7일 고성, 8월 10일 영천, 8월 20일 울산·언양·김해, 8월 27일 기장, 이와 비슷한 시기의 의령·진해·신령을 비롯해 8월 하순까지 60여 개 지역에서 농민항쟁이 일어났다. 곳곳에서 투쟁의 분위기가 고양되던 8월 25일 전라도 남원에서는 김개남 영향력 아래 있는 농민군 5~6만 명이 모여 새로운 투쟁을 준비했다. 8월 28일에는 예천에서 농민군과 보수 세력 사이에 예천싸움이 벌어졌다. 9월 1일에 김인배가 이끄는 순천 영호대도소의 농민군 부대는 섬진강을 건너 하동을 공격하면서 전면 투쟁에 나섰다.[9]

일본군에 대한 투쟁도 활발해졌다. 8월 중순 이후 경상도 용궁과 문경 사이 산양 일대에 농민군이 집결하여 함창과 태봉의 일본군 병참부를 공격하려 했고, 8월 22일에는 충주 가흥 주민들이 일본군의 인부 모집에 불응했다. 8월 24일에는 안동에서 3000여 명의 반일의병이 일어났다. 8월 29일에는 문경에서 농민군 600여 명과 일본 공병대 25명이 접전하여 농민군 2명이 희생당했다. 또 태봉 일본 병참부를 지원하려고 파견된 충주 주둔 일본군 공병대 병력과 농민군이 석문리에서 싸움을 벌였다.[10]

이러한 사회모순의 심화, 농민항쟁을 통한 투쟁의 경험, 동학을 중심으로 한 농민들의 조직적 결합 등을 배경으로 하여, 각지 농민들의 투쟁에 고무된 강원도 농민들은 1894년 여름부터 활동하기 시작했다.

---

8) 김용민, 「2차 농민전쟁은 언제, 어떻게 일어났는가」, 『농민전쟁 100년의 인식과 쟁점』, 거름, 1994, 180~189쪽.

9) 김용민·송찬섭, 「1894년 농민전쟁 일지」, 『역사학연구』 2, 역사학연구소, 1993, 197~200쪽.

10) 위와 같음.

3. 강원도 농민군의 활동

(1)활동

강원도 농민군의 활동 지역은 평창, 정선, 영월, 강릉, 삼척, 홍천, 원주, 횡성, 양양, 기린, 간성, 인제, 춘천, 김화, 금성 등지였다. 그 가운데서도 평창, 정선, 영월, 강릉, 삼척, 홍천 등지가 중요한 활동 무대였다. 동학교단 쪽 자료를 보면 9월에 원주에서 이화경·임순화(林淳化 또는 林淳灝), 횡성에서 윤면호, 홍천에서 차기석·심상현·오창섭 등이 기포한 것으로 기록되어 있다.[11] 또 오지영의 「동학사」에는 강원도 홍천, 춘천, 원주, 횡성, 김화, 금성 등지에서 많은 농민군이 살륙된 것으로 기록하고 있다.[12] 이는 이들 지역에서 농민군 활동이 활발했음을 보여 주는 것이다. 양양·간성·기린 쪽에서도 농민군의 활동이 있었다. 1894년 당시 강원도 행정구역은 강릉대도호부, 원주목, 양양·삼척·회양·춘천·철원·영월·이천의 7개 도호부, 고성·간성·통천·평해·정선·평창의 6개 군, 흡곡·울진·금성·김화·안협·평강·낭천·양구·인제·홍천·횡성의 11개 현이었다. 강원도 행정구역과 농민군 활동지역을 대비해 보면 1894년 여름 이후 강원도에서는 전체 고을의 반 이상에서 농민군이 활동했음을 알 수 있다.

강원도 농민군이 강원도 이외의 지역에서 활동한 사례도 보인다. 원주 '비괴' 김화보는 이천접주 이정오와 경기도지역에서 활동하다 소모관 맹영재에게 잡혀 죽임을 당했다.[13] 관동대접주로 보은집회에 참여했

11) 「동학군재도거사(東學軍再度擧事)」, 『동학사』 ; 「갑오운동」, 『천도교창건사』, 제2편 제7장 ; 「천도교회사 초고」, 『동학사상자료집』 1, 463쪽.

12) 「동학사」, 전패후문(戰敗後聞).

13) 「갑오실기」, 『동학란기록』 상, 갑오년 10월 28일, 42쪽.

던 이원팔은 일본군·민보군과 싸우다 12월 18일 보은 종곡전투에서 죽었다.[14] 또 평창의 농민군 100여 명은 경상도 예천의 농민군 활동을 지원하기도 했다. 예천 일대에서 활동하던 농민군 지도자 최맹순이 일본군의 개입으로 읍내 공방전에서 패하고 평창으로 피신해 있다가 평창접에서 100여 명을 지원받아 예천 동로면 적성(赤城) 등지에서 보수 지배층을 징치한 일이 그것이다.[15]

강원도 농민군의 활동은 시기와 지역, 조직적 연계 등을 보았을 때 오늘날 평창·정선·영월·강릉을 중심으로 활동했던 세력과 홍천을 중심으로 활동한 세력으로 구분할 수 있다. 먼저 평창·정선·영월·강릉지역 농민군의 활동을 살펴보자.

1894년 여름부터 가을 사이에 강원도 원주·영월·평창·정선 등 4읍에서는 농민군이 곳곳에 접을 설치하면서 세력을 결집하고 활동하기 시작했다.[16] 이 즈음, 평창에 살던 오덕보는 8월에 농민군을 이끌고 강릉부 연곡·신리면으로 가서 접을 설치하고 활동했다.[17] 그가 "도처작

14) 「토비대략」, 『자료대계』, 449쪽.

15) 신영우, 「1894년 영남 예천의 농민군과 보수집강소」, 『동방학지』 44, 1984, 243쪽.

16) 「토론」, 갑오년 9월 초8일, 재영(在營).

17) 지금까지 강원도 농민전쟁을 다룬 글에서는 농민군 활동이 평창 출신 오덕보가 평창에 접을 설치하면서 시작되었고, 이 활동이 단초가 되어 이후 9월 4일 강릉부를 점령한 것처럼 언급하고 있다. "강원도에 있어서는 1894년 늦은 여름에서 가을에 걸친 시기에 동학이 점점 퍼지기 시작한 듯싶다. 그리하여 평창군에서는 그 고장에 사는 오덕보라는 자가 그해 9월부터 동학을 포교하기 시작하여 이로부터 각처에 동학의 접소가 생기고 교도의 수도 늘어났으며, 연곡·신리 두 면은 그러한 중에서도 현저한 고장이었다"고 하거나(한우근, 앞의 논문, 368쪽), "강원도에서는 1894년 음력 9월에 평창에서 오덕보 등이 봉기하기 시작한 것을 비롯하여"라고 하고 있다(신용하, 앞의 논문, 320쪽). 그러나 연곡·신리면은 평창군에 속해 있던 것이 아니라 강릉부 관할이었으며, 지금의 강릉과 주문진 사이의 소금강 계곡 연곡천 하류에 있던 지역이다. 이러한 사실은 강릉부에서 평창군과 겸사에게 보낸 오덕보 관련의 관·첩에 바로 나타난다. "爲相考事 本君居東徒吳德甫爲名漢 去八月分 稱以布道 來留本府新里面 非但設接 到處作梗 無所不至是如可……"(「토론」, 갑오년 11월 21일, 관평창군), "爲牒報事 平昌郡居東徒吳德甫爲

경(到處作梗)이 무소부지(無所不至)이고 작경이 허다했다"는 것을 보면 강릉 가까운 연곡·신리에서 그의 활동이 활발했음을 알 수 있다. 오덕보의 구체적인 활동 내용은 알 수 없으나, 8월 20일 이전에 강릉부 신리면에서 촌민들이 모여 화적을 방비할 뜻으로 한 집에 1명씩 창과 칼을 들고 점고·검열한 일[18]은 그의 활동과 관계가 있는 듯하다. 그렇다면 오덕보가 강릉부 신리면 쪽으로 옮아 간 때나, 평창 쪽에 농민군이 모여 활동을 시작한 때는 적어도 이보다 앞선 8월 중순 무렵일 것이다. 또 8월 20일경에는 강릉부 대화면에서 농민군이 김장수의 집을 헐고 재산을 빼앗았으며, 대관령을 넘어 강릉부로 진격한다는 소문이 널리 퍼져 있었다.[19] 그렇다면 8월 중순 무렵에는 농민군이 이미 상당한 세를 이루고 있었다고 보아야 할 것이다. 때문에 이때 강릉부 정동면 선교의 승지 이회원은 집에 내려와 있다가 길이 막혀 서울로 올라가지 못할 정도가 되었던 것이다.[20]

8월 중순 무렵부터 평창 쪽에 결집해 있던 농민군 수천 명이 공관 상태의 강릉을 향하여 진군하기 시작한 때는 9월 초였다. 이 농민군 부대는 영월·평창·정선 농민군과 제천·청풍의 농민군이 포함되어 있었다. 강릉부 대화면 모로치를 넘어 진부면에 도착한 농민군은 각지로

名漢 去八月分 稱以布道 多率匪徒類而來到本府新里連谷兩面等地 侵虐平民 許多作梗不有餘地是如可……"(같은 자료, 갑오년 12월 초2일, 첩겸사 牒兼使). 즉 평창군에 살던 오덕보가 8월 중에 많은 농민군을 이끌고 강릉부의 연곡·신리면으로 가서 활동했던 것이다. 오덕보가 이 지역으로 옮겨 활동을 한 것은 신리면에 도조 15석을 거두어 들이는 논 20여 마지기가 있어 이전부터 왕래가 잦았기 때문으로 보인다(같은 자료). 오덕보는 농민군 토벌 과정에 피신하여 계속하여 체포 명령이 내려지는데도 12월까지 잡히지 않았다(같은 자료, 갑오 12월 초2일, 첩겸사).

18) 「소록」, 369쪽. "(八月念間) 先是 本邑新里面人 以防備火賊之意 村人會議 本面每家一人各持鎗刀 聚川檢閱如點考例."

19) 같은 자료, 369쪽. "月念間 犯本邑嶺西大和面金長水宅家舍 奪其家○什物 而聲言踰大關嶺以來 是時本邑空官."

20) 같은 자료, 369쪽.

돌아다니며 포총, 창과 칼, 미투리[麻鞋]를 징발하여 무기와 군수를 보충한 뒤 9월 3일 대관령을 넘어 구산역에서 하룻밤을 잤다. 9월 4일 오전, 1000여 명이 넘는 농민군 부대가 강릉부로 진입했다.[21] 지휘부는 말이나 가마를 탔으며 나머지는 13자 주문을 외우면서 도보로 행군했다.[22] 별 저항을 받지 않고 강릉부를 점령한 농민군은 관아와 각 점막에 나누어 머물렀다. 이서배들은 각 촌의 요호에게 쌀과 돈을 거두어 점막에 머물고 있는 농민군 1명에 쌀 한 되씩을 나누어 주었으며, 소와 술을 제공했다.[23] 그러나 이서배들이 농민군에 호응하여 이렇게 행동한 것은 아니었다. 농민군의 위세에 눌린 나머지 시간을 벌어 기회를 엿보려는 의도였다. 9월 4일 밤에 농민군 후발대 수백 명이 구산역 쪽에서 내려와 합류했다.[24]

9월 5일, 농민군은 강릉부 관아 동문에 "삼정의 폐막을 고치고 보국안민한다"는 방문을 내걸었다. 그리고 일향의 두민들을 불러 모아 임의로 삼정을 삭감하고 요호를 잡아들여 토지와 재산, 전답문서를 빼앗고 이서배들을 잡아 족쳤으며, 민간의 송사를 마음대로 처결했다.[25]

9월 6일, 농민군은 다음날 영동 일대의 최대 지주였던 강릉부 정동면 선교의 이회원 집을 친다고 선언했다. 이때 겉으로는 농민군에 호응하는 척하면서 반격의 기회를 엿보던 이서배들은 반농민군 세력을 결집하여 농민군의 경계가 느슨한 틈을 타 야습을 하기로 계획했다.

21) 같은 자료, 370쪽.

22) 같은 자료, 371쪽.

23) 같은 자료, 372쪽.

24) 위와 같음.

25) 「토론」, 갑오년 9월 초8일, 문고순영급겸관(文告巡營及兼官), 갑오년 9월 일, 보겸관(報兼官). 9월 8일 자료에는 "捉致饒戶 討索錢財 欲奪田畓文書"라 하고, 뒤 자료에는 "捉致饒戶 討索錢財與田畓文券"이라 하여 전답에 대한 농민군의 행동을 조금씩 달리 표현하고 있다. 전답문권을 빼앗으려 했는지, 빼앗았는지가 불명확하다.

농민군의 선언과 이서배들의 야습 계획은 선교를 왕래하면서 농민군의 동정을 전달하던 읍리 정시중과 최희민에 의해 이회원에게도 알려졌다. 이회원은 각 촌에 통지하여 사람을 불러 모아 동조하기로 하고, 농민군에 백미 100말과 돈 300꾸러미를 보내 농민군의 점심과 저녁을 보충케 했다.[26] 농민군을 안심시켜 경계를 풀고 선교를 칠 계획을 늦추려는 교묘한 술책이었다. 9월 7일 비가 억수로 쏟아지는 늦은 저녁 어둠 속에서 농민군은 반농민군의 습격을 받았다.[27] 특별한 경계 없이 잠자리에 들었던 농민군은 반농민군의 반격에 제대로 대응하지 못하고 동료 20여 명의 시체를 남기고 총 7자루, 창 157자루, 말 3필을 빼앗긴 채 뒷날을 기약하며 대관령을 넘어 평창 쪽으로 퇴각해야 했다.[28]

강릉부를 점령했다 퇴각한 농민군은 9월과 10월 평창·정선·영월에서 활동하면서 다시 강릉부를 점령할 계획을 세우고 있었다. 9월 26일자 보고에 따르면 "강릉부 대화면 구도미거 김상오, 거사전거 공계정, 안미거 김순길, 계촌거 손영팔, 평창진사 박재희 등이 동도를 칭하고 강릉부에서 구축된 데 원한을 품고 도당을 모으고 포수를 불러들여 장차 영동을 구토하여 복수한다고 할 뿐 아니라 영동인이 왕래할 수 없고, 진상 상납과 각양 문서를 주고받을 수 없다. 또 강릉부에서 퇴각할 때 죽은 영월·평창·정선 3읍의 족척도 합류하고 있다"고 했다.[29]

10월 하순 무렵 영월·평창의 농민군은 제천·청풍의 농민군과 함께 수천 명이 정선군을 점령했다. 정선군수는 10월 20일경 서울로 도망친 상태였다. 농민군은 이방의 목을 베고 강릉에 가서 9월의 복수를 하겠다고 선언했다.[30] 10월 하순부터 11월 초순 사이 영월·정선의 농민군

---

26) 「소록」, 374쪽.

27) 같은 자료, 374~375쪽. 「토론」 주 25)와 같음.

28) 위와 같음.

29) 「토론」, 갑오년 9월 26일, 문고순영(文告巡營).

은 수천여 명으로, 정선읍에 모인 농민군 수가 3000여 명, 평창·후평에 모인 농민군이 1000여 명에 이르렀다고 한다.[31]

9월부터 10월까지 평창·정선은 사실상 농민군이 점령한 상태였다. 세를 모아 다시 강릉부를 점령하려던 평창·정선·영월의 농민군은 보수 민보군의 반격과 11월 3일 파견되어 내려온 원주의 순영 중군, 일본병의 토벌에 의해 세가 꺾이기 시작했다.

11월 5일 농민군은 평창에서 이시모리(石森) 대위가 이끄는 일본군 2개 중대와 2시간이 넘게 전투를 벌였으나 100명의 희생자를 내고 정선 방면으로 퇴각했다. 이날 싸움을 이시모리는 12월 8일자(음력 11월 12일) 보고에서 "12월 1일(음력 11월 5일) 평창에 집결한 약 3000여 명의 동학당을 공격했다. 동도가 사격으로 저항하여 격전 2시간에 점차 퇴각의 기세를 나타내서 오후 1시에 평창을 완전히 점령했다. 동도의 대부분은 정선 방면으로 퇴주했다. 동도의 사상과 포로는 즉사 70명, 부상 미상, 포로는 뒤에 저항하므로 10여 명을 총살했다. 오늘은 지방 부근을 수색하여 뿌리뽑고 내일은 정선과 영월로 향하려고 한다"고 했다.[32] 그리고 「동비토론」에서는 이날 평창에서 포살한 비도가 100여 명이고 사로잡은 이문보 등 5명을 효수했으며, 각처로 흩어진 비도가 1만여 명이라고 했다.[33]

정선·여량의 농민군은 11월 6일, 강릉의 중군 이진석이 이끄는 토벌군과 접전하여 10여 명이 포살되고 이중집 등 5명은 체포되었다. 농민군 가옥 70여 호도 뒤에 근거지가 될까 두려워한 토벌군에 의해 불태워졌다.[34] 이 즈음 삼척의 도상면 유천동의 농민군과 정선·대정·궁전

30) 「소록」, 383쪽.

31) 「토론」, 갑오년 11월 3일, 첩겸(牒兼).

32) 한우근, 위의 논문, 373쪽에서 재인용.

33) 「토론」, 재평창읍(在平昌邑), 갑오 11월 초10일.

곡 등지의 농민군이 세를 모아 정선과 삼척의 경계지역에 모여 있었다.[35] 영월·평창·정선의 농민군 가운데 일부는 토벌대에 밀려 11월 중순 이후 삼척 상하장면 쪽으로 이동하고 있었다.[36] 11월 25일에는 강릉부를 점령하는 데 참가했던 정선·여량의 농민군 지도자 지왈길이 잡혀 효수당했다.[37] 11월 하순 이후 농민군은 계속되는 반농민군의 추격과 토벌로 각지로 흩어져 별다른 활동을 할 수 없게 되었다.

다음은 중부 내륙지방의 농민군 활동을 살펴보자. 홍천에서는 9월 중에 지평의 고석주, 이희일, 신창희가 이끄는 농민군 수백 명이 접을 설치하여 활동했다. 이들의 활동은 지평현 전 감역 맹영재가 이끄는 관·사포군(官私包軍) 100여 명에 의해 지도자들이 체포되어 죽임을 당하면서 각지로 흩어졌다.[38] 홍천에 접을 설치했던 지평의 농민군과 내면을 중심으로 활동하던 차기석 농민군의 관계는 알 수 없으나, 흩어진 농민군 일부는 내면 쪽으로 와서 합류했을 것이다. 또 일부는 충주 황산충의포 쪽으로 간 것으로 보인다.[39]

---

34) 「토론」 갑오 11월 일, 첩순사(牒巡使)
35) 「토론」, 갑오년 11월 초8일, 관삼척부사(關三陟府使).
36) 「토론」, 갑오년 11월 20일, 관삼척부(關三陟府).
37) 「토론」, 갑오년 11월 26일, 첩순사.
38) 『계초존안』, 갑오년 9월 26일.
"啓曰 卽見京畿監司申獻求狀啓謄報 則砥平縣匪徒數百名 設接于洪川地 出沒劫掠無所不至 本縣居前監役孟英在爲副約長 率官私砲軍百餘名 到洪川地 擒其魁高錫柱李熙一申昌熙 或斬或斃 殺其黨五名 餘皆四散 所棄槍五十八柄收納軍庫 砲軍金伯先爲彼徒所傷 孟英在之仗義斬獲 砲軍輩之效力赴難 合省褒賞之典 令廟堂稟處爲辭矣 一自畿湖匪擾以來 官民擧皆畏避 以致滋蔓難圖 今見此報 孟英在以鄕紳出義越境勦匪 其功可嘉聞方 自巡撫營啓差召募官 使之益加激勵專意追捕 而守令待稟差送 砲軍之被傷者 自營邑給資療治事 分付何如蒙允 當日承批."
39) 「천도교회사 초고」, 『동학사상자료집』 1, 462쪽. "京畿道砥平郡 孟英在 一土兵 八百餘를 募集하야 築堡鍊兵하여 洪川郡附近에서 道人을 慘殺하는 故로 道人이 支保키 不能하야 忠州郡 黃山忠義包都所로 歸依하고……."

이 즈음 강릉·양양·원주·횡성·홍천 등 5읍의 접주로 불렸던 차기석은[40] 내면(당시는 강릉부에 속해 있었음)을 중심으로 1000여 명의 농민군을 조직하여 세를 떨치고 있었다. 그는 9월 말경에 군대를 일으켜 창사에 불을 지르고, 호응하기를 거부하는 자들을 위협하고 집을 불태웠으며, 포목·어곽·화우(貨羽) 등 상인들에게서 재물을 빼앗아 물자를 충당했다. 그 과정에서 협로 행상을 수백 명 죽였다고 한다.[41] 내면에서 가까운 봉평면에서는 윤태열, 정창해, 조원중, 정헌심 등이 군대와 당을 모아 창사 옆에 목책을 세우고 각 촌방에서 집집마다 좁쌀 6말과 미투리 1쌍씩을 거두어들였다. 이들은 거주지가 내면이면서 차기석의 영향 아래 봉평에서 활동하던 농민군 세력이었다.[42]

차기석·박종백이 이끄는 강원도 중부 내륙의 농민군은 10월 13일 밤에 홍천군 내촌면 물걸리 동창(東倉)을 들이쳐서 건물을 불태웠다.[43] 동창은 강원도 내륙지방의 중요한 사창으로, 세곡을 거둬 보관해 두었다가 비가 많이 와서 강물이 불어나면 뗏목에 실어 한강을 통해 서울로 보내던 곳이었다.

홍천현감의 보고에는 동창을 불태운 뒤 괴수 차기석과 접주 박종백이 무리를 이끌고 강릉지에서 인명을 제 마음대로 죽였으며, 동도가 강릉 좌운으로 향했는데 무리가 점점 불어나 해산시키지 못했다고 한다.[44] 강릉 좌운은 차기석 부대가 근거지로 삼았던 오늘날 홍천 내면 일대였다.

동창이 불타고 홍천 쪽에서 농민군의 세력이 심상치 않다는 소식은

40) 「토론」, 갑오년 11월 일, 첩순사. "江襄原橫洪等五邑東匪接主車箕錫."

41) 「소록」, 380쪽.

42) 위와 같음.

43) 「토론」, 갑오년 11월 초1일, 첩순영(牒巡營).

44) 위와 같음.

앞서 고석주의 홍천접을 깨뜨린 공으로 소모관에 차정되고 바로 지평현감에 임명된 맹영재에게 알려졌다.[45] 맹영재는 홍천접을 깨뜨린 뒤 9월 말부터 10월 20일 무렵까지 여주·진천·이천·음죽 등 경기도 일대에서 농민군을 토벌하고 있었다.[46] 소식을 듣고 경기도에서 홍천으로 들어온 맹영재 부대와 농민군은 10월 21일 장야평에서 접전을 벌였다.[47] 이 싸움에서 농민군은 30여 명의 희생자를 내고 솔치재를 넘어 서석으로 후퇴했다. 서석은 동으로는 뱃재를 넘어 내면, 남으로는 먼드래재를 넘어 횡성, 서로는 솔치재를 넘어 홍천과 통하며 북서로 동창을 지나 내촌으로, 서남으로 부목재를 넘어 홍천 동면으로 통하는 요충지였다.

10월 22일, 강원도 농민전쟁에서 커다란 전투의 하나인 서석싸움이 벌어졌다. 홍천 서석에 모여 풍암리 구릉 위에 진을 친 농민군은 맹영재가 이끌고 온 민포군에 맞서 치열하게 싸웠다. 맹영재는 이 싸움에 대해 "10월 21일 홍천 장야촌에서 비류 30여 명을 포살한 다음날 서석면으로 향했다. 비도 수천 명이 흰 깃발을 꽂고 진을 치고 모여 있었다. 총을 쏘면서 접전을 벌여 총을 쏘아 죽인 자가 수를 헤아릴 수 없을 정도였다. 사로잡은 자들 가운데 그들의 강제에 못 이겨 어리석게 가담한 자들은 상세하게 조사하여 효유하여 귀화시키고 돌아왔다"고 보고했다.[48] 이날 전투에 가담했다가 죽은 농민군과 그 일가 친척, 동

45) 맹영재가 지평현감에 임명된 것은 9월 29일이었다(『일성록』, 갑오년 9월 29일).

46) 「양호우선봉일기」, 『동학란기록』 상, 갑오년 9월 30일, 10월 21일, 264쪽, 286쪽.

47) 「갑오실기」, 『동학란기록』 상, 11월 초2일, 43쪽. "又啓曰 卽見召募官孟英在所報 則去十月二十一日行軍 到洪川長野村 砲殺匪類三十餘名 翌日 轉向瑞石面 則匪徒數千餘名 插立白旗 結陣屯聚矣 放銃接戰 以丸中殺者 不知其數 而且有生擒諸漢 無非愚蠢之被勒入徒者 故詳細查覈 一一曉諭 歸化安業 仍卽還來事."
장야평은 현재 홍천군 화촌면 장평이며, 동창에서 고개를 넘어 닿을 수 있고, 서석과 홍천을 잇는 길목이다.

48) 위와 같음.

네 사람은 800여 명이 넘을 것이라 한다. 1970년대 중반까지도 마을에는 음력 10월 22일 한날 제사를 지내는 집이 30여 호나 있었다고 할 정도로 농민군의 희생이 컸다.[49)]

동창을 치고 좌운 쪽으로 갔다는 차기석은 이 서석싸움에 참여했을까? 교단측 자료는 이렇게 말하고 있다.

> 車基錫은 洪川에서 起包하야 報恩帳內로 向하다가 孟英在의 拒한바로 關東으로 行至하더니 孟英在 放火誅戮이 其數가 不計라 洪川郡 瑞石一面은 人種이 永絕하얏더라.[50)]

> 時畿外砥平郡人孟英在 募集士兵八百餘人於所居高水洞 山上築堡鍊兵率衆至洪川郡瑞石里 敎徒車基錫等逆戰 死亡甚衆.[51)]

이 자료를 보면 차기석은 서석싸움에 참가한 것으로 보인다. 그는 북접과 합류하여 공주전투에 참여하거나 서울로 진격하려고 동창을 치고 홍천 쪽으로 나가려다가 서석전투에서 맹영재의 반격을 받고 패배한 뒤 내면 쪽으로 퇴각한 것 같다.

한편 10월 26일 차기석과 연계하여 봉평에서 활동하던 농민군 윤태열, 이창문, 김대영, 김희열, 용하경, 오순영, 이한규 7명이 봉평의 강위서에게 체포되어 봉평에 들어온 강릉의 중군 이진석에게 포살·효수되었다.[52)] 이 즈음 내면에서 다시 세를 모으고 있던 차기석은 기린·양

49) 박준성, 「강원도농민전쟁의 흐름」, 『동학농민전쟁 역사기행』, 여강출판사, 1993, 160~162쪽. ; ______, 「부농으로 서석 전투에서 싸운 최도열, 증손 낙인」, 『다시 피는 녹두꽃』, 역사비평사, 1994, 392~396쪽.

50) 「천도교회사 초고」, 『동학사상자료집』 1, 464쪽.

51) 「시천교역사」 하, 『동학사상자료집』 3, 632쪽.

52) 「토론」, 갑오년 11월 초1일, 첩순영(牒巡營).

양·간성의 농민군에게 봉평을 치자는 통문을 보냈다고 한다.[53)]

봉평의 농민군을 토벌한 포군대장 강위서는 11월 6일, 토벌군을 이끌고 내면 1리로 들어왔다. 산 위에 매복해 있던 차기석 부대는 밤중에 강위서 군대를 습격하여 3명을 사살했다. 강위서의 포군 부대는 8명의 부상자를 이끌고 패배한 채 내면에서 쫓겨나야 했다.[54)] 이후 중부 내륙지방의 농민군은 연합작전을 펴면서 사방에서 조여들어 오는 토벌군을 맞아 내면 일대를 피로 물들이며 마지막 싸움을 벌였다.[55)]

11월 11일부터 14일까지 계방산과 오대산 기슭의 내면 자운 홍정과 계방천이 흐르는 협곡에 자리잡은 원당리·청두리·약수포 등지에서 강원도 내륙지방의 최고 지도자 차기석이 이끄는 농민군은 토벌군을 맞아 치열한 최후의 항전을 벌였다. 특히 청두리에서 약수포까지는 토벌군도 70리를 벽을 기어오르며 전진했다고 할 정도로 험난한 곳이다. 이 계곡은 오대산 두로봉과 구룡령으로 이어지는 백두대간의 큰 산줄기에 의해 양양·강릉의 영동과 갈라지며, 그 사이에 모두 해발 1000m가 넘는 신배령·응복산·응복령·약수산이 놓여 있다. 잎이 무성한 계절이라면 험난한 이곳 지형은 유격투쟁을 벌이기 적합할 것이나 활엽수의 잎이 모두 지고 눈이 쌓인 12월 중순, 사방에서 협공하는 토벌군을 맞아 싸우기에는 매우 불리했다. 봉평에서 내면에 이르는 보래령, 운두령과, 양양·강릉에서 내면으로 통하는 신배령·응복령이 토벌군에게 장악된 상태에서 협공을 당한 농민군은 토벌군뿐 아니라 지형에도 포위당한 꼴이 되었다.

---

53) 「토론」, 갑오년 11월 초5일 유시. "關杆城郡 即見蓬坪面 領軍隊長姜羽西手本 則內面 敵魁車基錫 暗自發通于獜蹄襄陽杆城等地 嘯聚匪徒 欲屠蓬坪云."

54) 「토론」, 갑오년 11월 일, 첩순사.

55) 11월 11일부터 14일까지 전개된 내면 일대의 전투는 「토론」, 갑오년 11월 일, 첩순사, 갑오년 11월 23일, 도순무영(都巡撫營) 참조. 주는 생략함.

11월 11일, 내면 자운의 농민군은 보래령을 넘어온 봉평 포군대장 강위서와 60여 명의 토벌군을 이끌고 합세한 홍천 사인 허경의 침입을 받아 접주 위승국 형제와 접사 심성숙, 박군오, 정창호 등 17명이 포살되었다. 차기석은 내면 원당리에서 깃발을 날리며 농민군을 이끌고 저항했으나 12일, 운두령을 넘어온 강릉의 박동의와 양양의 이석범이 이끄는 토벌군의 협공을 받아 생포되었으며, 성찰 오덕현, 집강 박석원, 지덕화 3명은 포살당했다. 13일에는 내면 청두리에서 홍천의 농민군 지도자 권성오·권수청 등 12명이 포살당했다. 약수포 쪽으로 밀리던 500여 명의 농민군은 청두리 쪽에서 추격한 농민군과 신배령을 넘어온 이석범의 동생 이국범, 응봉(응복)령을 넘어온 이석범의 부종 김익제의 토벌군에게 세 방향에서 협공을 당하여 접주 김치실 등 11명이 포살당하고 접사 박학조는 생포되었다. 농민군이 근거지로 삼았던 세 곳의 별당과 37채의 집도 불태워졌다. 자운·홍정·신홍 등의 농민군도 강위서가 이끄는 토벌군에 밀리면서 임정호 등 38명이 포살당했다. 생포된 내면의 농민군 지도자 차기석과 박학조는 11월 22일 강릉 교장에서 효수당했다. 정선에서 체포된 이중집·임순철·김윤언 등도 이때 같이 포살되었다.[56)]

농민군 주요 지도자들이 잡히고 나서도 농민군의 활동은 산발적으로 이어졌다. 반농민군의 토벌도 계속되었다. 11월 말 내면의 민정과 양양 군병에 의해 약수포에서 농민군 10여 명이 잡혀 강릉부로 끌려가 포살되었으며,[57)] 12월 초에는 신배령 부근에서 농민군 손장업·김창수·이관구·오주실·이동익·고준성이 잡혀 이동익·고준성은 감옥에 갇히고 나머지는 귀화하여 석방되었다.[58)] 12월 7일에는 진부면 소모종사 박동의

56) 위와 같음.

57) 「토론」, 갑오년 11월 29일, 관양양부(關襄陽府).

58) 「토론」, 갑오년 12월 초4일.

에게 농민군 성찰겸 초장(哨長) 김성칠이 잡혀 포살되었다.[59] 12월 10일에는 내면의 농민군 12명이 내면과 양양·민정에서 잡혔다가 효유·귀화했다.[60] 12월 중순 무렵에는 진부·도암 양 면에서 농민군이 총과 창을 탈취하여 대화면을 위협한다는 보고가 있었다.[61] 그러나 강원도 주력 농민군의 활동은 11월 중순 내면에서 농민군 주요 지도자들이 포살 또는 생포당하면서 막을 내리게 되었다.

(2)조직과 지향

강원도 농민군은 어떻게 조직되었으며 투쟁의 지향은 무엇이었을까? 보통 강원도 농민군 활동은 평창·정선·영월의 농민군 세력과 차기석을 중심으로 홍천·내면·봉평을 중심으로 싸운 세력으로 구분하여 파악하고 있다. 평창·정선·영월의 농민군과 차기석 영향하의 농민군이 어떠한 연계도 없이 따로따로 움직였다고 단정하기는 힘들다. 다만 몇 가지 점에서 양쪽의 농민군 세력은 각자 독자적으로 움직인 것으로 보인다.

평창·영월·정선의 농민군이 강릉부를 점령한 때는 9월 초였다. 그에 비해 차기석이 이끄는 농민군의 활동이 드러나는 때는 9월 하순이었다. 그리고 강릉부를 점령한 농민군과 지도자들이 모두 평창·영월·정선 출신이었음에 비해, 차기석을 비롯한 내면 일대의 농민군 지도자들 가운데 강릉 점령 때 참가한 사람은 보이질 않는다. 오히려 평창·영월·정선의 농민군은 제천·청풍 등 충청도 쪽 농민군과 연계하여 강릉부를 점령했다. 충청도 쪽 농민군의 참여를 구체적으로 보여 주는 예가 성

---

59) 「토론」, 갑오년 12월 초10일, 첩겸사.

60) 위와 같음.

61) 「토론」, 갑오년 12월 14일, 전령(傳令).

성두환일 것이다. 그는 1893년 청산에서 도소를 설치했던 인물이다.[62] 그런데 11월 11일 강릉부에서는 임계면에 유진하고 있는 중군에 전령을 보내 포수 장수 중에서 정병 100여 명을 인솔하고 정선에 있는 일본군과 힘을 합해 농민군을 토벌하라고 하면서, 비괴 성두환과 유도원 등을 추적하여 잡아 올리도록 독촉하고 있다.[63] 청산의 농민군 지도자가 강원도 정선지역에서 활동하고 있었던 것이다.

반면에 차기석은 강릉·양양·원주·횡성·홍천 등 5읍의 접주로 불렸으며, 기린·양양·간성의 농민군에게 통문을 보냈다 하고, 강릉부의 봉평·진부 농민군이 그의 영향 아래서 활동했는데, 평창·영월·정선 쪽 농민군과 함께 활동한 흔적은 보이지 않는다. 내면은 그의 주요 근거지였으며, 봉평은 윤태열 등이 차기석의 위세를 빌려 활동하던 곳이었고, 진부의 안영달과 김성칠 등도 그와 연결되고 있었다.[64]

강릉부를 점령한 농민군은 "접명이 서로 다르다(渠等之所謂接名 各有異焉)"[65]는 데서 알 수 있듯이 각 접의 연합부대였다. 차기석 농민군 부대도 마찬가지였을 것이다.

양쪽 농민군은 지도자들 구성에서도 차이를 보인다. 강릉부 점령을 주도한 농민군 지도자들은 전 평창좌수 이치택, 지관(地官) 노릇을 하던 권 아무개, 진사 박재회, 이름을 알 수 없는 영월의 나 교장, 삼척의 황 찰방, 정산 여량역의 지왈길, 강릉부 대화면 김상오(구도미거), 공계정(거사전거), 김순길(안미거), 손영팔(계촌거) 등이었다.[66] 진사 박재회는 강릉사람으로 당시는 평창에 살면서 농민군을 지도했던 진사 박

---

62) 「시천교역사」 하, 『동학사상자료집』 3, 612쪽.

63) 「토론」, 갑오년 11월 11일, 전령. "溪面留陣中軍副吏房及李世完姜東五等."

64) 「소록」, 『자료대계』, 380쪽

65) 「토론」, 갑오년 9월 일, 보겸관(報兼官).

66) 위와 같음. 「토론」, 9월 26일, 문고순영(文告巡營).

재호와 같은 인물로 보이며, 대화면의 김상오는 접장으로 자칭했다고 한다.[67] 이들은 동학을 칭했다고 하나 접장을 칭한 김상오를 빼면 전 좌수, 지관, 진사, 교장, 찰방, 역원 출신으로, 지역의 유력 신분들이었다.

그에 비해 홍천·내면 등지의 농민군 지도자들은 동학 조직의 인물들이 많았다. 앞에서 본 대로 차기석은 5읍의 접주로 불렸으며, 그와 함께 동창에 불을 지르는 데 참가한 박종백도 접주였다. 11월 11일부터 14일까지 내면싸움에서 포살 또는 체포된 농민군 지도자들 가운데 지위가 밝혀진 인물들을 보면 접주 위승국, 접사 심성숙, 성찰 오덕현, 접주 김치실, 접사 박학조, 집강 박석원이었다. 11월 하순에 잡힌 김홍조는 도금찰이었으며,[68] 12월 7일 잡힌 진부의 김성칠은 성찰 겸 초장이었다. 접주·접사·성찰·집강·금찰 등은 모두 동학 조직과 관련된 군사조직체계의 지위였다. 동학 조직에서 접주·도접·접사·강사·강장·교장·교사·교수 등은 포덕시에 쓰는 이름이었으며, 성찰·검찰·규찰·주찰·통찰·통령·공사장·기포장 등은 기포할 때 쓰는 이름이었다.[69]

물론 두 세력 가운데 한 쪽은 지역의 유력자들만이, 다른 쪽은 동학 조직의 간부들만이 농민군 지도자였다고 할 수는 없다. 지역의 유력자들과 동학 조직의 간부들이 서로 섞여 있었을 것이다. 또한 어느 쪽이나 강원도 농민전쟁에서 동학 조직은 농민들을 묶는 데 일정한 역할을 담당했다. 그렇지만 농민군 지도자들의 일정한 차이는 농민군이 드러내 놓고 활동을 시작한 시기나 활동 양상의 차이와 어느 정도 맞물리는 점이 있다. 강릉을 점령한 농민군의 활동은 8월 후반부터 적극 활동에 나선 타지역 농민군 활동의 연장선에서 파악할 수 있다. 이는 강원

67) 「소록」, 『자료대계』, 373쪽.

68) 「토론」, 갑오년 11월 28일, 전령, 내면일삼리집강(內面一三里執綱).

69) 김종익 옮김, 『번역 오하기문』, 역사비평사, 1994, 129쪽.

도 농민군의 활동이 북접의 영향 아래서 이루어졌다고 보는 통상의 이해와는 거리가 멀다. 북접은 9월 하순 무렵에야 활동에 나섰기 때문이다. 반면에 동학 조직 간부들의 역할이 더 강한 것으로 보이는 중부 내륙의 농민군 활동은 북접 동학교단이 움직이기 시작한 시기와 비슷하다. 또한 한 쪽이 강릉부를 점령하고 삼정의 폐단과 지역사회모순을 해결하려는 데 활동의 중심을 두었다면 다른 쪽은 북접의 주력과 합류하려는 의도가 강했던 것으로 볼 수 있다.

다음은 농민군의 활동을 통하여 농민군의 지향이 무엇이었는가를 살펴보자. 강릉부를 점령한 농민군들은 "삼정의 폐막을 고치고 보국안민한다"는 방문을 내걸고 삼정을 임의로 삭감하고 이서배들을 구타했다. 차기석의 농민군이 불지른 동창도 삼정 수탈의 상징처였다. 이를 불지른 것은 군수물자를 보충하려는 의도뿐 아니라 삼정 폐단을 개혁해야겠다는 의지가 반영된 행동이었다고 하겠다. 또 정선에서 농민군은 관아를 점령하고 이방의 목을 베었다. 수탈의 하수인을 징치하려는 것이었다.

보부상도 강원도 농민군의 주요 타격 대상이었다. 접장(接長)제도를 갖추고 있던 보부상들은 1879년과 1881년부터 정부에 의하여 전국적인 조직으로 결성된 뒤 정부의 통제와 비호를 받고 있었다. 각 지역에서 관권을 등에 업은 보부상들의 작폐가 심했고, 같은 처지의 소상인을 침탈할 뿐 아니라 1894년 농민전쟁 때도 봉건권력과 결합하여 농민군 진압에 앞장섰다. 강원도에서도 보부상은 농민군 진압에 앞장섰다. 이러한 보부상들의 반농민적 행위에 대해 차기석 부대는 포목과 어곽, 화우 등 상인의 재물을 빼앗고, 수백 명의 행상을 죽이는 것으로 대응했다.

한편 강릉부를 점령했던 농민군이 영동의 최대 지주였던 선교의 이회원 집을 치려고 했던 사실이나, 요호를 잡아들여 전재와 전답문권을 빼앗고, 곳곳에서 요호를 협박하고 잡아들여 재물을 빼앗았다는 것은 농민군 활동의 주요한 한 축이 반지주·요호투쟁에 있었음을 알려 준다.

강릉부 정동면 이회원의 선교장은 19세기 강릉 경포 일대를 중심으로 북으로는 주문진 일대, 남으로는 묵호, 삼척, 영서의 대화, 하진부에 걸쳐 많은 땅을 소유하고 있던 대지주 가문이었다. 선교장의 이씨가는 영동 일대의 대표적인 양반 지배층이기도 했다. 19세기 어느 시기에 선교장 농지 총면적은 41결 56부 8속으로, 논이 36결 39부 2속이고 밭이 5결 17부 6속이었다. 두락으로 따지면 논이 526석 7두락, 밭이 106석 3두락이었다.[70] 논보다 밭이 많은 강원도지역의 특성을 고려한다면, 논을 밭보다 훨씬 많은 500석락(石落)이나 차지하고 있던 이씨가의 경제력을 쉽게 가늠할 수 있을 것이다. 이러한 선교장의 토지 소유로 이씨가는 영동 일대에서 '만석꾼'으로 불렸다고 한다.

선교장의 땅은 크게 세 지역에 분포되어 있다. 선교지역은 강릉과 정동면을 포함하여 사화면·연곡면·성산면·신리면·구정면·강동면·옥계면 일대이고, 우암지역은 옥계면·망상·묵호·삼척 일대이며, 평창의 대화·하진부에도 토지가 산재해 있고, 충청북도 충주·음죽에도 선산 묘위답이 있었다.

이들 땅에서 생산되는 수확은 지역을 남북으로 나누어 주문진 북쪽에서 생산되는 수확은 북촌(이씨가에서 부르는 주문진 이름)에 저장했고, 강릉 남쪽에서 들어오는 수확은 남촌(묵호)에 저장하도록 했다. 정동(경포 일대)을 중심으로 강릉 부근에서 생산되는 수확만을 본가에서 수납·저장했다.[71] 이러한 토지의 작인은 400여 명이었다.[72]

70) 서병패, 「강릉 선교장의 추수기(터턱쇼턱) 분석」, 『계간서지학보』 3.

71) 이기서, 『강릉선교장』, 열화당, 1980, 52~53쪽.

농민군에 선교장의 작인이 참여했는지는 확인되지 않으나, 강릉 정동면 경포 부근에서 떨어져 있던 대화, 하진부의 작인들이 참여했을 가능성은 있다. 선교장 작인의 직접 참여 여부를 제쳐놓더라도 선교장의 토지 소유나 토지 분포로 보아 농민군이 이회원가를 습격하려고 계획한 것은 영동 일대 최대 지주에 대한 대지주투쟁의 의미를 지닌다.

강원도 농민군의 주력은 어느 쪽이나 요호 지주들의 착취, 지방 관리와 이서배들의 탐학, 보부상들의 작폐, 삼정의 문란, 여전히 남아 있는 신분제의 질곡에 고통당하던 소빈농층이었던 것으로 보인다. 아울러 이들 농민이 겪는 이러한 봉건적 사회모순의 제거가 강원도 농민군 활동의 주요 지향이었다고 할 수 있다. 이러한 점에서 강원도 농민군의 활동은 제1차 농민전쟁은 반봉건투쟁, 제2차 농민전쟁은 반침략투쟁의 성격이 강했다고 하는 도식에서 벗어나 있다.

4. 반농민군의 대응

강릉부를 점령한 농민군을 야습하여 몰아낸 지배 세력은 향회를 열어 방비책을 수립하고, 오가작통법을 실시하여 방비를 엄중히 하는 한편 민정, 포군, 보부상을 조발하여 반농민군을 편성했다.

농민군이 강릉부를 점령하기 전, 평창 쪽의 농민군 동향을 전해 들

---

* 선교장 이회원의 가계

乃蕃(茂卿)—時春(子榮)—亶(繁隱)—┬—龍九(翼翁)—┬—會淑(敬述)—根宇(鏡農, 생부 회원)
1703~1781 1736~1785 1773~1832 | 1798~1837 | 1823~1876 1877~1938
　　　　　　　　　　　　　　　　　| └—會源
　　　　　　　　　　　　　　　　　└—宜九(德韶)—회원(海受:系)—宇(春卿)
　　　　　　　　　　　　　　　　　　1802~1868 1830~1895 1885~1935

72) 주 69)와 같음.

은 강릉부 정동면민들은 8월 25일 인정 검열을 의논하여 425명이 창과 죽창을 들고 모여 검열했다.[73] 정동면은 이회원의 선교장이 있던 곳으로서 보수 세력의 영향이 어느 곳보다 강한 곳이었다. 이날 인정 검열에 참여한 정동면민들은 이회원의 통지를 받고 9월 7일 강릉부 야습에 참여했던 민정이었을 것이고, 이들 가운데는 정동면 일대에 선교장의 땅이 집중 분포되어 있던 사정으로 보아 그 작인들이 다수 포함되었으리라 짐작된다.

강릉부를 점령했던 농민군을 야습으로 몰아낸 강릉 일대의 보수 지배 세력은 좌수 최동집이 중심이 되어 9월 10일 각 면의 유력자들이 향사당에서 향회를 열어 대책을 마련하기로 하고,[74] 9월 11일에는 각 촌의 대민이 강릉부 동대청에 모였으며 이 자리에서 이서배들이 강릉부를 점령했던 농민군을 공궤하는 데 들어간 돈 700냥을 요호들에게 배당하는 것을 논의했다.[75] 9월 15일에 각 요호들이 향사당에 다시 모여 많게는 120냥부터 적게는 25냥씩 60여 집에 분배하여 600냥은 군기를 보수하는 데 쓰고, 700냥은 공궤 때 들어간 돈을 충당하고, 나머지는 군정을 점고할 때 식사비로 쓰도록 했다.[76]

한편 각 면에 전령을 보내 강릉부를 점령했던 농민군이 다시 쳐들어오는 것을 방비하기 위해 오가작통을 철저히 시행하도록 했다. 각 면의 오가작통은 10통으로 양초를 나누어서 대장 2명을 뽑아 9월 13일 점고토록 하고 어기는 자는 군율에 따라 처벌하도록 했다. 그리고 11조의 조약을 만들어 시행토록 했다.[77] 이후 강릉부를 중심으로 한 반농

---

73) 「소록」, 『자료대계』, 369~370쪽.

74) 「토론」, 갑오년 9월 초8일, 향회지위(鄕會知委). 지위를 보낸 면별 인원은 성산면 12, 정동면 16, 남이리면 32, 구정면 17, 자가곡면 20, 북일리면 14, 하남면 12, 사천면 24, 덕방면 10, 북이리면 11, 임계면 6, 남일리면 12, 신리면 14, 연곡면 13이다.

75) 「소록」, 『자료대계』, 378쪽.

76) 위와 같음.

민군 세력은 각 군현·면리의 지배 세력과 기존의 말단 행정 조직체계를 통하여 방위 태세를 점검하고 군정을 충원했다.

방비책을 마련하는 한편 지배 세력은 농민군을 토벌하려고 각지의 군정과 포수 보부상을 조발하여 토벌대를 조직했다. 9월 22일 좌수 최동집 주도로 각 촌의 군정을 강릉 관아 동문 사대 앞에서 점고하고 향중(鄕中)에서 출신 이진석(李震錫)을 중군장으로 추천했다.[78]

한편 정부에서는 9월 26일 그 동안 공관 상태였던 강릉부사에 이회원을 임명하여 농민군에 대한 방비·토벌책을 체계적으로 수행하도록 했다.[79] 그리고 10월 22일 관동소모사를 겸하게 했다. 강릉뿐 아니라 홍천의 농민군 토벌에 공을 세운 맹영재를 9월 26일 소모관에, 9월 29

---

77)「토론」, 갑오년 9월 초9일, 유관(留官), 전령영동각면(傳令嶺東各面).

條約

一. 各饒戶 市上賣米 必以入鼎米 出賣事.

一. 養武養砲 以二百名 定數立直是矣 每朔守城砲武 五十名式 入番料則每名一朔 正租十五斗頒給事 料米段 舊砲廳所屬七百石 近年加屯地林谷彥別里琴山坪 新起畓 卜租收刷事.

一. 各面軍丁 每統二十名式把定 各持鎗銃 今月十七日大點考 而當月一時犒軍 一邑區處供饋上宿之節 自各其統 擔當事.

一. 境內東西南北 嶺隘處防守之節 各自嶺底附近里 而各面各里沿路 結幕守直 如有意外之患 登時馳通 以爲一境通聞 而如有行止殊常者 往來之弊 另加嚴束禁斷事.

一. 軍器雜物中 銃弓矢破不用件 急急改備 而所入物力 自一鄕從公區處事.

一. 中軍一鄕中 以可堪人 擇差嚴束武備 發號施令事.

一. 邑村間 如有離舍之民 自其面其里 摘發毁家 而持去什物 奪取以納於邑中 補用於軍務事.

一. 軍務所用及武砲兩兵放料錢穀 勿入於吏手 以一鄕望重知事之人 擇差二人 句檢吏校只以文書擧行事.

一. 嶺東十五面 各自其洞每戶 各備劒銃 一成規模 各守其洞 夜夜巡警 如有隣里 不虞之變 則合力相救事.

一. 嶺西各面知事頭民 招致曉諭安民 無至離散 使之安接事.

一. 各驛各津各峽里 不受還處 五家作統 二十戶作一隊 該頭民領率來待次.

78)「소륵」,『자료대계』, 378쪽.

79)『일성록』, 갑오년 9월 26일.

일에는 지평현감에 임명했다.[80] 10월 1일에는 횡성현감 유동근을 토포사를 겸하게 했으며, 횡성 출신 의정부 주사 정준시를 소모관에 임명했다.[81]

강릉을 중심으로 한 평창·정선·영월 일대와 봉평·내면의 반농민군 토벌대는 강릉부에서 조직하여 파견한 중군과 각지의 '민보군' 연합부대, 원주에서 파견된 순중군과 일본군 2개 중대로 나누어 볼 수 있다.

10월 22일 강릉부에서는 조발한 군정 100여 명과 함께 보부상 100여 명, 포수 100여 명을 선발하여 중군장 이진석을 우두머리로 삼고 전 감찰 이영찬과 사인 박동의에게 보좌케 하여 농민군 토벌에 나섰다.[82] 이진석의 토벌대는 10월 25일 진부역에서 묵고, 26일 봉평 창촌에 들어가 봉평 포수대장 강위서가 붙잡은 농민군 7명을 효수했다. 이진석의 중군은 대화를 거쳐 정선지방의 농민군을 토벌했으며, 중간에 박동의는 내면 농민군 토벌에 배치되었다. 정선 일대에서 농민군 토벌을 마친 이진석의 중군은 11월 19일 강릉부로 돌아왔다.

11월 9일부터 14일까지 이루어진 내면 차기석 농민군 토벌에 참여한 토벌군은 봉평 포군대장 강위서가 이끄는 포군, 홍천 사인 허경이 이끄는 '의병' 60여 명, 종사관 박동의, 양양의 사인 이석범[83] 이 이끄는

80) 『일성록』, 갑오 9월 29일.

81) 『계초존안』, 갑오년 10월 1일.

82) 「소록」, 『자료대계』, 382쪽.

83) 이석범은 승지 운진(暈晉)의 후손으로 10월 초에 양양에서 활동하던 농민군을 토벌하는 데 앞장섰으며(「소록」, 『자료대계』, 385쪽), 분의군을 이끌고 동생 이국범과 내면 차기석 농민군 토벌에 참가했다. 그 공으로 「동학당정토인록」과 「갑오군공록(甲午軍功錄)」에 이름이 올랐다. 그는 뒤에 한서 남궁이 양양군수로 있을 때인 1906년에 세운 현산학교에 대응하여 쌍천학교를 세워 전통사상을 교육시키려 했으며, 양양지역의 3·1 운동에 지도자로 참가했으며 뒤에 신간회 양양군 지회장을 지내기도 했다(이준연, 「양양지역 항일운동의 민족·민중사적 의미」, 『살아 있는 삶을 위한 역사교육』 2, 푸른나무, 153~161쪽).

별군관과 분의군, 양양의 장혁주, 이석범의 동생 이국범이 이끄는 양양의 분의군병이었다. 앞에서 살펴본 대로 이들 토벌군은 내면을 둘러싸고 사방에서 농민군을 협공했다.

지배 세력은 내면의 차기석 부대를 토벌하는 토벌군의 뒤쪽에 또 하나의 방위선을 만들어 방비를 철저히 하고 토벌에 참가했다. 11월 7일 연곡·신리의 유학 권직현과 유학 최진구를 소모종사관에 임명하여 각 면에서 포궁수 10명씩과 창수 40명씩을 뽑아 궁포창수 100명을 이끌고 진고개와 부연치 요로를 지키도록 했다.[84] 농민군이 추격을 받으면 부연전후치를 경과할 것이므로 미리 방수하려는 의도였다. 11월 8일에는 진부면 속사리 사는 참군(參軍) 홍종우를 소모종사관으로, 방내 사는 홍인범과 하거문리 사는 임원호를 솔군대장으로 임명하여 각각 200명을 이끌고 방내와 모로치, 운두령을 지키도록 했다.[85] 같은 날 도암면 병내(瓶內) 사는 최보경과 이야지 사는 권정문을 소모종사관으로 임명하여 월정가와 횡계를 지키도록 했다.[86] 그리고 토벌이 진행되던 11월 10일에는 연곡면과 영서 각처 점주(店主)들에게 수상한 자가 나타나면 결박하여 잡아올리라고 전령을 보냈다.[87]

토벌군은 주로 조발한 군정과 포군 그리고 일부 보부상으로 이루어졌다. 그 밖에 요호대성의 건장한 노자(奴子)를 징발하거나 각 진민(津民)과 제 역졸(諸驛卒)을 선발하여 토벌군으로 충원하기도 했다.[88] 보부상은 토벌군에 직접 동원되었을 뿐 아니라 군량미를 운반하는 일도 담당하여 반농민군 활동에 앞장섰다.[89]

---

84) 「토론」, 갑오년 11월 초7일, 전령.

85) 「토론」, 갑오년 11월 초8일, 전령, 연곡신리옥계망상(連谷新里玉溪望祥).

86) 「토론」, 갑오년 11월 초8일, 전령, 도암면집강급대소민인(道岩面執綱及大小民人).

87) 「토론」, 갑오년 11월 10일, 전령, 연곡면영서각처점주등(連谷面嶺西各處店主等).

88) 「소록」, 『자료대계』, 384쪽. "十一月 初一日 帖文來到 於是 召募使發令于各村饒戶大姓 使擇壯健奴子各十人應募 爲百餘人 又選各津民及諸驛卒 又差別選軍官 合數百人."

반농민군 세력 가운데 또 하나 관심을 끄는 것은 농상계(農桑稧) 또는 농업계(農業稧)의 존재이다. 농민항쟁 과정에서 '계'가 농민의 조직 기반으로 종종 활용되었으나, 강원도 농민전쟁 과정에서는 오히려 농민군 토벌에 나서려다가 농민군에게 보복을 당하고 있다. 내면 조항리 김영모 등 네 집이 농상계원으로서 창토(倡討)하려다 농민군에게 잡혀 죽임을 당하고 가사와 곡물이 모두 불태워졌다.[90] 이것을 보면 계나 두레가 농민군의 일방적인 조직 기반이었다고 볼 수는 없을 것 같다. 어느 편의 영향이 강한가에 따라 농민군 쪽 기반이 될 수도 있고 반농민군 진영에 설 수도 있을 것이다.

'민보군'의 성격이 강한 지방 토벌군에 비해 11월 3일 내려온 원주 순영중군과 일본군 2개 중대는 훈련된 군대였다. 그리고 이때 함께 온 소모관 정준시는 횡성 일대의 농민군 토벌을 끝내고 이곳으로 내려왔다.[91] 원주 순중군은 영서의 포군을 지휘하여 일본군과 평창·정선 일대의 농민군을 토벌했다. 강릉의 중군도 일본군과 협력하여 농민군을 토벌하도록 했다.

일본군이 강원도에 파견된 것은 농민군의 활동이 함경도 쪽으로 번져 러시아에 출병 구실을 주는 것을 방비하려는 의도였다.[92] 일본은 전

89) 「토론」, 갑오년 11월 초4일, 전령, 부상반수급접장(負商班首及接長). "爲星火擧行事 旌善郡都聚匪徒討滅次 明日早朝 發軍是如乎 負商中以健實者三十名 知委等待 糧米輸運是矣 若或遲滯 班首與接長 難免師律 無敢泛忽 後悔之地 宜當向事."

90) 「토론」, 갑오년 11월 24일, 전령, 내면일리집강급방수도대장(內面一里執綱及防守都隊長). "爲知悉擧行事 卽聞本面鳥項里金榮模等四家 但以農桑稧員 欲爲倡討 反被匪徒之衝火 汁物與穀粮 盡入回燼."

「토론」, 갑오년 11월 28일, 전령, 내면일리집강급방수도대장. "爲知悉擧行事 卽者本面金奇峯鄭萬石等白活內 矣身等父 但以農業稧員 橫被東徒之見捉 活埋致死是如."

91) 「토론」, 갑오년 11월 23일, 도순무영(都巡撫營). "橫城等地 該縣監與召募官鄭俊時率兵討平."

92) 「동학당의 건」, 『주한일본공사관기록』 2, 기밀송 제79호, 248~249쪽.

라도·충청도의 농민군이 강원·함경 쪽으로 도주하는 것을 예방하고 전라도·충청도의 농민군을 서남 방면으로 몰아붙여 포위 공격하려는 방책을 세웠다.[93] 그리하여 보병 제18대대 중의 1개 중대와 10월 15일 용산을 출발하여 이천·장호원·가흥·충주를 지나던 후비보병 제19대대 1중대를 10월 25일 강원도에 농민군 토벌에 투입하도록 했다.[94] 정선·평창·영월의 농민군 주력이 토벌된 후 제19대대 1중대는 강원도를 떠나 11월 18일 문경을 거쳐 이후 상주·남원 쪽으로 나갔으며, 이시모리 대위가 이끄는 제18대대의 1개 중대는 1895년 1월 중순 이후까지 강원도에 남아 있으면서 계속 농민군 잔여 세력을 토벌했다.[95]

농민군 토벌을 마친 뒤 강릉부 관할 농민군 토벌에 들어간 경비는 정조 150석, 백미 20석, 전 3000냥, 합전곡 4525냥이며, 그 밖에 요호들에게 빌려 쓴 것이 630냥, 공금에서 돌려 쓴 것이 3875냥, 화약 사용이 900근, 연환(鉛丸) 사용이 1만 1000개에 이르렀다.[96] 여기에 포함되었는지는 확실치 않으나 선교의 이회원은 강릉부를 점령한 농민군에게 경계를 늦추게 하려고 쌀 100말과 돈 300꾸러미를 보낸 뒤에도 9월

---

93) 「동학당에 관한 건 부순사파견의 건 1」, 『주한일본공사관기록』 1, (48) 공주구원요청과 강원·함경·경상도방면으로의 적도침입 경고, (49) 동로로의 1개 중대 증파문제, (52) 동로로의 1개 중대 증파통고, 164~167쪽 참조.

94) 「각지 동학당정토에 관한 제보고 2」, 『주한일본공사관기록』 6, (3) 각지 전투상보 및 동학당정토책 실시보고서 송부의 건, 63~568쪽.

95) 「동학당정토관계에 관한 제보고」, 『주한일본공사관기록』 1, (27) 영월 등지에 있는 石森 대위에게 보낸 훈령 사본의 송부, 229쪽.

「동학당에 관한 건 부순사파견의 건 2」, 『주한일본공사관기록』 6, (24) 동학당 포록 3인의 인수지시, 19쪽.

"먼저 강원도 지방으로 파견했던 보평 제18대대 중의 1개 중대가 이번에 철수하면서 동학당인 김창규·임재수·김선달 3명을 호송해 온다고 복명, 제18대대 부관 이토(伊藤) 중위로부터 연락이 왔음. 이 포로를 인수하되 전례에 따라 처분해 주시기 바라 이에 말씀 드립니다.

1895. 2. 13. 이노우에 공사 우치다이토(內田一等) 영사 앞"

96) 「토론」, 을미년 정월 초7일, 첩순사.

8일에는 300냥을 내놓아 읍인 수직의 공궤로 삼겠다고 하고,[97] 11월 19일에는 정선지역에서 농민군 토벌을 마치고 돌아온 이진석의 중군에게 정조 100석을 사고곡(私庫穀)으로 나누어 주었다.[98]

농민군 토벌 뒤 '의려(義旅)'로서 「동학당정토인록」에 오른 강원도 인물은 전 사과 이진석(육품강릉의려), 전 감찰 이영찬(강릉의려), 참서 정준시(구품횡성의려), 전주사 김익제(양양의려), 전 출신 김충근(평창의려), 참위 이철화(원주의려장), 유학 최돈민(강릉의려), 최오집(강릉의려), 박동의(강릉의려), 강위서(강릉의려), 이석범(양양의려), 최주하(양양의려), 허경(홍천의려), 이필재·민기명·유덕준·김준수(양양의려), 장혁주(양양의려), 노정수(양양의려), 조재영(관동의장), 민주식·유광채·박훈양·이병조·임노규·유택근·박문양·이난헌·이희문·홍우현·이민상·이학헌(강릉의려)이다.[99] 또 「갑오군공록」에 오른 인물과 공적은 순무별군관 이필영(삼품횡성군수) 납교우금 재차전공(納橋牛金 再次戰功), 관동소모관 김태진(육품인제군수) 초포존휼 각득기의(勦捕存恤 各得其宜), 관동소모진군관전주사 이시영 출의수진 자판군량(出義隨陣 自辦軍糧), 관동소모진군관유학 황기정 출의수진 자판군량, 원주진사 이철화(구품참위) 창모의중 다착비괴(倡募義衆 多捉匪魁), 평창 출신 김충근 형착비괴지성문환(詗捉匪魁之成文煥), 양양유학 이석범 분의모려 영동뢰안(奮義募旅嶺東賴安), 양양유학 이국범 분의모려 영동뢰안, 강릉민보장 이수해 협동의려 격파극적(協同義旅 擊破劇賊), 강릉수교 이진석 추적축북 살획심중(追賊逐北 殺獲甚衆), 전주사 정준시(구품참의관) 모졸포군 순초둔비(募卒砲軍 巡勦屯匪), 평창군교 문도순 종김충근 착성문한(從金忠根 捉成文漢)이다.[100]

97) 「소록」, 『자료대계』, 377쪽.

98) 「소록」, 『자료대계』, 385쪽.

99) 「동학당정토인록」, 『동학란기록』 하, 620~624쪽.

5. 맺음말

강원도 농민군의 활동과 반농민군의 대응을 통해 강원도 농민전쟁의 성격과 특징을 몇 가지로 정리해 본다.

첫째, 흔히 제2차 농민전쟁은 9월 중순 이후에 시작되었고, 강원도의 농민군은 북접의 영향을 받아 움직인 것으로 이해하고 있으나, 실제로 강원도 농민군 활동은 그러한 통상 이해에서 벗어나 있다. 8월 중순부터 평창을 중심으로 활동한 강원도 농민군은 9월 4일 강릉부를 점령했다. 이때는 전봉준이 집강소체제를 벗어나 본격적으로 움직이기 시작한 9월 10일 이전이며, 최시형 중심의 북접 교단 지도부가 농민전쟁에 합류하기로 결정하고 활동에 나서기 시작한 9월 하순에 비해서는 훨씬 앞선 시기였다.

둘째, 1894년 농민전쟁을 이해할 때 제1차 농민전쟁은 반봉건, 제2차 농민전쟁은 반일·반침략투쟁의 성격을 강조하나 강원도 농민군의 활동은 요호 지주들의 착취, 지방관리와 이서배들의 탐학, 보부상들의 작폐, 삼정의 문란에 대한 대응 등 반봉건투쟁의 성격이 더 강했다. 그러나 뒤에 농민전쟁의 큰 흐름에 합류하려는 노력과 일본군의 토벌에 대항하는 과정에서 자연 반외세·반침략투쟁의 성격을 띠게 되었다.

셋째, 강원도 농민군의 활동은 평창·정선·영월·강릉을 중심으로 움직였던 세력과 중부 내륙지방의 홍천을 중심으로 활동했던 세력으로 구분된다. 두 세력은 본격 활동을 개시한 시기나 지도부의 구성, 지향에서도 일정한 차이를 보인다. 어느 쪽이나 동학 조직이 농민들을 결집하는 데 일정한 역할을 했으며, 농민군의 주력은 빈농을 중심으로 한 광범위한 하층농민들이었다. 그러나 평창 쪽 농민군은 지도부가 지

100) 「갑오군공록」, 『동학란기록』하, 713~728쪽.

역의 유력자들이었으며, 8월 중순부터 활동을 시작했고, 봉건질서의 모순을 해결하려는 의도가 강했다. 이에 비해 홍천 쪽 농민군은 동학 조직 간부들의 비중이 더 컸으며, 9월 말부터 활동이 두드러지고 공주 점령이나 서울 진격에 더 관심을 두었던 것 같다. 강원도의 동학 조직은 평창·정선·영월 쪽을 중심으로 확산되었는데, 1894년 농민군 활동에서는 홍천 쪽에 비해 동학 조직 간부들의 참여가 두드러지게 나타나지 않는다. 이는 9월 이전에는 농민군 활동에 부정적인 태도를 보이고 9월 이후에는 반일에 초점이 맞춘 동학교단의 움직임과 연관이 있는 듯하다.

넷째, 강원도의 반농민군 세력은 지주 요호, 봉건 관료와 이서배들이었으며, 그들은 향회, 오가작통법, 기존의 행정 조직체계를 이용하여 농민군의 활동을 가로막고, 군정을 조발하고 포수와 보부상을 동원하여 토벌군을 조직하여 농민군 토벌에 앞장섰다. 강원도 농민군은 향병·민보군의 성격이 강한 지방의 토벌군과 원주에서 파병된 순중군, 일본군 2개 중대에 의해 두 세력이 분리된 채 고립되어 싸워야 했다.

강원도 농민군의 투쟁은 1894년 농민전쟁의 실패와 함께 반봉건·반침략이라는 시대의 과제를 해결하지는 못했다. 그러나 자신들의 생활상의 요구를 실현하고 사회모순을 해결하려는 농민군의 투쟁 정신은 이후 이 지역의 반일·의병투쟁과 식민지 민족해방운동의 역사적 토대가 되었다. 강원도 농민전쟁에 참여했던 농민들과 반농민군 세력들이 반일·의병투쟁과 식민지 민족해방운동에서 어떠한 몫을 담당했는지를 검토하는 일은 이어지는 강원도 지방의 민중운동사 변혁운동사 연구의 출발점이 될 것이다.

황해도지방의 농민전쟁의 전개와 성격

송찬섭(방송통신대 조교수)

1. 머리말

1894년 농민전쟁은 대체로 전라도, 충청도 중심으로 알려져 있으나 최근 연구에 따르면 경상도, 경기도, 강원도, 황해도지방에도 활발하게 일어났다고 한다. 그 가운데 황해도는 당시 북부지방 농민들의 실태와 움직임이 어떠했는가를 보여 주기 때문에 눈여겨볼 필요가 있다.

이 지역에 관해서는 선구적인 연구를 한 이는 한우근이다.[1] 다만 주로 일본측의 자료를 이용하여 일본군의 파견 실태와 토벌 과정을 중심으로 했기 때문에 농민군의 전반적인 활동을 다루고 있지는 않다. 또한 자료의 성격상 양력을 사용하여 일반적으로 음력으로 기록된 농민전쟁의 전개 과정과 결합하여 파악하기 어려운 점이 있다.

그리고 황해도 등 일부 지역이지만 농민전쟁 이후 시기의 농민군 활동을 살펴본 연구가 있다.[2] 그런데 황해도의 경우 농민전쟁은 1894년

1) 한우근, 「동학농민군의 봉기와 전투—강원·황해도의 경우」, 『한국사론』 4, 서울대 국사학과, 1978.

2) 이영호, 「갑오농민전쟁 이후 동학농민의 동향과 민족운동」, 『역사와 현실』 3, 역사비평사, 1990.

에만 한정되지 않기 때문에 이를 통해 이 지역 농민전쟁의 전체 흐름을 파악하는 데 도움이 된다.

황해도지역 농민전쟁은 먼저 시기적으로 보더라도 중심 지역인 전라도, 충청도에서와 같이 제1차 농민전쟁 때 함께 일어나지는 않았으나, 제2차 농민전쟁이 벌어졌던 이해 가을부터 치열하게 일어났다는 점과, 다른 지역이 대체로 1894년으로 진정된 뒤에도 비교적 활발하게 활동했다는 점에서 상당히 주목되는 지역이다. 그러나 앞에서 보듯이 아직 다른 지역에 비해 연구가 미흡하며, 다른 지역의 경우 현지 답사와 새로운 자료의 발굴을 통하여 성과가 계속 축적되는 데 비해 이 지역은 그것이 불가능하기 때문에 어려움이 따른다.

이 글에서는 기존의 연구 성과로부터 도움을 받으면서 한편으로는 아직 이용되지 않은 자료를 다소 활용했으며, 또한 가능한 한 농민군의 활동을 중심으로 구성하여 이 지역 농민전쟁의 실태를 밝히고자 했다.

2. 배경

황해도에서는 개항 이후 1880년 장연, 1885년 토산, 1893년 재령(8월), 황주(11월) 등에서 농민항쟁이 일어났다. 특히 황주는 다음해 1월에도 다시 일어나서 주목되었다.[3]

이 지역도 다른 곳과 마찬가지로 봉건적 폐단이 심했다. 이 지역 농민전쟁 지도자인 임종현은 농민전쟁의 원인으로서 늘어나는 요역(徭役)과 무고한 사람에 대한 형살을 들었고[4] 최유현 등도 전폐(錢弊), 관리

3) 『일성록』, 고종 31년 1월 29일.

4) 「도내각읍유생등단자(道內各邑儒生等單子)」, 『황해도동학당정토약기(黃海道東學黨征討略記)』, 『한국민중운동사자료대계』, 여강출판사, 1986, 545쪽.

탐학, 이예(吏隸)의 간활, 요역의 증가 등을 들었다[5] 또한 지역적으로 이곳은 청의 사신들이 다니는 길목이기 때문에 부담하는 재정도 적지 않았다.[6]

토지를 둘러싼 갈등도 적지 않았다. 특히 황해도에는 궁방전(宮房田)이 많았는데 여기서 많은 폐단이 일어났다. 가령 이해 초에 항쟁이 일어난 황주는 궁결(宮結)의 폐(弊)가 중요한 원인이었는데, 황주에는 수진궁(壽進宮)과 순화궁(順和宮)의 막대한 장토(庄土)가 있었고 1890년경에는 2000여 결이나 덧붙어서 궁결이 해가 거듭할수록 늘어났으며 또한 이에 편승하여 기존의 민결(民結)이 궁결에 편입되거나 구궁장토(舊宮庄土)가 사점화(私占化)되는 양상이었다고 한다.[7]

또한 동학에 대한 통제가 원인이 되었다. 황해도는 남부지방에 비하여 동학이 늦게 유포되었다.[8] 이 지역에서도 마찬가지로 동학은 금단되어 관의 통제를 받았다. 처음에 해주를 공격할 때 농민들이 제시한 민막 가운데 동도(東徒)에 대한 금칙을 풀어 달라는 조항이 들어 있었다.[9]

---

5) 「삼곡유생등단자(三谷儒生等單子)」, 『황해도동학당정토약기』, 547쪽, 삼곡은 해주의 면 가운데 하나이다.

6) 「부도내유생정정부장초(附道內儒生呈政府狀草)」, 『갑오해영비요전말(甲午海營匪擾顚末)』, 738쪽.

7) 김양식, 「고종조 민란연구」, 『용암차문섭교수화갑기념논총(龍巖車文燮教授華甲紀念論叢)』, 1989.

8) 황해도의 동학은 대체로 1886, 1887년에서 1890년경에 전파되었다고 한다(천도교 표영삼 씨 증언). 자료에도 1894년에 들어서 최유현, 정량 등이 보은 장내리로 최시형을 만나자, 최시형은 "북쪽의 교인은 어찌 늦게 나타났느냐?"고 하면서 최유현을 해서수접주로 임명했다(『시천교역사(侍天敎歷史)』 하, 『동학사상자료집』 3, 623쪽). 특히 농민전쟁에 적극적으로 참여한 인물 가운데 농민전쟁 직전에 입도한 경우도 많았다. 가령 팔봉접주 김창수는 1893년(『백범일지』, 서문당), 1896년 장연사건의 주동자인 백낙희, 김계조 등은 1894년 7월에 입도했다고 한다(「김계조초사」, 『중범공초(重犯供草)』).

9) 『갑오해영비요전말』, 729쪽. "厥徒以幾條民瘼 書呈單子 中有東徒禁飭請弛勿問之語 因

당시 황해도 동학도들이 양반과 관의 압박을 적지 않게 받아 온 데 대한 불만이 쌓였으며,[10] 따라서 내부적으로는 봉건적 폐단과 함께 동학 신앙에 대한 허용을 요구하며 봉기에 참여했다고 할 수 있다.[11]

그 밖에 황해도지역에서는 다른 지역과 비교되는 특징으로서 당오전(當五錢)에 따른 피해와 사금광부의 문제가 주목된다.[12] 먼저 이 지역에서는 당오전의 남발에 따른 피해가 많았다. 당오전은 1883년부터 주조했는데 명목가치가 실질가치의 2~3배밖에 안 되는 조악한 화폐였다. 게다가 민간에서도 당오전을 위조함에 따라 물가가 더욱 급등했다.[13] 처음 해주를 공격할 때도 '공전(公錢) 5배의 설'을 칭하면서 등소(等訴)에서부터 일어났다고 하는데[14] 이는 당오전을 말하는 듯하다. 이와 함께 황해도지역에서는 사주(私鑄)가 많이 행해졌다. 문화에서는 사주에 관계하던 자가 동학에 들어가는 모습도 보인다.[15] 다음으로는 황해도 지역의 사금 채굴을 금지한 정책을 들 수 있다. 특히 1893년 사금 채굴을 금지하자 먹고 살 길을 잃은 자들이 도당을 체결하여 스스로 동학당이라고 칭했다고 한다.[16] 이 때문에 사금 채집 광부는 농민군의 절반을 구성할 정도로 많았다고 한다.

題以民弊邑瘼 方今痛革 以至於東學 則朝令旣禁斷 不容不嚴禁."

10) 김구, 『백범일지』, 38쪽.

11) 「시천교역사」 하, 『동학사상자료집』 3, 634쪽. "當此之時 教徒之煽動 究其原因 一由於欲伸先師之冤 一由於官吏誅求民不聊生之致."

12) 토벌에 참가한 일본군의 보고에 따르면 봉기에 참여한 비도는 주로 외국인을 혐오하는 자, 강·절도 기타의 범죄자, 생계가 궁한 실업자, 지방관을 원망하는 자, 당오전이 1문(文)이 되는 바람에 손실을 입고 분노하는 자, 사금광부 등으로 구성되었다고 했다(『황해도동학당정토약기』, 528쪽).

13) 도면회, 「화폐유통구조의 변화와 일본금융기관의 침투」, 『1894년농민전쟁』 1, 1991.

14) 「부도내유생정정부장초」, 『갑오해영비요전말』, 738쪽.

15) 『사법품보(司法稟報)』, 1896년 1월 30일 해주부관찰사 보고, 110쪽. 전판(錢板)을 만든 박승화는 동도에 들어가고 다른 사람들이 계속 만들다가 잡혔다.

16) 『황해도동학당정토약기』, 528쪽.

밖으로는 개항 이후 일본과의 교역에 따른 피해, 특히 이해 일어난 청일전쟁이 큰 영향을 미쳤다고 하겠다. 가령 황해도지역도 쌀 생산지였으므로 일본 상인이 곡식을 많이 사들였다. 그러면서 이들은 사들인 쌀을 세금 없이 반출해 달라든가 방곡령(防穀令)을 금지시켜 달라고 요청하기도 했다.[17] 반면 각지에서 주민들은 이들이 쌀을 사들여 운송하는 것을 저지하려는 움직임도 보였다.[18] 또한 군수를 운반한다는 구실로 황해도지역의 주민들에게 협조 요청을 했는데 여기에 대한 반발이 심했다.[19] 일본에 의한 전선 가설에도 불만을 가지고 절단하는 사례도 나타났다.[20]

게다가 청일전쟁이 일어나면서 황해도는 전쟁의 피해를 많이 입었다.[21] 특히 일본군은 그 뒤 계속 주둔했으므로 여기에 대한 반발이 심했다. 심지어 9월에는 서흥에 진주한 일본군 제5사단에서 부사 홍종윤이 청군과 내통했다는 명목으로 잡아 두기도 했다.[22] 일본군이 황주에 주둔하자 목사와 병사가 도망했으며 부하 병정에게 명령하여 일본군에게 총을 쏘기도 했다.[23]

일본군에 대한 반발은 이들이 농민전쟁 과정에서 농민군을 진압했기 때문에 더욱 격화되었다. 일본군과 결탁한 지방관에 대해서도 격렬하게 저항했다. 농민군 진영에서 음력 11월에 띄운 경통(敬通)을 보면 황

17) 『일안(日案)』 3, 『구한국외교문서』 3, 고종 30년 11월 12일(12.19.), 544쪽 등.

18) 『일안』 3, 고종 31년 9월 20일(10.18.), 97쪽.

19) 『일안』 3, 고종 31년 8월 14일(9.13.) 및 8월 17일(9.16.), 53쪽.

20) 9월 들어 황해도 관찰사 정현석이 봉산 동선령 전선을 절단한 장원석을 효수했다고 계를 올렸다(『일성록』, 고종 31년 9월 9일).

21) 가령 황해도 감영에서 청일 양 진에 댄 비용만 하더라도 2만 2398냥 4전 2푼이었다고 한다(『첩보존안(牒報存案)』, 1895년 1월 30일).

22) 『각도등보존안(各道謄報存案)』 9월 3일조 ; 『고종시대사』 3, 1894년 9월 12일조, 617쪽 ; 『일안』 3, 고종 31년 9월 2일, 78쪽 등 참조.

23) 『일안』 3, 고종 31년 8월 20일, 64쪽.

해감사 부자가 왜와 함께 해주, 강령의 동학도 100여 명을 살해했음을 들어 총궐기하고자 했다.[24]

황해도 농민전쟁은 뒤늦게 일어났지만 다른 지역에서 진압된 뒤에도 1895, 1896년까지 끈질기게 전개되었는데 거기에는 이와 같이 여러 가지 원인이 결합되었기 때문이다.

3. 농민전쟁의 전개 과정

(1) 초기 농민전쟁(1894년 9월~12월까지)

1894년 9월에 들어 농민군의 움직임이 드러나기 시작했다. 9월(10월 - 괄호 안은 양력을 가리킨다. 이하 같음)에 들어서 황해감영에서는 "여러 군의 동도가 점차 늘어나서 특히 산곡에 무리를 짓는 자가 많았다"고 하면서 경계를 취했다.[25] 이것은 앞에서 보듯이 농촌에서 몰락한 유민이나 광산노동자들을 일컬으며 이들 사이에 동학이 전파되었기 때문이라고 보인다.

최초로 농민군이 활동한 날짜는 9월 말이라고 한다. 황주에 있는 일본 병참사령관의 전문에 따르면 동학당 수만 명이 장연에서 일어나 9월 27일(10.25.) 해주성에 들어가서 군기를 빼앗고 감사 김춘희를 협박했으며, 각 촌 엽수(獵手) 800명이 여기에 가담하여 성문을 지키고 장차 황주로 향할 것이라고 했다.[26] 이때의 기록은 단편적인 것이어서 정확한 실상을 말하고 있는지 알기 어렵다.[27] 다만 다음에 나오는 활동과

24) 『황해도동학당정토약기』, 541쪽 경통.

25) 『갑오해영비요전말』, 9월조, 729쪽.

26) 「동학당의 해주 내습 상황의 전보(轉報)」, 『일안』 3, 고종 31년 11월 4일, 164쪽.

날짜에 착오가 있지 않았는가 한다.

농민군 활동이 자세히 나타나는 것은 10월부터였다. 10월 6일(11.3.) 농민군 수만 명이 해주 서쪽 취야시(翠野市)에 모였다. 이때의 주도 인물은 임종현이며 동학교단의 직접적으로 연결된 것은 아니었던 것 같다.[28] 이들은 처음에는 등소의 형식을 취했다. 감영에서 모인 까닭을 물으니 이들은 몇 개조로 된 민막을 올렸다. 그 가운데 동도금칙을 하지 말아 달라는 등의 내용이 있었다. 그러나 감영에서는 민막은 지금 혁파하고 있다고 하고, 동학에 대해서는 아직 조정에서 금지하고 있어서 들어 주지 못하겠다고 했다.[29] 농민들의 요구는 사실상 거부당한 셈이었다.

일단 여기서 농민군은 물러났다가 다시 모였다고 한다. 아마도 그 사이에 앞으로의 대책을 논의했으며 그 결과 봉기를 결정했던 것 같다. 이들은 다시 모여 먼저 강령현에 들어가서 현감을 공격하고 군기를 탈취한 다음 여세를 몰아서 감영을 공격했다. 농민군은 관청을 파괴하고 군기를 빼앗았으며 문서를 태우고 중군, 판관 등 관리를 구타했다. 그리고 감사를 강제로 끌어 내고 감영을 장악했다.[30]

이들은 해주를 점령한 다음 어떠한 활동을 했는지는 자세히 알 수 없다. 일단은 해주성을 굳게 지키면서 감영을 장악하고 통치했던 것 같다. 그 일환으로 이들은 황해감사를 비롯하여 각 현의 장을 선정했다.[31] 가령 농민군에게 나온 도록을 보면 임종현이 감사로, 성재식이

---

27) 가령 김춘희는 6월 26일 평안도관찰사에서 황해도관찰사로 임명되었지만(『고종실록』 중, 고종 31년 6월 26일, 494쪽), 그 뒤 곧 정현석이 7월 1일자로 임명되었으며(『갑오해영비요전말』, 729쪽), 김춘희는 7월 14일 병조참판에 임명되었으므로(『일성록』, 고종 31년 7월 14일조) 처음부터 관찰사로 부임하지 않았다.

28) 이영호, 앞의 논문, 196쪽.

29) 『갑오해영비요전말』, 10월 6일, 729쪽.

30) 위와 같음.

강령현감, 이용선이 안악군수, 최득수가 해주판관, 그 밖에 중군, 병졸 등에 대한 인명까지 기록되었다고 한다.[32] 이를 본다면 황해도의 통치 체계와 군사조직을 나름대로 구성했음을 알 수 있다. 관에서도 이 점을 모반의 증거로 삼았듯이 이러한 계획은 황해도 일대를 장악하려는 의도임을 잘 보여 준다.

실제로 해주를 점령한 뒤 다른 지역으로 세력을 확대하고자 했다. 해주 점령 기간 동안 농민군의 활동이 두드러진 곳은 금천, 평산, 서흥, 봉산, 재령 등 해주 북동부지방이다. 이 지역은 중요한 교통로이어서[33] 청일전쟁 과정에서 일본군의 군수 때문에 인민들의 피해가 많았던 곳이거나 일본군, 일본인의 쌀 구입으로 인해 마찰이 있었던 곳이다.

그러다가 봉기가 일어난 뒤 이 지역에서는 일본군, 일본인에 대해 직접 공격을 했다. 재령에서는 10월 26일(11.23.) 양곡 매입을 위하여 파견되었던 일본군 이리에(入江) 소위 일행을 이곳에서 동학당 2000여 명이 공격했다.[34] 10월 28일(11.25.) 재령의 해창에서는 일본군의 군량을 사 모으던 일본 상인 5~6명을 농민군 1000명이 습격해, 2명은 피살되고 나머지는 도망했다고 한다.[35] 평산 부근에서도 동학당이 나타나 금천병참부에서 평산의 총수병참부로 보내는 양식을 탈취했다고 한다.[36] 평산 북쪽 10리 지점에서 공사중이던 일본 기수들이 300여 명의 동학당에게 피습받아 금전과 갖가지 물품을 모두 약탈당했다.[37]

---

31) 『황해도동학당정토약기』, 532쪽.

32) 『갑오해영비요전말』, 11월 28일조, 736쪽.

33) 이 지역은 금교도의 주요 역인 홍의·금암·보산·안성·용천·검수·동선·소곶·경천·단림 등이 지나가는 곳이다(허선도, 『한국군제사 근세조선전기편』, 육군본부, 1968, 554쪽).

34) 「황해도 동학당 정토상황」, 『주한일본공사관기록』 3, 1894년 11월 24일, 303쪽.

35) 「재령의 군량미매집일인 六倉등 피살경위와 동흉도장나벌요구」, 『일안』 3, 고종 31년 11월 3일, 163쪽. 사료에는 난민으로 기록되어 있으나 당시 실상으로 봐서 농민군을 일컫는다고 하겠다.

36) 「평산부근 동학당 양식 탈취」, 『주한일본공사관기록』 3, 1984년 12월 1일, 384쪽.

이들은 독자적인 세력인지 해주에서 파견되었는지는 잘 알 수 없다. 그러나 11월 1일(11.27.) 해주에서 평산 방향으로 적이 계속 온다는 보고가 금천, 개성 각 사령관으로부터 있었던 점이라든가[38] 해주를 점령한 농민군이 장차 황주로 향할 것이라든가[39] 11월 말 금천에서 평산으로 파견된 일본 수비병은 해주로부터 오는 적을 경계시켰다고 하는 등[40]을 볼 때 해주를 거점으로 하여 파견되기도 했던 듯하다.

이처럼 해주 중심으로 농민군의 세력이 강했다. 11월 10일(12.6.) 스즈키(鈴木) 소대가 해주로 들어가서 판관에게서 들은 바는 해주 부근의 인민은 모두 동학당이며 남으로는 녹산, 송림 쪽에서 강령, 서로는 옹진, 장연, 죽산 등 북으로는 송화, 신천, 문화 등 황해도의 3분의 2가 동학당이라고 했다.[41]

그리고 다른 지역에도 농민군이 활동했다. 가령 풍천의 경우 10월 27일(11.24.)에는 농민군 수천 명이 이곳을 점령했다가 며칠 뒤 대부분의 동학당은 해산하고 풍천부의 동학당만 둔소(屯所)를 각 관청으로 정하고 기거했다고 한다.[42] 따라서 일본인 아라키 마쓰히라(荒木松平)라는 자가 목탄(木炭) 매판(買辦)을 위하여 풍천으로 왔다가 살해당하기도 했다. 재령에는 성만기를 두목으로 하여 모여 있던 2000~3000명이 10월 29일(11.26.)경에는 해산했으며, 이 무렵 안악에서도 산곡조(山谷組)라고 하는 동학당이 일본군과 싸웠는데, 이들은 재령과 해주 관청도 습격했다고 한다.[43]

---

37) 「동학당초토휘보」, 『일청전쟁실기』 14편 ; 한우근, 앞의 논문, 주 62) 참조.

38) 「충청·황해도 동학당 정토상황」, 『주한일본공사관기록』 3, 1894년 11월 27일, 304쪽.

39) 「동학당의 해주 내습 상황의 전보」, 『일안』 3, 1894년 11월 30일, 164쪽.

40) 「황해도 동학당 정토상황」, 『주한일본공사관기록』 3, 1894년 11월 29일, 308쪽.

41) 『황해도동학당정토약기』, 501쪽.

42) 「황해도 동학당 정황에 관한 보고」, 『주한일본공사관기록』 3, 조선개국 503년 11월 30일, 255쪽.

그러나 일본군이 파견되면서 농민군은 큰 타격을 입었다. 재령, 평산 등지의 농민군은 일본군의 습격을 받고 인명을 손실당하고 흩어졌다. 상황이 불리한 것을 깨닫고 해주의 농민군은 일단 점령한 지 한 달 만에 해주성을 물러났다. 11월 6일(12.2.) 그간 감사 역할을 했던 임종현은 감사 정현석에게 자리를 물려주겠다는 통보를 한 다음 다음날 농민군은 동서로 부대를 나누어 해주성을 빠져 나갔다.[44]

갑자기 해주성을 내주게 된 이유는 잘 알 수 없다. 다만 11월 4일 감사의 아들 정헌시의 방문(榜文)과 격문(檄文)이 붙었고,[45] 성을 빠져 나간 지 사흘 뒤 11월 10일(12.6.) 일본군 영목부대가 해주에 들어온 것으로 보아[46] 관군과 일본군의 공격을 의식했던 것으로 보인다.

특히 당시 일본은 농민전쟁이 일어나자 이를 조선 침략의 기회로 보았으므로 군대를 파견하여 농민군의 토벌을 직접 맡았다. 관군도 이 무렵에는 이미 일본군에 의존적인 입장을 취하고 있어서 10월 6일(11.3.) 해주성이 함락되자 감영에서는 바로 금천에 있는 일본 병참부에 구원병을 요청했다.[47] 게다가 황해도는 이미 일본군이 주둔해 있고 일본인이 직접 공격을 받았기 때문에 적극적으로 토벌에 나섰다. 아울러 농민군이 청과 연계했거나 대원군이나 민비 쪽에서 사주한 것으로 보고 경계했다. 곧 토벌대는 대원군, 또는 민비 쪽에서 농민군에게 보낸 서류가 있으리라고 짐작하고 이 서류를 압수하는 데 관심을 기울였다.[48]

당시 황해도에는 황주, 봉산, 검수, 총수, 금천 등지에 수비대가 있

---

43) 「재령지방 동학당정황보고」, 『주한일본공사관기록』 3, 1894년 11월 28일, 306쪽.

44) 『갑오해영비요전말』, 11월 6일, 732쪽.

45) 『갑오해영비요전말』, 730~732쪽.

46) 『황해도동학당정토약기』, 499쪽.

47) 『갑오해영비요전말』, 10월 6일, 730쪽.

48) 「충청·황해도 동학당 정토상황」, 『주한일본공사관기록』 3, 1894년 11월 26일, 27일, 304쪽.

었다. 그리고 그 밖에 경기도 개성과 평안도 어은동의 남부병참부에서 지원했다.

처음 해주지방 농민군이 일어나고 군수품 마련을 위해 재령에 보냈던 일본군이 피습당하자 일본 특명전권대사 이노우에 가오루(井上馨)는 병력을 동원하기로 하고 이를 외무대신 김윤식에게 전보로 알렸다.[49] 그에 따라 평양수비대에서 보병 1중대, 용산에서 1소대, 그리고 다른 병참부에서 약간을 파병하기로 했다.

이로써 10월 28일(11.25.) 황주병참부로부터 반 소대(半小隊), 봉산검수로부터 반 소대가 재령 안악으로 떠났고, 해주로부터 평산 방면으로 동학당이 집결해 있다는 보고에 따라 황주, 금천의 일본수비대로부터 따로 한 부대가 평산 방면으로 출동했고 일본 제1군참모장 및 평양수비대 참모장이 보낸 구원병으로 보병 약 100명이 11월 2일(11.28.) 재령으로 떠나게 되었다.[50]

용산수비대는 11월 1일(11.27.) 어은동의 복원병참부에서 재령 부근의 동학당이 평산 부근에 나타났으므로 토벌하라는 명령을 받고 수비병 1소대(40~50명 정도)를 이끌고 용산을 출발했다.[51]

이들은 적은 병력이기 때문에 동학당을 토벌하고 우두머리를 체포할 수 없으므로 먼저 한 쪽을 격파하여 그 세력을 꺾은 뒤에 그 수괴를 체포하고 중요한 문서를 찾아내려고 계획했다.[52] 특히 황해도에서 거병한 시기는 제2차 봉기가 시작되는 때였다.

때문에 일본은 전국적인 차원에서 농민군의 제2차 봉기에 대하여 무력으로 탄압했으며 황해도에서도 이곳 관의 입장에 관계 없이 병력을

49) 주 35) 참조.

50) 한우근, 「동학당에게 습격당하다」, 『일청전쟁실기』 11, 381쪽.

51) 『황해도동학당정토약기』, 491쪽.

52) 한우근, 앞의 글, 384쪽.

보내어 토벌하고자 했다. 일본군 파견은 농민군 활동에 큰 타격을 주었다.

아무튼 점령 농민군이 물러나면서 토벌군에 의해 보복 행위가 저질러졌다. 11월 17일 접주 민원장, 민경순, 이제석 등이, 22일에는 백신배, 접주 조해증 등 많은 지도부가 효수당했다.[53)]

그러나 해주를 물러난 뒤에도 농민군에게는 계속 이곳이 공격의 중심 대상이었다. 해주를 물러난 뒤 이들은 일본군의 습격을 직접 받지 않는 옹진, 강령 등지에 진을 쳤던 듯하다. 11월 11일(12.7.) 농민군 수백 명이 강령의 남쪽 반 리 떨어진 고현장(古縣場)에 모여 강령으로 나아가려고 했는데 해주에 주둔한 일본군의 공격을 받고 흩어졌다.[54)] 송림, 녹산 방면에서도 농민군 수천 명이 모여 다시 해주를 습격하려는 움직임이 있었다. 이들은 11월 12일(12.8.)에 해주 취야장에 모여 해주를 습격하고자 하여 일본군과 취야장에서 싸움이 벌였는데 여기서 농민군이 패배했다.[55)]

농민군은 다시 해주 동쪽 평산, 배천, 연안 등지에 집결하여 동서에서 해주를 협격하려 했다.[56)] 그러나 이들은 연안부사 이계하(11월 2일자로 해주판관으로 임명됨)의 설득에 넘어가 해산하고 말았다.

이 무렵 외읍에서의 싸움도 주로 서쪽에서 벌어졌다. 신천의 농민군은 11월 13일(12.9.) 평양 일본군과 의병장인 신천진사 안태훈과 싸웠다.[57)] 강령도 이때 함락되어서 11월 13일 이곳에서 농민군과 감영 교졸 50명과 일본군의 공격을 받았다. 강령(11월 11일 보고, 11월 19일 재차

---

53) 『고종시대사』 3, 670쪽, 680쪽.

54) 『황해도동학당정토약기』, 502쪽.

55) 『황해도동학당정토약기』, 505~506쪽.

56) 『황해도동학당정토약기』, 509쪽. 당시 연안·해주 간에도 400~500명의 동학당이 있었다고 한다(『주한일본공사관기록』 3, 318쪽).

57) 『갑오해영비요전말』, 733~734쪽.

공격), 송화, 문화, 평산, 조니진, 오차진, 용매진(이상 11월 13일 보고), 수영(11월 15일 보고), 배천(11월 21일 보고) 등도 이때 함락되었다.[58] 11월 19일에는 농민군 수천 명이 강령을 공격했고,[59] 11월 20일(12.16.) 무렵에는 해주 죽천에 최서옥이 이끄는 농민군 5000명이 있었다고 한다.[60]

11월 하순에 해주를 중심으로 농민군이 크게 일어났다. 창의소가 세워지고 통문을 돌려 농민군을 모았다. 11월 23일(12.19.) 해안수접주가 평산수접주에게 보낸 통문을 보면 농민군의 봉기 상황과 목표를 잘 알 수 있다.[61] 곧 해주 서쪽 10여 읍이 봉기하여 5~6만 명이 집결했는데 취야 북쪽에 진을 치고 서쪽의 길을 끊어서 서쪽 일대를 장악하면서 농민군을 확대하겠다는 것이었다. 그리고 평산수접주 아래의 각 포에서도 봉기하여 해주의 동쪽을 끊고 그 밖에 연안, 배천, 평산, 금천 등지의 농민군이 해주를 포위하려는 것이었다. 감사 부자가 일본군과 더불어 해주, 강령의 동도 100여 명을 살해했으므로 감사 부자를 체포하는 데 목표를 두었다. 또 이들은 청국과 연계할 것을 주장했다. 지금 청병이 평안도에서 일본군을 공격하려고 하므로 이에 맞춰 농민군도 봉기하여 감사 부자의 머리를 베어 청나라진에 바치고자 했다.

그러나 이날 새벽에 취야의 농민군은 감영의 포군 100명과 일병 50명의 공격을 받았으며 여기서 피해를 입은 농민군은 다시 11월 24일(12.20.)경 수만 명이 해주 서쪽 30리 안현에 모였다.[62] 이들은 일본군이 감영을 떠나는 틈에 성을 치려고 했다.

---

58) 이상 『갑오해영비요전말』, 733~735쪽 참조.
59) 『계하각아문장본존안(啓下各衙門狀本存案)』 규17246－2, 11월 28일조.
60) 『갑오해영비요전말』, 734~735쪽. 감영에서는 유생 김이현을 보내 귀화하도록 했다.
61) 『황해도동학당정토약기』, 541쪽, 경통.
62) 『갑오해영비요전말』, 11월 24일, 735쪽.

이때부터 다시 싸움이 벌어졌다. 11월 25일(12.21.)에는 감영에서 포군 200명을 보내 안현으로 향하여 적을 공격했으며 성을 굳게 지키면서 연안의 일본군에 보고하여 구원하도록 했다.

11월 27일(12.23.)에는 해주 남쪽과 서쪽 산상의 동학군과 해주에 진주한 일본군 사이에 싸움이 벌어졌다.[63] 이때 농민군은 주로 보은을 다녀온 접주들이 중심이 되었다는 점에서[64] 교단과 상당히 관계를 가지고 봉기했던 것으로 보인다. 농민군은 약 3만 명이었으며 재령, 신천, 문화, 장연, 옹진, 강령 등지 동학당이 총집결했다.[65] 당시 농민군의 구체적인 상황은 해주성문 밖에 6000~7000명, 10리쯤 떨어진 곳에 1만 명, 30리쯤 떨어진 취야장에 1만 3000~4000명이 모여 있었다고 한다. 이들은 새로이 모은 산포수를 전대(前隊)로 삼고 진격했는데 성의 서쪽 선녀산 연하동 등지에 둔취하며 성외 장당현으로 진격하여 성중을 내려다보았다. 이때 관군측은 일병 60명, 영포(營砲) 200여 명과 감영에 소속된 각종 하급서리 등이었다.[66] 여기서도 농민군은 패배하고 물러났으며 이 싸움으로 농민군 세력은 매우 약해졌다. 그러나 11월 30일(12.26.) 평양에서 내려오던 신임 감사가 재령에서 농민군에게 포위되었듯이[67] 아직도 외곽에는 농민군이 세력을 떨치고 있었음을 알 수 있다.

농민군은 외곽에서 계속 싸움을 벌였다. 11월 30일에는 은율 농민군이 서북 지역의 장연(長連)을 공격했다.[68] 12월에는 풍천, 서흥, 봉산 등지에서 싸움이 벌어졌다. 12월 11일(1.6.)경에는 서흥 홍수원 근처에

---

63) 『갑오해영비요전말』, 11월 27일, 736쪽.

64) 김구, 『백범일지』, 38쪽.

65) 『황해도동학당정토약기』, 512쪽.

66) 『갑오해영비요전말』, 11월 27일, 736쪽.

67) 『갑오해영비요전말』, 11월 30일, 737쪽.

68) 「황해도 동학당 정황에 관한 보고」, 『주한일본공사관기록』 3, 1895년 1월 15일, 257쪽.

서, 그리고 불명확하지만 이 무렵 봉산 냉정에 사는 박 접주, 노 접주, 신원천 등이 이끄는 농민군과 싸움이 있었다. 12월 10일(1.5.)에는 농민군이 봉산에서 30리쯤 떨어진 정방산을 습격하여 무기를 빼앗았다. 그러나 12월 12일(1.7.)에는 황주병참부와 봉산후비대의 공격을 받고 패배했다. 봉산의 은파에도 250여 명의 농민군 부대가 있어서 일본군과 싸웠다. 아직 해주 부근과 재령, 신천 등지에도 농민군이 있었다고 한다.[69)]

특히 12월에 들어서 농민군의 세력이 다시 커졌다고 할 정도였다. 총수에서 동남쪽에 있는 누천동에 와서 방문을 게시했고 그곳에서 30~40리 동쪽에 있는 백천리에 모였으며, 또한 이들은 12월 24일(1.19.)에는 평산을 내습한다는 소문까지 돌았다고 한다.[70)]

그러나 그 뒤 일본군도 늘어나고 관군의 병력이 늘어나면서 농민군은 밀려 흩어지게 되었다. 12월 말(1월 말) 즈음해서는 해주와 이 일대가 거의 이전 상태로 돌아갔다고 한다.[71)] 은율의 경우에도 농민들이 읍내를 완전히 장악했다가 수령이 교체되면서 12월 말에서 1월 사이에 반격을 받고 농민군은 쫓겨 갔다.[72)]

69) 「풍천·서흥·봉산 등지 동학당 토벌 전황에 관한 坂井 대위의 보고서 송부의 건」, 『주한일본공사관기록』 6, 1895년 1월 13일, 10~13쪽.

70) 「동학당의 평산 부근 집결과 평산부사의 원병 요청에 관한 보고」, 『주한일본공사관기록』 6, 1895년 1월 19일, 9쪽.

71) Mrs. A. E. Bunker, *Korean Repository*, Seven Months Among the Tong Hak, 1895. 6. ; 한우근, 앞의 논문, 393쪽.

72) 본래 은율현감은 박제홍이었는데 그는 11월 22일자로 파출당했다(『각도등본존안』, 11월 22일조). 그 뒤 이현학이 부임했는데 그는 부임한 지 18일 만에 농민군을 해산시키고 처벌했다고 한다(『보고』). 일반적으로 지방관이 부임하기까지 한 달 정도 시간이 걸린다고 보면 그는 12월 말에 부임했고 1월 중순경에 농민군을 제압했다고 볼 수 있다.

(2)1895년 이후 활동

황해도는 다른 지역과는 달리 1894년이 넘어서면서도 농민군 지도부 등 주요 세력이 보전되었다. 특히 문화 구월산을 비롯하여 해주 수대산,[73] 재령 장수산[74] 등이 중요한 거점이 되었다. 이 때문에 1895년 들어서도 싸움이 계속되었다. 중요한 싸움을 살펴보면 다음과 같다.

1895년 1월(2월)에는 서흥 남쪽 50리 대석교동에 모여 서흥을 습격하려고 하여 일본군과 싸움이 벌어졌다.[75] 이 무렵 봉산 화포 이원조가 재령 농민군 수백 명을 이끌고 봉산 사리원에 돌입하기도 했다.[76] 이러한 활동은 2월에도 계속 이어졌던 것 같다.[77]

또한 이 무렵 중요한 세력이 문화 구월산에 들어갔다.[78] 이들 가운데 1000명이 2월 13일 신천읍에 내려와서 공격했으며,[79] 2월 23일에는 수천 명이 장연군을 공격했으며,[80] 문화읍도 공격했다.[81] 감영에서는 이

---

73) 이곳에서는 임종현의 화포영장이었던 김선장이 주로 활동했다(『기안(起案)』 규17277-2).

74) 1895년 9월 13일 판결에 따르면 이곳에서는 윤덕여를 대장으로 하여 김운성·맹소회 등이 활동했다고 한다(『기안』 규17277-2).

75) 「서흥 동학도토벌에 관한 보고」, 『주한일본공사관기록』 3, 1895년 2월 27일, 248쪽.

76) 『첩보존안』, 1월 27일 ; 『기안』 규17277-2, 1896년 9월 9일, 9월 11일.

77) 이 때문에 2월에 대거 기포했다고 전하기도 한다(『천도교창건사』 2, 158쪽).

78) 『첩보존안』, 2월 15일. "又牒匪徒巨魁盡數屯聚於文化九月山."
「보고내부(報告內部) 음력 3월 30일」, 『문화비요대개(文化匪擾大概)』. "九月山은 卽本郡主山而山邃谷多하야 不逞之徒가 每多據險隱跡故로 素稱要害而 去年東徒之所以屯結作藪 半載作梗이 良有以也."
김창수의 경우도 문화의 구월산 밑에 사는 정덕현, 우종서 등이 찾아와서 이들을 모주(謀主), 종사(從事)로 임명한 다음 구월사 패엽사로 이동했다. 문화접주 이동엽도 이때 구월산에 들어왔다(『백범일지』, 40쪽).

79) 『첩보존안』, 2월 17일.

80) 『첩보존안』, 3월 26일.

81) 「보고해부(報告海府)」, 『문화비요대개』. "去二月 二十四日夜에 黨賊 金炳哲等이 率砲軍四五百ᄒᆞ고 蕩掠官邑之事는."

때문에 다급하게 일병의 파견을 요구했다.

어쨌든 1895년 3월경 대대적인 토벌이 행해졌다. 중앙에서도 3월 강화병이 파견되었고[82] 이미 파견된 일본군과 함께 농민군을 토벌했다.

토벌군과 가장 크게 싸운 곳은 해주를 중심으로 하는 옹진, 강령 지역이었다. 3월 초(3월 말)에는 해주의 서쪽 강령과 옹진 두 곳에서 동학도가 일본군과 싸움을 벌였고, 그 뒤 해주 송림을 근거지로 하는 농민군이 일본군의 공격을 받아 싸움을 벌였고, 이들은 옹진으로 빠져 나가 추적하는 일본군과 3월 10일경에 싸움을 벌이면서 밀려 나갔다.[83] 송화에서도 3월 7일과 10일 농민군 1000여 명이 일본군과 싸움을 벌여 패배했다.[84] 이런 과정에서 농민군의 세력은 줄어들었으며 귀화한 무리들도 많았던 것 같다. 강령에서 수십 명을 잡아서 효수하고 다른 수만 명은 회유하여 귀화했다고 하고, 백낙희도 봄에 귀화했다고 하고, 전양근이라는 자도 동학도들이 귀화하는 과정에서 자기도 귀화했다고 한다.[85]

이 무렵 이러한 귀화 과정에서 동학도에 대한 처벌을 완화하려는 시도가 있었다. 가령 4월 중순에는 황해도감사가 당시 체포한 동학도에 대해서 다음과 같이 4등급으로 나누어 처분하라고 명령을 내렸다. 첫째 이름 있는 거괴는 모두 경성에 호송할 것, 둘째 본심으로 또는 잘못 생각해서 동학도에 가담했던 자로서 진심으로 회개해서 귀순을 원

82) 『첩보존안』, 3월 26일.

83) 「해주·옹진 방면 동학도 정토 보고」, 『주한일본공사관기록』 7, 1895년 4월 8일, 285쪽. 『천도교창건사』, 159쪽에서도 "익년(1895) 2월에 다시 대거 기포했다가 마침내 강화병 수천과 강령에서 교전하다가 함몰을 당하니 사자 수만에 달했다"고 하는 것으로 보아 해주를 비롯한 강령, 옹진 일대에서 가장 큰 싸움이 벌어졌다고 보인다.

84) 「장연부사의 전투보고 전달」, 『주한일본공사관기록』 7, 1895년 4월 10일, 290쪽. 자료에는 임화(林禾)라고 표기되었으나 송화를 가리키는 것으로 보인다.

85) 「전양근초사(全良根招辭)」, 『중범공초』.

하는 자에 대해서는 다음과 같이 처분할 것, 셋째 그들 중 가산과 가족이 없어 도둑질을 할 우려가 있는 자는 부근 각 도서(島嶼)에 나누어 배치해서 징역에 처하고 그들 중 가산과 가족을 갖고 있어서 양민이 될 것이 확실한 자는 보증인을 세우게 하고 타이른 다음 석방할 것, 넷째 강제로 동학도에 끌어들여진 자로서 그 정상이 용서될 만한 자는 타이른 다음 석방할 것 등이다.[86)]

그러나 여기에 대해서 일본군은 임종현 등 중심 인물이 잡히지 않았기 때문에 두번째 이하 사항을 실시할 경우 포획의 효과가 없을 뿐 아니라 이들이 곧바로 다시 모여서 관민을 괴롭힐 것이라고 하면서 이러한 처분에 대하여 반대했다.[87)]

4월 1일(4.25.) 보고에 따르면 임종현, 원용일, 정관운 등이 가족을 이끌고 종적을 감추어 각 지방이 매우 조용해졌다고 한다.[88)] 아직 봉산의 은파와 사리원 등지에서 적은 무리들이 출몰한다는 소문이 있기는 하나 일단은 진정이 되었으며 재연의 우려는 없다고 보았다. 그러면서 각지에서 토벌은 계속되었다. 가령 5월 12일 문화, 은율 등지에서는 일본군이 농민군 잔여 세력을 체포했다고 보고했다.[89)]

그러나 그 뒤에도 농민군의 활동은 산발적으로 일어났다. 7월 중순(8월 말)에는 황주 부근에서 농민군이 다시 일어나는 징후가 보인다고 했다.[90)] 실제로 7월 21일(9.9.)에는 황해도 접경인 평안도 상원군에서 농민

---

86) 「동학당 간부의 체포 보고 및 처분권」, 『주한일본공사관기록』 7, 1895년 4월 12일, 288쪽.

87) 「체포된 동학도 처분에 관한 의견」, 『주한일본공사관기록』 7, 1895년 4월 13일, 289쪽.

88) 「어은동과 사리원일대 동학도의 동정보고」, 『주한일본공사관기록』 7, 1894년 4월 25일, 294쪽. 사료에는 임쇼산, 원류이찌 등으로 나타났으나 이는 임종현, 원용일이라고 생각된다.

89) 「은율과 문화에서 동학도 체포」, 『주한일본공사관기록』 7, 1895년 5월 12일, 297쪽.

군 600명이 군수를 습격했고, 7월 26일(9.14.)에는 외국총을 휴대한 40여 명의 농민군이 민가에 난입했으며, 이날 밤 농민군 600명이 상원 동남 약 50리 지점에 집결했다.[91] 7월 29일(9.17.) 평산 북쪽 안성에서는 이중칠이, 평산 남쪽지방에서는 오돌고가 봉기한다는 소문이 있었고, 곡산(?)의 석현접주 임종은 80여 명을 거느리고 봉산의 도덕리를 거쳐 남쪽으로 향해 갔다.[92]

7월 30일(9.18.)에는 도주하는 농민군 가운데 일부가 장수산성으로 들어갔다.[93] 이는 도피의 목적도 있었으나 산성의 위치로 볼 때 해주를 엿보려는 의도가 있다고 하겠다. 당시 장수산성의 무리는 모두 82명으로 무기와 군량 등을 은전으로 매입하여 민의 전곡을 침탈하지 않았으며 스스로 청병의 앞잡이라고 일컬었다. 이들에 뒤를 이어 다음날 봉산군 봉의포접주 기가(奇哥)라는 자가 산성에 들어갔다. 그리고 일본군의 보고에 따르면 근방리(봉산으로 추정됨)에서 일시 흩어졌던 농민군이 다시 봉기, 그들이 연안·평산·배천 등지에 출몰하리라는 풍설이 있었는데 이들은 구월산에 근거를 두고 앞서 상원에서 장수산으로 몰려간 자들과 합세한 것이 아닌가 추측했다.[94] 이들은 8월 초 해주를 습격하려 했다고 한다.[95] 그러나 장수산의 농민군은 7월 30일 또는 8월 12일(9.30.) 해주 관병이 포위하여 공격하자 평안도로 도망했다고 한다.[96]

---

90) 「해외시사, 조선, 동학당의 재연」, 『일청전쟁실기』 39, 1895년 9월 17일 ; 한우근, 앞의 논문, 395쪽, 주 78).

91) 「해외시사」, 위의 글, 40, 1895년 9월 27일 ; 한우근, 앞의 논문, 395쪽, 주 79).

92) 「해외시사」, 위의 글, 41 ; 한우근, 앞의 논문 주 81). 이중칠은 그 뒤 체포당하여 군부로 압송되었다(『기안』 규17277－2).

93) 위의 글, 42 ; 한우근, 위의 논문, 주 80).

94) 위의 글, 41 ; 한우근, 위의 논문, 주 82).

95) 「황해도의 적세 보고」, 『주한일본공사관기록』 7, 1895년 9월 26일, 325쪽.

96) 『궁내부안』 규17801, 1895년 8월 15일 ; 「해주관병의 장수산적 격퇴통보」, 『일안』 3, 고종 32년 8월 15일, 345쪽.

9월 14일에 의하면 장수산성의 우두머리 윤덕여와 나머지 무리인 김운성, 맹소회를 처벌했다고 한다.[97]

1896년 들어서도 농민군의 봉기가 있었다고 한다. 1월 24일(2.18.) 보고에 따르면 다시 농민군이 봉기하여 현재 해주에 둔집하여 관찰사가 도망가기까지 했다고 한다.[98]

또한 산포를 중심으로 한 잔여 세력의 활동도 계속되었다. 가령 1896년 1월에는 백낙희가 산포를 조직하여 김창수, 김형진 등과 함께 장연을 습격하여 군기를 탈취하고 이어서 해주와 각 읍을 점령하려는 계획을 세우기도 했다.[99] 또한 1896년 1월 산포들이 창의하여 군읍을 밟고 장차 해주를 향한다고 하면서 문화를 먼저 치기도 했다.[100]

그 밖에 강달조라는 자는 1895년 겨울부터 접주가 되었다가 1896년 이후 신천접주 원용일과 더불어 장수산에 들어가서 활약했다.[101]

그 뒤에도 잔여 세력들은 소멸되지 않았다. 1899년 2월에는 동학 여당이 다시 기포한다는 보고가 들어왔으며,[102] 4월에는 재령·신천 등지에서 임종현, 원용일 등이 다시 기포하려고 했다고 한다.[103]

---

97) 『기안』 규17277－2.

98) 「함경·강원·황해도의 폭도상황 보고」, 『주한일본공사관기록』 8, 1896년 2월 18일, 215쪽.

99) 「백낙희공초」, 『중범공초』. 백낙희는 1894년 7월 입도하여 교장(敎長)이 되었다가 1895년 봄에 귀화했다. 1895년 11월에는 김재희가 산포도반수, 백낙희가 명사반수가 되었다. 1895년 12월 12일에는 김창수와 김형진을 방문했고, 김형진이 청을 다녀온 뒤, 김형진은 평안 전라 황해 삼도도통관이 되고, 백낙희는 장연선봉장이 되어 거사를 준비했다. 백낙희가 잡힌 뒤 각처 산포들이 장연군을 치고 백낙희를 빼앗겠다고 할 정도로 산포 세력이 남아 있었다(『기안』 규17277－2).

100) 「음력 정월 30일 적비작경후보해부서(賊匪作梗後報海府書)」, 『문화비요대개』. "本郡境內之地에 鉛軍山砲之各處來會者 號曰 數千餘名而 藉稱倡義하고 大張兵勢하야 聲言踏平郡邑하고 將向海州而 不日先擊本邑云."

101) 『사법품보』 6, 1896월 1월 27일.

102) 『일신(日新)』, 1899년 4월 27일.

4. 반농민군 세력

황해도 농민군의 봉기를 들은 중앙에서는 처음에는 별도로 경군을 파견하지 않았다. 처음 9월에 농민군이 모여들 때 감영의 병력이 없었으므로 여러 읍에 명령하여 토포하도록 하고 한편으로는 정부와 탁지부에 보고하여 우선 포(砲)를 설치하고 군량을 마련한다는 뜻으로 재차 첩보했는데 아무런 연락도 못 받았다고 한다.[104] 이는 아마도 정부에서는 6월 일본군의 경복궁 점령 이후 국가체제가 어지러웠다는 점과, 남쪽지방의 농민군 동향에 더욱 시급했기 때문에 상대적으로 이 지역에 대해서는 등한시했다고 보인다.

그 뒤 해주가 함락되고 감사 정현석은 10월 6일 본가의 아들 정헌시에게 사람을 보내고 난 뒤 금천 일본 병참부에 원조를 구하도록 했다.[105] 정헌시는 금천으로 향했고 사람을 모아 11월 4일 성중 길벽에 몰래 방문을 걸어 이미 삼남지방의 농민군이 무너지고 교주 최시형이 도망했으며 남은 무리들도 귀순했다면서 항복하도록 유도했고 각 군에는 격문을 돌렸다.[106] 11월 2일 뒤늦게 정부에서는 순무영으로 하여금 병영과 진에 연락하여 토벌하도록 하고, 11월 4일(11.30.) 정현석에게 책임을 물어 파면하고 평안도 선유사 조희일을 임명했으며, 해주판관 이동화도 파출하고 연안부사 이계하를 임명했다.[107] 감영 쪽에서는 이때 농민군에 대해 곧 경군이 초토하러 올 테니 너희들이 항명하여 저항하겠느냐고 위협하면서 해산시키려고 했으나, 실제로 경군은 이때

103) 앞의 책, 1899년 4월 15일.
104) 『갑오해영비요전말』, 9월조, 729쪽.
105) 『갑오해영비요전말』, 10월 6일, 730쪽.
106) 『갑오해영비요전말』, 10월 6일, 730쪽.
107) 『갑오해영비요전말』, 11월 9일, 732쪽.

오지는 않았던 것 같다. 그만큼 중앙에서는 이 지역에 대해 염두에 두기 어려웠기 때문일 것이다. 중앙병이 파견된 것은 그 뒤 남부지방에서 농민전쟁이 끝난 뒤인 1895년 3월로, 심영병(沁營兵) 150명이 토벌하러 가서 주로 해주를 중심으로 농민군을 수색·소탕했다.[108] 그 전에는 다만 접응관 홍재준, 소모관 이규진, 그리고 일단 토벌하고 난 다음에는 선유사(宣諭使) 등 중앙 관리들이 파견되었을 따름이었다.[109]

감영에서 의존하는 것은 주로 포군이었다. 처음 해주성이 함락되었을 때 각 군현에 각기 산포수 수십 명, 가까운 읍은 10일 내, 먼 읍은 12일 내 성외에 도착하도록 하라고 했으며[110] 병영에서도 포군 가운데 50명을 뽑아 보냈다.[111] 그 뒤 포군 응모자가 모여들자 경군의 복장을 모방하여 조련했는데[112] 이는 경군처럼 보이고자 했던 듯하다. 실제로 신천군 산포수 노제석은 70여 명을 모아 농민군 토벌에 공을 세웠고,[113] 감영 포군 좌영장 기인덕, 우영장 한용건 등이 공을 세웠다고 한다.[114] 이들은 일본군 작전에 함께 참여하기도 했다.[115] 실제로 봉산에서는 1894년 10월부터 1895년 9월까지 재정 가운데 포병의 방료(放料)가 큰 비중을 차지하고 있다.[116]

그러나 일본군 없이는 관군의 태도는 소극적이었다. 일본군이 지닌 화력에 압도당하면서 관의 입장에서도 자연스럽게 일본군에 의존했다. 일본군이 있어야만 농민군의 활동을 막을 수 있다고 보았다. 그리하여

108) 『첩보존안』, 3월 26일.
109) 『첩보존안』, 1월 9일, 4월 3일.
110) 『갑오해영비요전말』, 10월 5일, 732쪽.
111) 『고종시대사』 3, 고종 31년 11월 2일조, 661쪽.
112) 『갑오해영비요전말』, 1894년 11월 20일조, 735쪽.
113) 『갑오해영비요전말』, 11월 14일, 734쪽.
114) 『첩보존안』, 1895년 2월 15일.
115) 『첩보존안』, 1895년 1월 13일.
116) 『평리원내거문』 규17883, 1899년 10월 5일.

1894년 11월 27일 싸움에서 해주에서 농민군을 패퇴시킨 뒤에도 일본군 주둔 병력이 적다고 더 늘여서 초멸하도록 요구했으며, 1월에도 일본군 100명이 몇 개월 주둔해야 농민군을 귀화시키고 황해도를 안정시킬 수 있다고 일본군에 요청을 하기도 했다.[117] 농민군의 공격이 있으면 곧바로 일본군에 병력을 요구할 정도였다.[118]

따라서 관군은 토벌보다는 해산에 비중을 둔 것 같다. 일본군의 보고에 의하면 지방관들이 동도(東徒)인 강도를 두려워한 나머지 토벌하지 않고 타일러서 해산시킨다는 명분을 빌려 방임했다고 한다. 감사 조희일은 오히려 동도를 체포하지 말도록 명했다.[119] 조희일의 입장에서는 해산을 원칙으로 했던 것 같다.[120] 여기에 대해 평산부사 이창렬은 적극적으로 토벌하자는 입장이었다.[121] 이창렬이 감사의 조치에 반발하여 토벌에 나서자 그를 해임하기까지 했다.

또한 감사는 동학 지도자를 이용하여 농민군을 설득하고자 했다. 가령접주 차모(車某)에게는 농민군을 설득하려고 순회하는 관리를 인도하

---

117) 『첩보존안』, 1895년 1월 13일.

118) 『첩보존안』, 1895년 2월 16일, 22일.

119) 「평산부사 유임건에 따른 진정원서 별지 보고」, 『주한일본공사관기록』 3, 1895년 3월 6일, 253쪽. "해주감사 조희일 연안부사 이계하 이 두 사람은 동도를 친호(親好)하여 동도를 체포하지 말도록 본 읍 의병 및 저(평산부사 이창렬)에게 명령했는데."

120) 이창렬에 대한 고과에서 "平山府使李彰烈者 儒東相爭盍思解紛"이라고 하여 중(中)을 매겼다(「황해도 동학도토벌상황과 평산부사 유임건」, 『주한일본공사관기록』 3, 1895년 2월 28일, 252쪽).

121) 「황해도 동학도토벌상황과 평산부사 유임건」, 『주한일본공사관기록』 3, 1895년 2월 28일, 252쪽. "유독 평산부사 이창렬은 이를 반대하여 지난 겨울 이래 그 관내에서 봉기한 동도를 토멸하는 데 열심히 진력하여 아병의 조력에 의거하여 여러 번 모집한 의병으로서 소탕하고 혹은 포박한 동도의 거괴를 참살하여 효수하는 등의 조치가 적지 않았습니다."
이창렬은 1894년 9월 평산부사로 임명되었으며 후영장(後營將)의 직임까지 맡았다(『각도등본존안』, 1894년 9월 15일조).

는 일을 맡기고 나중에는 별장(別將)으로 채용하기까지 했다고 한다.[122] 동학 지도자인 강령읍에 거주하는 현오위장(玄五衛將) 및 장수산성 별장을 부장(部將)으로 삼아 영중(營中)에 배치했다고 한다.[123] 따라서 감사가 이러했으므로 각 부사, 감사, 현감들도 이 방침을 좇아 방임했다고 한다. 가령 소탕에 나선 일본군 부대가 농민군의 총대장격인 임종현을 포박하도록 조회했는데도 아무도 나서지 않았다고 한다.[124]

그러나 이는 반드시 동학도를 두둔해서는 아닌 듯하다. 가령 『첩보존안』에 따르면 여러 읍에서 농민군이 활동하는 데도 곡산부사 외에는 소탕에 나서지 않는다고 감사가 보고했다.[125] 이는 현실적으로 이들의 세력이 세기 때문에 회유책을 쓸 수밖에 없다고 생각된다.[126]

그 밖에 황해도에서도 농민군 토벌을 위한 의병이 결성되었다. 신천에는 진사 안태훈이 포군 70명과 촌민 100여 명을 모아 공을 세웠다. 평산에서는 부사 이창렬이 적극적으로 의병을 모집했기 때문에 의병활동이 활발했다고 한다.[127] 이에 따라 평산에서는 의병장 민영룡, 이진배, 대장 김병무, 신우인, 조재영, 윤치방, 백원규, 고봉주, 김상음, 김영만 등이 활동했다.[128]

---

122) 『주한일본공사관기록』 3, 1985년 2월, 215쪽.

123) 『주한일본공사관기록』 3, 1985년 2월 9일, 253쪽.

124) 『주한일본공사관기록』 3, 1985년 2월 28일, 251쪽. 자료에는 임모라고 나왔으나 임종현이라고 보인다.

125) 『첩보존안』, 1895년 2월 2일.

126) 「남참발갑 제10호 황해도 동학당정황에 관한 보고」, 『주한일본공사관기록』 3, 1895년 1월 15일, 254쪽. "부사 현감의 행동거지를 보건대 지방에 병비가 없기 때문에 곤란과 고달픔이 이에 이르지 않는 것이 없었어도."

127) 「황해도 동학도토벌상황과 평산부사 유임건」, 『주한일본공사관기록』 3, 1895년 2월 28일, 252쪽. "유독 평산부사 이창렬은 이를 반대하여 지난 겨울 이래 그 관내에서 봉기한 동도를 토멸하는 데 열심히 진력하여 아병의 조력에 의거하여 여러 번 모집한 의병으로서 소탕하고."

128) 『첩보존안』, 1895년 2월 15일.

그 밖에 수안에서는 퇴교 권성돈이 공을 세웠으며,[129] 곡산의 경우 중군 노준선, 하리 박명응, 이상민, 경저리 박춘근 등이 참여했다.[130]

그러나 토벌을 목적으로 만들어졌으나 민간에서 많은 폐단을 일으켰기 때문에 조정에서도 일단 목적을 달성한 다음에는 의병을 철파했다.[131] 그리고 대신 농민군을 진압 또는 귀화한 뒤에 기구를 두어 농민군의 활동을 통제하고자 했다. 가령 은율과 안악에서는 읍민 내에 보민계를 설치했으며[132] 문화에서는 총무계(銃武稧)를 설치했다.[133] 이들은 일반 민정(民丁)도 있으나 아전과 장교의 자제라든가 은퇴한 관속 등으로 이루어졌다.

5. 황해도 농민전쟁의 성격

(1)농민군의 조직

①지도부

황해도 농민전쟁에 참여한 자들은 두 부류로 나눌 수 있다. 첫째 당시 황해도에도 동학이 보급되면서 조직이 갖추어졌는데[134] 이들 가운데는 직접 동학교단과 연결된 인물이 있다. 곧 최유현, 오응선, 정량,

---

129) 『첩보존안』, 1895년 1월 27일.

130) 『첩보존안』, 1895년 2월 2일.

131) 「보고내부 음력 3월 30일」, 『문화비요대개』. "昨夏因朝令輟罷義兵之後에 餘戒不無ㅎ와."

132) 『보고』; 『독립신문』, 1898년 1월 21일.

133) 「보고군부(報告軍部) 음력 2월 6일」, 『문화비요대개』.

134) 가령 접주, 접사, 도강, 도영장(都領將), 영장(領長), 교장 등의 직위가 갖추어져 있다(『주한일본공사관기록』 3, 258쪽 및 7권 288쪽).

김창수 등은 최시형을 만나 직접 접주로 임명되었다.[135] 특히 최유현은 최시형으로부터 해서수접주로 임명되었다. 『백범일지』에 의하면 삼남에서 향응하라는 경통이 잇달아 오고 접주들이 모여 거사하기로 하고 각처에 경통을 띄웠다고 하듯이, 이들의 활동은 교단의 영향을 상당히 받았다고 보인다.

반면 동학이라는 조직을 이용하려는 입장을 지닌 인물이 있다. 임종현, 김명선, 원용일, 김영하 등으로서 이들을 위동학당(僞東學黨)이라고 분류되었다.[136] 이들은 스스로 자기 휘하에 접주를 임명하기까지 했다.[137] 이들과 함께 처음 해주성을 점령할 때 임종현과 함께 지방관으로 임명된 이용선, 성재식 등도 주목된다.

이 가운데 가장 주목되는 인물은 임종현이었다. 그는 해주성을 처음 공격하고 점령했으며 감사를 칭할 정도였다.[138] 또한 정현석이 파면당하고 11월 4일 조희일이 신임 감사로 왔을 때 그는 도내 각 읍의 유생 대표로서 이전 감사가 요역을 늘이고 무고한 사람을 형살했다고 하면서 새 감사가 이런 문제를 고치려고 하여 무기를 수영(水營)에 납부하고 물러나겠다고 했다.[139]

그러나 임종현은 그 뒤에도 계속 활동했던 듯하다. 그의 활동은 잘 드러나지 않으나 일본군은 그의 행적에 대해서는 계속 추적하고 있었다. 가령 1894년 12월경의 자료를 보면 "임종현이 방금 문화 달천(達泉)에 머무르고 있다"고 보고하고 있다.[140] 또한 1895년 2월 개성부 병참사령관이 이노우에 공사에게 다음과 같이 보고하고 있다.

---

135) 『시천교역사』 하, 624쪽.

136) 『황해도동학당정토약기』, 531쪽.

137) 가령 문화접주 이동엽도 임시로 임종현에게서 차첩(差帖)을 받았다고 한다(『백범일지』, 44쪽).

138) 『갑오해영비요전말』, 11월 28일조, 736쪽.

139) 주 4) 참고.

"해주에 출장하여 동도 토벌에 종사하는 우리 대장으로부터 동도의 거괴 임모라는 자의 포박을 각 부사·군수·현감 들에게 조회했는데도 하나도 그 수단을 취하는 자가 없었고 이것을 힐책하면 인민들이 후환을 두려워하여 그를 포박하는 자가 없다고 발뺌할 뿐, 흡사 강건너 불구경처럼 보는 거동을 취하는 데 만족해 하기 때문입니다."[141]

여기서 임모는 바로 임종현을 가리킨다. 그는 지방관이 두려워할 정도로 비중 있는 인물이었다.

또한 앞에서 보듯이 1895년 4월 동학도에 대한 처벌을 완화하려는 시도가 있었을 때도 일본군은 임종현 등 중심 인물이 잡히지 않았기 때문에 두번째 이하 사항을 실시할 경우 포획의 효과가 없을 뿐 아니라 금세 다시 모여서 관민을 괴롭힐 것이라고 이러한 처분에 대하여 반대한 것이나, 그가 도피하고 나자 각 지방이 모두 조용해졌다는 보고는 그의 비중을 말해 준다.

원용일도 임종현과 거의 함께 활동한 점으로 봐서 성격은 서로 비슷한 듯하다. 그도 1895년 4월 임종현과 함께 도피한 뒤 1897년 말 또는 1898년 초에 다시 신천·재령에서 김유영 등과 함께 활동했으며[142] 1900년에는 재령·신천 등지에서 임종현과 함께 백성들을 선동하여 봉기하려 했다가 군대가 파견되자 두 사람은 강원도 등지로 다시 빠져나갔다고 한다.[143]

아무튼 황해도가 지닌 지역적인 특성을 이용하여 도피했기 때문에 이들은 농민전쟁을 거치면서도 체포되지 않고 그 뒤에도 활동을 계속

140) 「황해도 동학당정황에 관한 보고」, 『주한일본공사관기록』 3, 1895년 1월 15일, 258쪽.

141) 「황해도 동학도토벌상황과 평산부사 유임건」, 『주한일본공사관기록』 3, 1895년 2월 28일, 251쪽.

142) 「외방통신」, 『독립신문』, 1898년 1월 21일.

143) 『일신』, 광무 4년 3월 15일.

할 수 있었다.

한편 해주성 공격에 참여하고 지역 지배에 참여했던 인물들을 보자. 이용선은 해주의 대부호인 이자성의 아들로서 해주성을 점령할 때 감사 정현석을 결박하고 절월(節鉞)과 인부(印符)를 빼앗았으며[144] 그 뒤 농민군으로서 안악군수의 직책을 맡았다. 따라서 농민군이 해주성을 빠져 나간 뒤에도 그는 체포의 대상이었다. 그러나 그가 잡히지 않자 대신 그의 아들 내외를 처형할 정도였다. 그러나 그는 부를 기반으로 하여 곧 영양군수를 지내고[145] 다시 장연군수로 부임했다.[146] 그는 동학 도라기보다는 지방 토호로서 정치적 욕구를 가지고 농민군 지도부가 되었다고 보인다.

성재식은 해주성 점령 뒤 강령군수의 직책을 맡았다가 그 뒤 해주성을 빠져 나간 뒤 고양으로 가다가 강령군수 유관수에게 붙잡혀서 순무영으로 끌려갔다는 기록만이 남아 있어서[147] 그의 활동은 잘 알 수 없다.

황해도 농민전쟁의 주요 인물은 1920년에 펴낸 『시천교역사』에는 임종현·김유영·원용일·한화석·최유현·오응선·김응종·성재식·방찬두 등이, 그리고 그 뒤 1933년에 펴낸 『천도교창건사』에는 임종현·오응선·최유현·원용일·김익균·정량·곽홍·방찬두·김기영·한화석·김사영·이익련·신석권·김낙천·이규서·김재홍·김유영·윤종경·성재식·김하영 등이 나온다. 양쪽 자료에 모두 나오는 인물에게 비중을 둔다면 임종현·오응선·최유현·원용일·김유영·한화석·성재식·방찬두 등이라고 하겠다. 이들 가운데 확인되는 인물로서는 최유현 오응선을 제한다면 대

144) 『독립신문』, 1897년 8월 21일 잡보.

145) 『독립신문』, 1897년 4월 10일.

146) 읍민들이 서울에 올라와서 내부에 청원서까지 냈고 내부에서도 이용선이 흉악한 것을 분명히 알면서도 듣지 않았다고 한다(『독립신문』, 1897년 8월 12일 잡보).

147) 『갑오해영비요전말』, 12월 1일, 737쪽.

체로 임종현과 관련된 인물이다.

②참여계층

농민군에 참여계층은 앞에서 보았듯이 농민 외에도 유민, 광부, 상인층, 하급서리 등 다양했는데, 대체로 일반인들이어서 순수한 동학도들은 비중이 높지 않았다고 보인다.[148] 동학도들이 기포한 뒤에 이른바 '불항지류(不恒之類)'가 참여했다든가,[149] 심지어 동도라는 자들도 밖으로 도인의 이름을 빌려 속으로 겁략하려는 생각을 품은 자들이라고 일컬어지기까지 했다.[150]

농민군은 먼저 지역의 농민들이 중심이 되었다. 따라서 부대를 군현별로 구별했으며 때로는 여러 군현의 농민군이 한 목표를 두고 함께 활동하기도 하고 군현별로 움직이기도 했다. 가령 10월 27일 풍천을 공격할 때는 여러 군현의 부대가 함께 나섰으며, 11월 30일 장연을 공격할 때는 은율의 농민군 부대였다. 장연사건의 주모자인 백낙희도 이해 7월에 동학에 입도한 뒤 해주기포에 직접 참가했다.[151] 이처럼 농민들이 읍의 경계를 벗어난 것은 동학의 조직을 활용했기에 가능한 것이었다.[152]

그러나 농민군의 주력 부대는 산포(山砲)였다. 본래 포군은 관포(官砲)로서 관에 등록되어 관의 통제를 받았다. 일상시에는 농업에 종사하다가 유사시 동원되는 반관·반민적 성격을 띤 지방의 무장조직이었다. 지도부에서는 봉기를 일으키면 경군과 왜병이 파견되어 이들과 접전이

148) 『사법품보』, 1896년 3월 23일, 118쪽. "蓋此匪類은 聚則賊黨이요 散則民庶라."

149) 『보고』.

150) 「부도내유생정정부장초」, 『갑오해영비요전말』, 737쪽.

151) 「백낙규초사」, 『중범공초』.

152) 『보고』. "또 東徒에 投入ᄒᆞ야 掃蕩隣邑ᄒᆞ고."

일어날 것이라는 점을 염두에 두고 동학도 가운데 총이나 다른 무기가 있는 사람은 그것을 모두 수집하여 군대를 편제하기로 했다. 대표적인 것이 해주 팔봉접주였던 김창수의 포였다. 김창수는 그 자신이 산골 출신인 데다 상민인 까닭에 그의 접에는 산포수들이 가장 많았다고 한다.[153] 이들은 총기까지 직접 지니고 있었으므로 전투에 바로 참가할 수 있었다.

따라서 이들을 별도의 부대를 편성하여 중요한 싸움에 적극 활용했다.[154] 농민군이 처음 해주성에 들어갔을 때도 각 촌 엽수 800명이 가담했다고 하며, 그 뒤에도 해주를 공격할 때도 전위가 되었다.[155] 그리고 일본군의 보고에 의하면 산곡조라는 것이 있어서 안악, 재령, 해주 등지에서 관청을 습격하고 일본인과 싸우기도 했다고 한다.[156] 이들도 무장이 잘된 부대로서 산포일 가능성이 크다. 농민전쟁이 끝난 뒤에도 농민군 잔여 세력으로서 산성 등에서 근거지를 잡고 활동한 자들은 산포와 같이 무장력이 있는 자들이었다.[157]

이들은 일반 농민들과 달리 그들간의 결속력이 강하기 때문에 1896년 초에는 장연 산포를 중심으로 해주, 안악, 문화 등지의 세력을 모아 해주부를 소탕하고 나아가 청병과 함께 서울까지 점령하고 새로운 왕을 세울 것까지 계획했다.[158]

153) 『백범일지』, 38쪽.

154) 『천도교창건사』 하, 159쪽 "軍器軍物을 奪取하고 各地 銃砲軍(獸獵砲手)을 募集하야 紅衣를 着하고 軍勢를 정돈하야 列邑을 진격할세."

155) 김창수의 포는 해주 공격 때 선발대를 맡았다고 한다(『백범일지』, 39쪽). 따라서 11월 27일 해주 공격 때에도 농민군의 피해는 산포 20명이 죽었다고 하듯이(『갑오해영비요전말』, 11월 27일조, 736쪽) 이들이 대부분이었다. 또한 토벌군들도 이들을 위험시하여 잡힌 자 가운데서도 일반인은 바로 풀어 주었으나 포수 5명은 목을 매달았다(위의 책, 11월 28일조).

156) 「재령지방 동학당 정황보고」, 『주한일본공사관기록』 3, 1894년 11월 28일, 306쪽.

157) 『사법품보』, 1899년 3월 6일. "山砲卽 東徒餘黨."

또한 화포 부대를 이끄는 화포영장에 대해서도 살펴볼 필요가 있다. 해주의 동도중군장이라는 정군행과 화포영장 김선장·이용선, 운율의 동도화포라는 조승찬·사명철, 문화에서 활동한 김병철·김치명·안순재, 장연의 오양선, 송화의 강성일·강운경·김재식·박원중, 봉산의 장용구, 장연의·백낙희·전양근·백기정 등의 인물이 나온다.

그런데 이러한 인물이 앞의 『시천교역사』나 『천도교창건사』에는 안 나오는 이유는 동학 내에서 직위가 낮거나, 동학도라기보다 농민이나 산포수 등의 신분으로서 농민전쟁에 적극 참여한 인물이었기 때문일 것이다. 가령 김창수의 화포영장 이용선의 경우는 함경도 정평 출신의 행상이었는데 총술이 능하여 맡았다고 한다.[159]

그러나 포군이 지닌 반관적 성격 때문에 관이나 지방의 지배 세력들이 이들을 이용하여 토벌대로 활용했다. 농민군 가운데 관이나 사족에 의해 쉽게 설득되는 경우도 다른 계층보다 이들이었을 가능성도 있다.[160]

농민군의 수는 해주를 공격할 당시 관군 보고에는 모두 약 3만 명이라고 한다.[161] 그러나 농민군지역 근거지가 확인되지 않고 활동지역만 나타나기 때문에 농민군이 봉기한 정확한 지역과 그에 따른 농민군 숫자는 파악하기 어렵다. 앞에서 언급했듯이 '황해도의 3분의 2가 동학당'이라는 표현을 믿는다면 농민군의 수는 매우 많았다고 하겠다. 이는 또한 순수한 동학도라기보다는 일반 농민들의 참여가 중심이 되었음을

---

158) 「백낙희초사」, 『중범공초』.

159) 『백범일지』, 45쪽.

160) 가령 장연 농민군은 신감사가 설유하여 의용병이 되었다고 한다. 해주 정군행이라는 자는 동도중군장으로서 산포를 모았다가 농민전쟁이 끝난 뒤에는 산포 여당을 모아 서교화포를 설치했다고 한다(「황해도거래안」, 『각사등록』 25, 345쪽). 이러한 변신도 이들의 불안정한 모습을 말해 준다.

161) 『갑오해영비요전말』, 11월 27일, 736쪽.

표현한다고 보인다.

(2)농민군의 의식과 활동

농민군의 격문이나 슬로건 등이 나타나지 않아서 전반적으로 이들의 목표나 지향에 대하여 알기 어렵다. 따라서 이들의 활동을 통하여 살펴볼 수밖에 없다.

먼저 이들은 봉건권력에 대해 직접적으로 싸웠다. 가장 주된 공격 대상은 지방관청과 관리였다.[162] 감영을 비롯하여 여러 읍을 점령하여 감사와 수령을 공격하고 관청에 속한 문서라든가 재물에도 손을 대었다. 그리고 탐학한 관리뿐만 아니라 양반과 부자를 공격하여 민중의 환호를 받았다고 한다.[163] 여기에는 주로 지주, 상인들이 중심이 된 것 같다.

이들이 관가를 공격할 때 주요한 목적은 무장하기 위한 군기였다. 가령 장연을 공격했을 때 빼앗은 품목은 총, 탄환, 화약, 쇠창 등이 대부분이었다.[164]

강달조의 경우 동도접주가 되어 각처 요민에게서 거둔 곡식이 수백 석이고, 청룡촌 강희열 집에서 빼앗은 조 27석은 화포에 분급하고, 단장촌의 이름을 모르는 김 첨사 집에서 빼앗은 잡곡 36석은 각처 농민에게 농채(農債)로 분급했다고 한다.[165] 김창수의 주요 행적도 보면 해주 검단방 박홍석이 쌓아 둔 정조(正租) 200석을 빼앗아 송화접주 박원중과 나누어 먹었으며 석담 이 참판의 집에서 돈 250냥을 빼앗았다.[166]

---

162) "동도 현황은 아군에 저항하기보다는 조선 지방관리의 시정에 방해를 주는 것 같습니다."(「황해도 동학당정황에 관한 보고」, 『주한일본공사관기록』 3, 1895년 1월 15일, 254쪽.)

163) 『천도교창건사』 하, 159쪽.

164) 『주한일본공사관기록』 3, 1895년 1월 15일, 257쪽.

165) 『사법품보』 6, 1896년 1월 27일.

은율에서는 서울로 올라가는 진상전(進上錢)을 빼앗기도 했다.[167] 이는 반봉건의 양상이라고 할 수 있다.

또한 일단 고을을 점령한 다음에는 이를 통치하려는 입장을 취한 듯하다. 황해도에서는 집강소와 같은 형태는 보이지 않으나 동학의 조직을 활용하여 활동한 것 같다. 은율에서 보이듯이 읍을 점령한 다음 접주, 접사라고 칭했으며 그리고 농민군이 부세처럼 요미(料米)를 거둔다든가 스스로 병정이라고 칭한 것도 그러한 의미라고 보인다.[168]

'척양척왜(斥洋斥倭)'라는 구호처럼 농민군은 반외세의 입장에서 봉기했는데 그 주된 대상은 일본이었다. 반일 감정이 격화되고 일본 상인의 황해도 진출이 늘어남에 따라 일본인에 대한 공격도 가해졌다. 이들은 일본 상인이 모은 재물을 빼앗거나 일본군의 군량을 사 모으던 일본인을 공격했다. 김창수도 1894년 12월 문화 동산평에 일본인이 쌓아 둔 대미 150석을 빼앗았다.[169]

따라서 일본과 교류하는 조선인도 공격 대상이었다. 농민군은 일본과 손을 잡은 개화에 대해서도 반대하는 입장이었다. 황해감사의 아들 정헌시도 개화당이라고 보고 처단하고자 했다고 한다. 그리고 11월 말 장연을 공격했을때 현감에게 "너는 관장이 되어 무엇에 근거하여 일본진(日本陣)을 왕래하는가" 하고 비난했다고 한다.[170] 반면 청에 대해서는 상당히 호의적이었다. 창의소에서 평산수접주으로 보낸 경통에서도

---

166) 「황해도거래안」, 『각사등록』 25, 267쪽.

167) 『보고』.

168) 『보고』. "自稱兵丁이라ᄒᆞ야 漸藏罪名ᄒᆞ고 討索料米則 一邑稍饒之人不耐其苦ᄒᆞ여."

169) 이 가운데 40석은 도중(都中)에서 썼고 나머지 110석은 문화접주 이동엽에게 빼앗겼다고 한다(「황해도거래안」, 『각사등록』 25, 267쪽). 한편 『백범일지』에 따르면 김구는 구월산 패엽사로 군대를 이동한 뒤 신천군의 왜놈들이 사들여 놓은 백미 1000여 섬을 몰수, 패엽사에 운반했다고 한다(『백범일지』, 42쪽).

170) 「황해도 동학당정황에 관한 보고」, 『주한일본공사관기록』 3, 1895년 1월 15일, 257쪽.

농민군은 빨리 봉기하여 감사 부자의 머리를 베어 청나라진에 바치자고 했다.[171] 1895년 8월(9월) 장수산에 들어간 농민군들도 스스로 청병의 앞잡이라고 일컬었다.[172] 실제로 황주의 동학당의 경우 청국 패잔병이 조선인 차림을 하여 섞여 있고, 무기를 지니고 있었다고 한다.[173] 1896년 1월 장연사건에 참여한 김형진은 농민전쟁이 채 끝나기도 전인 1895년 6월과 9월에 청국으로 가서 심양(潯陽)의 마대인(馬大人)과 심양자사연왕(潯陽刺史燕王) 이대인(李大人)을 만나 이들이 곧 병력을 이끌고 올 것을 약속받기도 했다.[174] 이런 점에서는 반외세에 대한 인식이 철저하지 않았다고 하겠다.

또한 농민군은 봉건체제에 대해서도 정면으로 부정하기에는 힘을 부족했던 것 같다. 처음 해주를 점령할 때도 미리 민막에 대한 단자를 올렸으며 해주를 물러나면서도 주요 지도자인 임종현과 최유현 등의 이름으로 소장을 올려 자신들의 처지를 호소했다. 또한 이들이 여기서 스스로 유생이라고 밝히거나 의(義)를 논하는 것은 삼남지역의 사례와 마찬가지이다.

따라서 농민군은 일본군의 토벌에 따라 쫓겨 나기도 하지만 한편으로는 중앙에서 새로운 지방관이 파견되면서 '탐학한 지방관에 대한 저항'이라는 명분은 줄어들게 되고 물러나거나 쫓겨 나게 되었다. 가령 은율에서도 새로운 군수 이현학이 부임하면서 농민군 활동은 제약받고 결국은 처벌받게 되었다.[175]

그들 스스로 봉건권력에 대항하여 직접 농민을 통치하기에는 아직

---

171) 『황해도동학당정토약기』, 542쪽.

172) 「조선 상원(祥原)의 폭도」, 『일청전쟁실기』 42 ; 한우근, 앞의 논문, 396쪽.

173) 「조선 황주 비도」, 『일청전쟁실기』 43 ; 한우근, 앞의 논문, 397쪽.

174) 「백낙희초사」, 『중범공초』, 1896년 2월.

175) 『보고』. "郡守가 適以赴任ᄒᆞ야 按撫居民ᄒᆞ고 檢東兵丁ᄒᆞ야 無數點考別立科條ᄒᆞ야 庶懲其習ᄒᆞ기로 赴任한 지 十八日 만에 兵丁을 罷ᄒᆞ오며 當初에 多率徒黨ᄒᆞ고 接主接

의식이나 힘이 부족하다고 하겠다.

6. 맺음말

이상 1894년 농민전쟁 가운데 한 지역의 사례로서 황해도 농민전쟁의 전개 과정을 살펴보았다.

황해도는 다른 지역보다 동학이 비교적 늦게 전파된 지역이었으며 실제로 농민전쟁에 참가한 자들 가운데도 1894년에 들어 입도한 인물이 많았다. 동학조직은 농민군에게 상당히 활용되었다. 그러나 '가짜 동학당'이 가장 중요한 지도자인 임종현을 비롯하여 적극적으로 활동했다. 이처럼 지도부가 '가짜 동학당'이라는 말을 듣는다는 점은 농민전쟁으로서의 성격을 잘 보여 준다.

농민전쟁의 전개 방식에서도 처음부터 감영인 해주성을 공격하여 1개월간 점령하기도 했으며 그 뒤에도 계속 감영을 목표로 했다. 그리고 점령 기간 동안은 감사와 수령까지 자처하기도 했다.

농민군의 구성으로는 기본적으로 각지 농민이었으나 실제 전투력은 산포가 중심이 되었다. 농민군은 일본군과 정부군의 토벌 때문에 물러나면서도 산포를 중심으로 계속 요충지를 거점으로 하여 싸워 나갔다. 따라서 다른 지역보다 싸움이 오래, 그리고 치열하게 계속되었다.

농민군은 감영을 비롯하여 여러 지역을 점령한 경험이 있었고 실제 통치를 했다. 다만 '폐정개혁안'과 같은 이들의 통치목표를 찾아볼 수 없고 별도의 통치기구가 구성되지 않았으므로 이들의 의식이라든가

司라 自稱ᄒᆞ여 作梗一邑ᄒᆞ고 燒火文簿한 者 金啓文 鄭宅根 鄭寬善 金以燮 四漢은 先爲砲殺ᄒᆞ야 稍爲民心ᄒᆞ옵고."

지향을 규정하기 어렵다.

다만 봉건권력에 대해 절대적인 부정을 하지 못했다는 점에서 반봉건의 수준이 크게 높지 않다고 하겠다. 또한 척양척왜를 부르짖으면서도 청의 도움에 의지한다든가 청에 대해서는 호의적으로 대한다는 점에서 반외세의 의미도 반감된다.

한편으로는 다른 지역과의 관련성이 잘 나타나지 않아서 전체 농민전쟁의 전개 과정 속에서 황해도 농민전쟁이 지니는 의미를 평가하는데 어려움이 있다. 부족한 점은 추후 다시 보완하고자 한다.

제2부 토론회

사회 : 박맹수(영산대)
토론 : 이이화(역사문제연구소)
이진영(전북대 전라문화연구소)

박맹수:원래는 박준성 선생님의 강원도지역에 대해서 이이화 선생님께서, 또 황해도지역은 이진영 선생님께서 약정토론을 해주시기로 했습니다만, 어제 연구자와 발표자 선생님께서 상의하시기를 더 활발한 토론을 위해서 지역에 관계없이 토론을 하는 걸로 했습니다. 먼저 역사문제연구소 소장님이신 이이화 선생님께서 질의를 해주시겠습니다. 장유유서라서 그렇습니다. 괜찮습니까? 그러면 신진학자인 이진영 선생님께서 먼저 질의를 해주시겠습니다.

이진영:며칠 전에 발표문을 받아 보고 두 선생님 글에 대해서 나름대로 토론이 될 만한 것들이 뭐가 있겠는가 생각을 해보고 정리를 해봤습니다. 강원도 농민항쟁에 대해서 발표하신 박준성 선생님께는 질문을 드리는 방향으로 하고, 송찬섭 선생님 발표에 대해서는 좀 이런 점이 더해졌으면 하는 방향에서 몇 가지 말씀 드리겠습니다. 먼저 박준성 선생님께 질문을 드리겠습니다. 의문 나는 점이 한 다섯 가지 정도가 있는데요.

강원도 농민군의 실체와 그 항쟁의 성격은?

첫째, 발표자께서는 강원도 농민군들의 움직임에 대해서는 현지답사를 통해서 아주 자세히 고찰했다고 생각됩니다. 그런데 이 발표문에는 그들이 누구이고, 또 어떻게, 왜 모였고 하는 등의, 다른 말로 하면 농민군 실체에 대한 설명이 빠진 것이 아닌가 하는 생각을 갖습니다. 물론 어느 지역 농민군의 실체를 밝힌다는 것은 굉장히 어려운 작업이라는 것은 저도 잘 알고 있습니다. 우선 문헌상에서 농민군지역 우두머리의 명단이 확인되어야 하고 이것이 현지조사를 통해서 그 후손이나 아니면 그 사람과 관계되는 인물들을 찾을 때 추적할 단서가 되기 마련인데, 강원도지역 같은 경우는 지리적 요건 자체가 첩첩산중에 아주 조그만 단위의 마을들로 구성이 되어 있고 또 교통도 서로 연결되지 않고 해서 그런 이야기나 자료들이 전승되지 못하고 단절될 여지가 많으리라고 생각됩니다. 그렇다고 해도 강원도 농민군의 실체를 밝히는 일과 관련해서 강원도 동학 교단에 대한 고찰이 있었으면 합니다. 농민혁명에 관한 현재 연구는 대체로 동학의 역할을 많이 인정하는 분위기인데, 이 점은 발표자께서도 상당히 동조하고 있다고 보입니다. 또 강원도의 경우도 홍천의 대접주 차기석의 경우가 벌써 갑오년 전에 동학 인물로 활동을 하다가 갑오년에 이르러서 농민군의 대표로 활동했고, "평창에서 강릉으로 농민군이 진군을 할 때 13자 주문을 외웠다"는 예를 통해서 강원도지역 동학과, 강원도지역 갑오년 농민항쟁과 상관관계가 있다는 것은 확인할 수가 있습니다. 그렇다면 강원도 동학도, 이 사람들이 바로 강원도 농민군이다, 뭐 이런 등식을 만들자는 차원에서가 아니라 강원도 농민군의 실체를 밝히려는 차원에서 강원도 동학 조직에 대한 접근이 있어야 하지 않는가 하는 생각을 해보았습니다.

둘째는 "강원도 농민군이 제2차 농민전쟁을 선도했다"는 의미를 부여하시고, 발표하시면서는 좀 과도했다고 한 발 물러서서 "제2차 농민전쟁을 일찍 시작했다"고 평가를 하셨습니다. 그런데 저는 선도했다는 표현도 과도하다고 보고 제2차 농민전쟁을 일찍 시작했다는 것도 조금은 주의를 기울여야 된다고 생각합니다. 9월 초순이라는 강원도 농민군의 봉기 시점이, 농민군 주력이 재기포한 시점을 며칠 앞선 것은 분명합니다. 그러나 그 봉기의 성격이나, 지향이나, 내용에서도 과연 이것이 농민군 주력의 제2차 기포, 제2차 농민전쟁을 선도했다고 하기는 어려울 것 같고 '앞섰다'고 말할 수 있을지도 의심스럽다는 얘기입니다. 시기는 앞선 것이 분명하지만 과연 그 내용도 그에 앞섰다고 할 만한 것인지 의심스럽구요, 또 "전봉준 등 지도부에 영향을 미쳤다"고 했는데, 오히려 내용은 따르지 못하고 시기가 앞섰다는 것 자체가 강원도 농민군의 독자성, 고립성을 설명하는 데 지나지 않는 것이 아니냐 하는 생각을 해보았습니다. 좀 심하게 말하면 농민군 주력의 지향을 강원도 농민군들이 거의 따르지 못했고, 지원하지도 못했다는 뜻이 될 수도 있다고 생각을 합니다.

세번째로는 강원도 농민항쟁을 반봉건, 반침략투쟁으로 보셨는데 어느 곳의 농민군을 막론하고 기본적인 지향이야 '반침략'에 두지 않을 리가 없습니다. 그러나 강원도 농민항쟁의 경우 그 구체적인 지향이나 실제 전개 내용이 반침략투쟁의 성격을 띠었는지에 대해서도 회의적입니다. 단순히 "보국안민의 기치를 내걸었다" 또는 "토벌차 온 일본군과 전투를 벌였다" 하는 내용만 가지고서는 반침략투쟁이라고 규정하기가 어렵지 않겠느냐 하는 생각이죠. 예를 들자면, 황해도의 경우처럼 일본 군인이나, 일본 상인이나, 일본 군수물자에 대한 직접적인 공격들이 농민군들의 행동에서 보일 때, 그때서야 반침략투쟁으로 규정할 수 있지 않을까 하는 생각을 했구요.

넷째는 1894년 이후 각지의 농민군들은 어떻게 되었을까 하는 것도 참 궁금한 문제이고 많은 관심을 가지고 있는 주제입니다. 갑오년 이후에 강원도 농민군들이 의병투쟁을 활발하게 전개했다는 취지로 말씀을 하셨는데 갑오년 이후 시기적으로 1896년, 1897년 강원도지방에서

의병항쟁이 활발하게 일어나는 것하고 1894년 농민전쟁을 전개했던 농민군하고 직접적으로 연결할 수 있는 단서들을 찾을 수 있는가가 입증되어야 발표문에서 말씀하신 갑오년 이후에 농민군들이 의병항쟁에 투신했다는 말이 성립할 것 같습니다. 전라도지역의 경우를 보더라도 갑오년의 농민군들이 뒤에 항일의병에 투신하는 사례를 찾을 수가 있습니다만, 반대로 농민군을 반대했던 사람들, 민보군의 입장에 섰던 사람들이 의병을 조직하고 주도해 가는 사례들도 많이 찾을 수 있습니다. 그래서 농민군과 의병항쟁의 활동을 곧바로 일치시키려면, 구체적인 사례가 뒷받침되어야 하겠다는 생각이 들고, 마지막으로는 어제 박명규 선생님이 발표하신 지방사 연구문제와 관련한 것입니다만, 강원도 농민항쟁의 양상을 굳이 농민군 주력의 그것과 비교를 한다거나 관련지어서 의미를 부여하기보다는 그에 앞서서 강원도 지역 자체의 특성이 먼저 설명되어야 하지 않겠는가 하는 생각이 듭니다. 다른 말로 하면 갑오년에 강원도에서도 봉기가 있었는데 강원도에서는 무엇이 봉기 원인이 되었고, 어떤 사람들이 참여했고, 그래서 그 성격은 어떻게 규정지을 수 있다는 설명이 선행된다면 굳이 비교를 하지 않더라도 전체 농민전쟁 속에서 강원도가 차지하는 비중은 자연스럽게 드러나리라고 생각합니다.

그 다음에 송찬섭 선생님에 대해서는 자료도 적고 답사할 수 없는 곳인데도 불구하고 아주 꼼꼼하게 정리를 해주셔서 배운 것이 많았다는 말씀을 먼저 드리겠습니다. 그런데 제가 부족한 탓인지는 모르겠지만 각 장이나 아니면 전체적으로 어떤 맺음말들이 없어서, 발표자께서 황해도 농민항쟁의 성격을 어떻게 파악했고, 그래서 전체 농민전쟁 속에 어떻게 위치지으려고 했는지가 파악되지 않았습니다. 그래서 우선은 황해도 농민전쟁, 농민혁명의 성격에 대해서 어떤 것이다 하고, 준비하실 때의 느낌이나마 간략하게 말씀을 해주셨으면 하고, 질문이라기보다 이런 것이 더해졌으면 하는 점 몇 가지를 말씀 드리겠습니다.

황해도 농민군과 농민군 주력과의 연계 노력

첫째는 황해도 농민군과 농민군 주력과의 연계문제입니다. 특정 지역 농민혁명의 양상을 살펴보는 데서 농민군 주력과의 연계 여부는 대단히 중요한 문제라고 생각이 되는데요, 사실 황해도 농민군은 농민군 주력과 연계하지 못했습니다. 결과적으로는 연계하지 못했는데 발표자께서 "삼남에서 호응하라는 연락이 잇달아 올라오면서 접주들은 농민전쟁에 참여하기로 했다"고 말씀하신 것이 있습니다. 저는 이런 내용을 받쳐 줄 구체적인 근거를 찾아볼 수가 없었는데, 『황해도동학당정토약기』의 맨 뒷부분에 보면, 전봉준 그리고 이유상이 대일투쟁을 촉구하는 글이 첨부되어 있습니다. 이것은 아마 일본군이 황해도 농민군들을 토벌하면서 압수한 문건이고 그렇게 보았을 때, 재기포할 때 전봉준이 황해도에도 합류를 촉구하지 않았는가 해서 그런 말씀을 하시지 않았는가 하고 생각을 해보았는데요, 그런 점에서 저도 그 부분은 수긍을 합니다. 또 하나의 연계 노력이 이전부터 있었다는 식의 말을 할 수 있는 자료가 있는데 물론 『주한일본공사관기록』에 나오는 자료입니다. 충청도 청산에 있는 농민군들이 전라도 무장의 농민군에게 글을 보내는데 1894년 5월 25일경이에요. 그 글에 "지금 황해도와 평안도의 회답을 받아 보니 5월 그믐날에 접응한다"고 되어 있습니다. 이 점은 이미 제1차 기포 때, 제1차 농민전쟁 때부터 황해도에서 호남의 분위기를 파악하고 연계를 하려는 노력이 있었지 않았는가 하는 생각이 들게 하고 또 이 점은 황해도에서도 일찍부터, 실제 일어난 것은 9월 이후이지만, 봉기 준비가 진행되고 있었던 것이 아니냐 하는 생각도 하게 합니다. 어떻든 결실을 맺진 못했지만 연계 의지가 있었느냐 없었느냐, 또 있었던 것을 적극적으로 평가하느냐 무시하느냐에 따라서 황해도 농민혁명의 양상을 파악하는 데는 큰 차이가 있으리라고 봅니다.

둘째, 박맹수 선생님께서도 아까 "독특하다"라는 표현을 쓰셨는데, 저도 황해도 농민항쟁은 아주 독특한 점이 많다고 보았습니다. 좀 무리해서 말한다면 짧은 기간이지만 황해도 농민혁명에는 농민군 주력이 수행했던 제1차 농민전쟁, 집강소 통치, 제2차 농민전쟁, 이런 전 과정이 작은 규모이지만 혼재해 있었다고도 볼 수 있습니다. 최초 봉기해서 해주감영을 점령한 것은, 이 감영을 점령한 것 자체가 전국을 통해서 전주 다음이지요, 두 곳밖에 없습니다. 해주감영을 점령한 것은 농민군 주력의 제1차 농민전쟁과 비교될 수 있겠고, 한 달여 동안 해주감영을 점령했던 사건은 또 집강소기와 비교할 수 있다고 생각합니다. 물론 감영을 점령한 사실만 가지고 집강소라는 큰 의미를 부여하는 것은 좀 억지스런 면이 많습니다. 그러나 이때 농민군들이 감사 이하 관리를 정해 두고 있었던 점은 간과할 수 없는 문제라고 생각합니다. 또 실제로 이 발표문에는 사례가 빠져 있습니다만 황해도 풍천도 농민군에게 점령된 적이 있는데 이 풍천에서는 집강소와 유사한 행위가 보입니다. 풍천 농민군들이 11월 말경에 일본군 목탄상인을 살해한 일이 있는데, 이때 일본군이 풍천부사 최병두에게 살해범을 체포해서 인도하라고 요구했습니다. 그러자 부사는 이렇게 대답했습니다. "그렇게 하겠는데 다만 동학당과 그 가부를 의논하겠다. 의논해서 체포하고 인도하겠다." 그리고 실제 동학당에 상의한 일이 있습니다. 집강소의 성격이 아직도 불분명한 점이 많습니다만, 그런 점에서 집강소의 문제와 관련지어 성격을 좀 규정해 볼 필요가 있지 않는가 하는 생각이 들고요, 이런 태도에 대해서 일본군은 "부사가 조처하는 것이 완전히 동학도에 좌우된다"고까지 얘기를 하고 있습니다.

황해도 농민군의 대일항전

또 황해도 농민군은 발표하신 대로 일본군, 일본 상인, 일본의 군수물자에 대해서 직접적인 공격을 수시로 가했습니다. 이것은 다른 지역에서 찾아보기 어려운 예라고 생각됩니다.

물론 일본군의 주력부대, 일본군의 병대와 농민군 주력이 전투를 벌인 사실들은 있습니다만 황해도에서 보이는 일본에 대한 직접적인 공격 행위는 다른 지역에 비해서 좀 유별나다고 생각됩니다. 반면에 제가 자료를 약간 찾아봤는데 황해도에서는 부사나 수령, 조선의 관리들을 죽인 사례를 찾지 못했습니다. 이것이 상당히 대비가 되는 점이죠. 어떻든 이런 전개 과정을 볼 때 비록 힘은 농민군 주력에 비할 바가 못 되고, 또 시기도 농민군 주력에 비해서 뚝 떨어지는 것은 아닙니다만 황해도지역의 전개 양상에서 농민혁명 전 과정이 약간은 응축된 그러면서 혼재되어 있는 면을 발견할 수 있지 않겠는가 생각됩니다.

셋째는 황해도 농민군의 대일항쟁이 부각되는 점, 이 점과 관련해서 황해도 농민군의 봉기 배경이 좀더 설명되었으면 싶다 하는 생각이 들었습니다.

넷째는 황해도 관리들의 농민군 진압 태도의 문제입니다. 이 문제는 발표자께서도 지적을 하셨습니다. 그런데 일반적인 경향과는 달리 황해도 관리들은 농민군에 대해 상당히 온건적인 태도를 보이고 있는 것이 확인됩니다. 감사 조희일이 동학접주를 별장으로 임명하고 그들은 오히려 동도와 같이 행동을 한다거나 황해도 내 각 부사, 군수, 현감들이 이 감사의 방침을 좇아서 동도들을 방임한다거나, 또 이를 반대해서 동도를 토벌한 평산부사 이창렬의 경우는 감사가 파직 요청을 해서 파직을 시켰다거나 한 것 등이 그런 예입니다. 관의 온건한 태도 자체만으로도 특이한 점이 있지만 나아가서 이러한 관의 태도가 황해도 농민군의 대일항쟁(이 점이 두드러진다고 했는데 황해도 농민군의 대일항쟁을 강화하게 하고) 또 을미년 중반 이후까지 농민군 활동이 지속되게 하는 배경과도 어떤 점에서는 밀접하게 관련이 되어 있지 않을까라는 생각을 해보았습니다.

이상의 네 가지는 무리한 점도 있지만 어떻든 황해도 농민혁명의 성격을 규정하는 데 한번쯤 고려해 보셨으면 하는 문제들이어서 말씀을 드렸습니다. 이상입니다.

박맹수:강원도의 사례에 대해서 다섯 가지, 아마 메모를 해주셨을 것으로 생각됩니다. 다섯 가지를 질문해 주셨고, 황해도지역에 대해서는 설명을 해주시라고 하면서도 아주 중요한 문제점 네 가지 지적을 해주셨습니다. 저희가 11시에 종합토론에 들어갈 예정입니다. 그래서 2부 발표토론을 50분까지 마칠 예정입니다. 그래서 그 시간을 고려해서 답변을 해주시면 감사하겠습니다. 먼저 박준성 선생님.

농민전쟁 자료의 성격과 한계

박준성:본격적으로 토론이 되면 강원도뿐만 아니라 전반적으로 1894년 농민전쟁을 어떻게 볼 것인가 하는 시각과 관련되는 큼직큼직한 문제인 것 같습니다만 답변을 할 수 있는 것이 있고, 저 자신도 질문에 동감을 하면서 연구를 통해서 천착해야 될 내용들이 있는 것 같습니다. 그런데 강원도 같은 경우는 일단 자료가 리 단위까지 나오는 중요한 자료가 있습니다. 다들 아시는 것처럼 『동비토론』, 그리고 『임영토비소록』 두 자료가 있는데, 그 외에는 산발적으로 한두 구절씩 나오는 자료 외에는 확보하지 못하는 실정입니다. 그래서 질문에 대해서 저 자신도 그 내용들을 충분하게 파악하지 못하는 점들이 있습니다. 그런데 이 자료와 관련되어서 답변이 아니라 저 자신도 마찬가지로 궁금하지만 두 가지 얘기될 수 있는 면이 있는데요, 그래도 자료라든가 증언을 조사하다 보면 동학에 직접적으로 관계된 분들, 그리고 그 이후에 동학의 연장선상에서 활동하셨던 분들의 증언이 남아 있습니다. 자료

도 간간이 남아 있어요.

그런데, 물론 그분들이 농민전쟁 과정에서 같이 싸운 경우도 있습니다만, 농민군으로 싸우다가 쓰러져 간 숱한 사람들, 이런 사람들의 자료는 남아 있지 않다는 겁니다. 그러니까 동학교단 혹은 동학 조직과 직접적으로 관련되었던 사람 중에 살아 남은 분들, 또 그들이 남긴 자료를 가지고 농민전쟁 전체를 좇아가고 재구성하는 데는 문제가 있다고 생각되는 거죠. 심지어 이런 사람들 중에 일부는 싸우다가 살아 남았기 때문에, 그리고 살아 남을 수 있었기 때문에 남겨진 자료가 상당히 있다고 생각합니다. 그런 자료를 가지고 농민전쟁을 전반적으로, 전면적으로 생각하다 보면 1894년 농민전쟁은 동학, 혹은 동학 교단을 중심으로 재구성할 수밖에 없다는 문제를 하나 지적을 하고 싶습니다. 그런 점들은 강원도 쪽에서도 간간이 보인다고 생각이 들고요, 또 이회원이 남긴 것으로 생각되는 강원도 농민전쟁, 농민군 활동에 대한 자료 정리의 시각이라고 생각이 됩니다. 이회원 같은 경우에는 나중에 강릉에 학교를 세우고 애국계몽운동적인 반일계몽운동들을 쭉 하는데 그런 점에서 질문 중에 하나와 관련이 됩니다만, 강원도 농민군들의 활동의 반일적인 성격들이 상대적으로는 배제된 게 아닌가 생각됩니다. 물론 정확한 자료는 없습니다만, 그런 점들이 동학이라든가 이런 쪽으로 몰아가는 지배자들 시각 중에서 반일, 반침략에 대한 규정을 회피하고 그러면서 스스로가 탄압의 명분으로 삼고 정당화하는 기록들이 상당히 많다고 생각됩니다. 그런 점에서 이회원의 기록도 그런 측면들이 좀 있지 않는가 하는 생각을 먼저 드리고 싶습니다.

강원도 농민군들의 실체가 무엇인가를 파악하려면 지도부가 누구고, 주력군이 누구고, 이런 것들이 파악되어야겠습니다만, 일단 강원도 농민전쟁의 주력군들은 다른 지역과 커다란 차이는 없다고 생각됩니다. 그리고 농민전쟁을 지도했던 이 지도자들은 접주, 접사들, 이런 이름들이 쭉 나옵니다만 진사 출신도 나옵니다. 그리고 오덕구 같은 경우는 농민전쟁에 직접 활동은 어떻게 했는지 모르겠습니다만, 잡혀 가지고 나중에 처벌을 받는데 논을 20여 마지기 가지고 있었습니다. 그리고 이 증언을 통해서 보면 부농이라고 할 수 있는, 부자라고 할 수 있는 사람들도 농민군에 참여해서 활동한 것들이 확인됩니다만, 확연하게 어떻게 성격지을 것인가 하는 것은 강원도만의 특징이라기보다는 전반적으로 검토가 되어야 할 성격이라고 봅니다. 그런데 저 자신도 궁금한 것은 강원도 영월, 평창, 정선 또 인제, 홍천 이 첩첩산중에, 산너머 한 집 가기가 어떤 경우는 10리씩 되는 곳입니다. 그런 곳인데 농민들이 자료에 보면 1000명, 3000천 명씩 모인다고 하거든요. 그렇게 모인 농민들이 과연 그곳의 농민들인가 하는 점에 대해서는 저 자신도 질의하신 것과 똑같이 의문을 가지가 있고, 그것은 어떻게 그렇게 결집됐고, 그러한 농민들이 그곳의 농민들인가 하는 점들은 추후에 해명돼야 겠다고 생각이 됩니다.

농민전쟁 연구 시각의 문제점

그 다음에 '2차 농민전쟁을 일찍 시작했다.', 이것은 그야말로 전반적인 1894년 농민전쟁의 성격과 관련지어서 토론되어야 될 문제라고 생각됩니다. 아직 대안은 없습니다만, 고부 농민항쟁, 그 다음에 제1차 농민전쟁, 집강소체제, 제2차 농민전쟁 식으로 딱딱 나누면서 상식화되어 있는 이 성격 규정을 전면적으로 한번 부정을 하고 거꾸로 생각을 해보자, 이런 생각을 가지고 있습니다. 주력군, 주력군 하는데 그 주력군이 공주전투에 참여한 전봉준 부대가 주력군인가? 그게 아니라고 생각하고 1894년 농민전쟁을 전체적으로 다시 볼 수도 있다는 얘기죠. 김개남 부대가 주력군이라고 생각하고 1894년 농민전쟁을 다시 볼 수도 있고, 강원도를 중심으로 해서 혹은 각 지역을 중심으로 해서 일단 농민전쟁 그 자체를 보면서 1894년 농민전쟁의 제2차 단계가 어떤 성격을 갖고 어떻게 전개됐는가를 보자는 겁니다. 그런 면에서는 집강소체제의 갑오개혁에 대해서 1862년 농민항쟁 때 삼정이정청의 삼정개혁에 대해서 농민들이 기대를 했던 것처럼 상당히 기대를 했다고 생각이 듭니다. 그런데 실제적으로 시간이 경과하면서 이것이 자신들의 의지, 요구를 반영할 수 없고, 반영하지 않는다는 것을 확인하면서 곳곳에서 산발적으로 농민들이 항쟁을 벌여 나갑니다. 강원도에서 9월 4일이 아니라 그 이전에, 경상도 같은 경우는 8월 하순, 9월 초순, 60여 군데에서 농민들의 항쟁이 일어났다는 보고가 있고, 어제 다른 선생님이 발표하신 것처럼 다른 지역에서 이미 8월 하순 9월 초에 항쟁, 투쟁의 열기가 고양되었습니다. 이런 점들을 지도부의 주력군이라고 상정하는 그 쪽의 반침략이라는 어떤 구호에 복속되지 않았기 때문에 '수준이 낮다'고 볼 것이 아니라, 각지에서 일어나는 농민군들의 지향, 요구, 그 투쟁 열기를 주력군이라고 하는 농민군 지도부가 결집해서 시대 과제를 해결하는 데 연결하지 못했는가 하는 부분들은 좀더 전반적으로 토론돼야 한다고 생각합니다만 그런 식으로 집강소체제 후반, 그리고 제2차 농민전쟁 시기를 다시 봐야 한다고 생각이 됩니다.

박맹수:박 선생님 시간을 좀 줄여서 답을 해주시죠.

박준성:반침략문제는 아울러서 그렇게 같이 말씀을 드릴 수가 있고요. 의병전쟁의 문제는 일반론적으로 얘기가 됐고 한 사람 한 사람의 사례를 통해서 확인된 것은 아니라는 정도만 말씀을 드리고 넘어가고 싶습니다.

주력과 관련돼서도 시간 때문에 다시 전반적인 토론 과정에서 얘기가 될 수 있다고 생각을 하고 넘어가겠습니다만, 하여튼 우리가 농민전쟁을 이 시점에서 다시 이해하고자 할 때 일단 상식화된 농민전쟁의 이해가 깨져야 된다는 측면하고 100년 전의 농민전쟁과 100년 후인 오늘날의 현실을 보는 그 시각, 관점, 인식이 농민전쟁을 보는 이 시각과 어떻게 결합돼야 하는가 하는 문제를 좀더 고민을 해야 한다는 것으로 답변을 마치겠습니다.

박맹수:제2차 봉기와 관련된 강원도지역의 특성들은 1894년 동학혁명의 전반적인 전개 과정에 대한 전반적인 재검토, 지금까지 전봉준, 손화중, 김개남 주력군 중심으로, 전라도 중심으로 보아 왔던 시각들을 이제는 전국적으로 봉기한 농민군들의 구체적인 활동과 그들의 지향을 종합해 보면서 다시 검토해야 한다는 중요한 문제 제기를 해주신 것으로 정리를 하고 그 문제는 종합토론으로 이월을 하도록 하겠습니다. 송 선생님 답변을 해주시지요.

송찬섭:여러 가지 지적 고맙습니다. 당연히 농민전쟁에 대한 파악, 성격 부여가 전제돼야 하는데, 기존의 연구 성과는 한우근 선생님이 쓴 글이 유일한데, 강원도, 황해도를 같이 다룬 글이 있습니다. 그런데 한 선생님은 주로 일본 쪽의 자료를 중심으로 썼기 때문에 어떻게 보면 일본군이 토벌해 나가는 과정이 중심이 된 것 같습니다. 그러다 보니 자연히 일본과의 관련문제가 두드러지게 나타날 수밖에 없습니다. 어차피 농민들이 직접 쓴 기록은 여기에 더 없고, 유생들 기록도 남아 있다는 얘기를 못 들었습니다. 그래서 저는 관변측의 자료를 더 찾아서 일본측 자료보다는 그것을 더 우선시해서 상을 그려 볼까 하고 있습니다. 그래서 아직은 전체적인 성격을 제가 뭐라고 하기는 힘듭니다.

그리고 지적 가운데에서 제가 못 본 자료도 한두 개 나온 것 같아서 상당히 부끄럽기도 한데 주력과의 연계문제도 가령 최시형을 찾아갔다던가, 삼남에서 경통이 왔다던가 그런 정도만 가지고도 일정하게 연계를 이야기할 수 있지 않을까, 이런 생각이 들고 그랬을 때 북접하고의 관련이 오히려 더 강하지 않느냐는 생각이 듭니다.

짧은 기간 동안에 여러 가지가 혼재돼 있지 않느냐고 말씀하셨는데 저 자신은 특별히 집강소라는 것에 그렇게 의미를 두고 있지 않기 때문에 일단 농민군이 점령하면 농민군 입장의 통치 행위가 강행되고 그러다 보면 그들 생각의 개혁이라는 것이 어느 정도 반영되겠지요. 그것이 일반적인 경우가 아닐까, 꼭 이것을 집강소의 유사한 모습으로 찾아나갈 필요는 없지 않을까, 그런 생각이 듭니다.

봉기 배경에는 물론 봉건적 모순도 많이 작용했지만 지금까지의 자료로 봐서는 일본 미곡 상인들의 활동이라든가 청·일전쟁의 피해가 컸기 때문에 그런 쪽 문제, 말하자면 일본에 대한 문제가 두드러지지 않느냐는 생각입니다.

그리고 지방관의 농민군 진압 태도가 온건적이었던 점은 보이지만 이것이 농민군에 대해서 호의적이었기 때문일까라는 점은 사실 잘 확인이 안 됩니다. 이 지역에는 경군이 오지 않았고 일본군이 농민군을 격파했지만 발표에서도 있듯이 일본군 병력 수도 얼마되지 않습니다. 그래서 초토화작전으로는 나서지 못하고 해산시키고 중요한 인물들 체포를 중점으로 하고 있기 때문에 언제 다시 농민군에게 공격당할지 모르는 처지였습니다. 한편 수령들이 살해된 경우는 없지만, 감사 부자 같은 경우 일본과 결탁되었다면서 '감사 부자를 죽여야 한다'는 식으로 나오고 있는 모습도 보이고 있는 것이지요. 그래서 지방관의 농민군에 대한 태도가 어땠을까 하는 것은 속단하기 어렵지 않을까 생각이 듭니다. 이상 간단히 마치겠습니다.

박맹수: 이이화 선생님 질문 좀 해주시지요. 선생님, 시간을 많이 못 드리고 5분만 드리겠습니다.

이이화: 두 분이 질문을 적게 만들려고 자꾸 길게 얘기하신 것 같아요. 특히 박준성 선생님과 이진영 선생님이 꼼꼼하게 질문을 많이 했습니다. 그래서 제가 말을 적게 해도 괜찮을 것 같습니다. 이진영 선생님이 얘기한 것 빼고 간단히 몇 가지만 얘기하겠습니다. 강원도지역은 박준성 선생님이 자료의 한계를 가지고 얘기하지만, 실제 두 개의 자료말고 단편적인 자료들이 있는데, 어떤 점에서는 몇 가지 내역 속에서 두드러지게 드러내야 될 것을 안 드러낸 부분이 있는 것 같습니다.

강원도지역 농민항쟁의 특수성

첫째, 왜 보부상을 죽였느냐 하는 문제는 강원도지역의 특수한 부분입니다. 물론 보부상들이 특권상인으로 전라도에서도 투입되고 반농민군적인 행동을 했습니다만 강원도에서는 왜 대관령을 넘어서 강릉을 왔다갔다하는 그 보부상 수백 명을 죽였느냐? 한두 사람도 아니고 수백 명을 죽였다는 것은 그 나름대로의 사회·경제적인 배경이 있다고 봅니다. 왜냐하면 보부상들이 개항 이후에 여러 가지 외국의 사치품이라든지 소비재 등을 공급하는 역할을 했는데, 이것이 강원도 토착민들의 삶과 연관이 깊다고 봅니다. 그것이 강원도의 특성이라고 보는데 이 점에 대해서 부각이 제대로 안 된 것 같아서 설명을 부탁 드립니다.

다음에 강릉을 치는 세력과 홍천 쪽의 세력, 아까 홍천대접주라는 것이 잘못되었다고 하셨는데 저는 꼭 그렇게 보지 않습니다. 왜냐하면, 강릉부가 여러 관할 속에 하나의 작은 고을들이 그 관할의 지시를 받을 수는 있습니다. 그러나 홍천은 예전부터 있었던 동네이기 때문에 홍천대접주라는 말이 꼭 오류인지 모르겠습니다만 그것은 중요한 얘기가 아니고 그 양쪽 세력, 밑으로 충청도 세력이 올라가고 또 경기도 세력이 올라가고 그런데 차기석이 나중에 끈질긴 활동을 벌이면서 다섯 고을, 오읍의 접주가 됩니다. 이것은 차기석의 조직적인 활동, 강력한 활동에 의해서 홍천접주가 아니라 강원도 같은 산악지대에서 5개

고을의 접주가 된다는 것은 차기석의 개인 활동에도 상당히 관련이 깊다고 보는데 이 점에 대해서 말씀해 주시고, 또 끝에 8월 25일 무렵 김개남은 남원에서 따로 농민군 몇만 명을 모아 크게 농민대회를 열었다. 곳곳에서 농민항쟁이 일어났다고 하셨습니다. 이것은 어제 박찬승 선생님 발표에도 이런 얘기가 나왔는데 제가 알기로 8월 25일은 남원에 들어가서 남원 주변의 세력을 모아서 남원에 웅거하려고 했던 것입니다. 그것은 「오하기문」에 인용된 것입니다. 다음에 '전봉준이 갔고 다음에 손하중도 계속 뒤이어서 왔다' 이렇게 된 것인데 이 남원대회가 과연 있었는지 없었는지, 이것은 박준성 선생님만이 아니고 어제 박찬승 선생님 발표에도 또 토론자까지 질문을 했었습니다. 이 점에 대해서는 전체적으로 분명히 해 둘 필요가 있다고 봅니다. 마치 8월 25일 남원대회에 의거해서 김개남은 대일항쟁을 벌이자 했고 전봉준은, 그 글에서 보면 "그 변화를 철저히 살펴보자" 이렇게 얘기를 했는데 이것이 제2차 공격을 하지 말자고 해석하는 것이 맞는지, 또 손화중은 나중에 와서 "우리는 다 실패했다 흩어져서 목숨을 부지하는 것이 좋겠다"고 얘기한 것인데 대일항쟁을 하자, 하지 말자라는 해석이 분분합니다. 이 점에 대해서 박 선생이 가지고 있는 의견이 있으시면 말씀해 주시기 바랍니다. 다른 질문은 또 있지만 시간절약을 위해서 빼겠습니다.

황해도지역 농민항쟁의 특수성

다음에 황해도는 아까 이진영 선생님이 말씀하셨지만 감영과 옹진, 수영까지도 점령당하는 치열한 지역이었습니다. 그런데 강원도의 보부상문제와 마찬가지로 이곳에서는 『황해도동학당정토약기』에 나타난 대로 사금광부들이 대단히 열렬하게 참여했다고 나오는데, 사금광부들에 대한 얘기가 전혀 없는 것은 아니지만 황해도의 특수성을 알려 주는 데에는 사금광부의 역할과 배경이 중요시되어야 할 것입니다. 더욱

이 아까 일본 관계도 얘기했지만 사금광부의 임금문제도 나오고 참, 특수성이 나옵니다. 아까 산포수도 얘기했는데 강원도의 특성은 제가 보기에 위동학당, 탁명동학당, 진동학당이 일본 기록에 나와서 그것이 중요한 인용문구가 되고 있지만 그런 점에서 좀더 황해도의 특성을 부각하는 데 산포수문제와 함께 사금광부 얘기가 중요하다고 보고 있습니다.

다음에 발표자가 『백범일지』를 봤을 것으로 믿고 있는데 이 글에서는 그 냄새가 나지 않는 것 같습니다. 안태훈과 노재석, 안태훈은 알다시피 안중근의 아버지로서 천주교신자였는데 왜 농민군을 쳤는가, 또 노재석이라는 산포수대장이 신천에서 안태훈과 같이 연계 활동를 벌였다고 보는데, 노재석과 연계를 맺어서 어떻게 했는가라는 점은 일반대중의 관심을 환기시키는 데 중요한 문제 같습니다.

그리고 이진영 선생님의 질문과 관계가 있는데 뒤에 보면 최유현과 임종현 등의 이름으로 보낸 통문도 있고, 거기에 보면 "우리는 처음에 일어났을 적에 정현석부자가 나쁜 짓을 했기 때문에 감사를 몰아내려고 했던 것이다. 조희일이라는 사람이 새로 왔는데 이 사람은 부정도 잘 안 저지르고 했으니 이제 소원성취를 했다, 우리는 더 이상 싸우지 않겠다" 이렇게 나옵니다. 그 대신에 산포수라든가 다른 뒤에서 움직이는 세력들은 그것과 달리 더 적극적으로 싸웁니다. 그러니까 최유현, 임종현은 김창수 즉 김구와 함께 그 전해에 최시형을 보은에서 만나고 그 지시를 받고 다시 올라가서 거기서 활동을 벌입니다. 이런 점으로 볼 때 그 쪽의 동학 조직과의 관계와, 다음에 조희일이라는 사람이 나중에 왔다, 이진영 선생님이 얘기하셨듯이 나중에 와서 일본군의 눈치를 보면서 적당히 농민군을 도와 주는 대표적인 사람입니다. 이규태, 조희일, 진주병사 민준식 등 몇 사람이 있습니다. 그런데 그런 각도에서 아까 이진영 선생님 질문에 대해 답이 미흡한 것 같아서 다시 볼 필요가 있지 않느냐? 제 얘기는 이것으로 마치겠습니다.

박맹수: 약속된 시간이 얼마 남지 않았기 때문에 요령 있고 간단하게 답을 해 주시기 바랍니다.

박준성: 보부상관계부터 먼저 말씀 드리겠습니다. 보부상문제는 강원도뿐만 아니라 농민전쟁 과정에서 많이 문제가 되었던 부분입니다. 그런데 강원도에서 보부상문제가 특별히 더 문제가 되는 측면도 있습니다. 강원도에는 1880년대 후반에 보부상 조직이 만들어져서 강원도에 커다란 폐해를 남기기도 했습니다. 그리고 동창과 내면 이 통로가 동해안과 강원도를 연결짓는 통로이고 이 통로 속에서 보수상들의 여러 가지 탐악한 행위들이 자행되었고 그 때문에 차기석 부대가 많은 보부상들을 죽이기도 했던 것입니다. 이 보부상관계는 농민전쟁을 진압하면서 보부상들이 당했기 때문에 보부상들이 다시 농민들을 자의적으로 죽이고 하는 행위들을 철저하게 금지할 정도로 강원도에서 보부상과 농민들의 피해와 대립이 컸던 것은 사실입니다. 그래서 이 점은 이이화 선생님 지적대로 보충하려고 생각합니다.

다음에 홍천대접주라는 것은 차기석이 내면 출신이었고, 때문에 오늘날 이름으로 홍천 출신 대접주 이런 것이 문제였다는 것이고 나중에 보면 강릉, 양양, 원주, 횡성, 홍천의 관동대접주 이렇게 얘기가 되지 않습니까? 그럴 때 홍천이 배제된다는 뜻은 아닙니다. 그리고 이 지역이 바로 강원도 내에서 이번 농민전쟁 토론의 과정에서 도 단위도 문제가 있고 도에서도 생활권이라든지 여러 가지 권역을 중시해야 된다는 말씀들이 있었는데, 그런 측면에서 바로 강원도 같은 경우는 강릉과 양양, 원주, 횡성, 홍천하고 영월, 평창, 정선 이쪽이 권역이 다른 것 같습니다. 그러니까 차기석을 중심으로 하는 강원도 내륙, 홍천 일대 중심의 세력하고 영월 이쪽의 세력하고 일정한 차이가 있는 것 같습니다. 차이 속에서 차기석이 그 한쪽의 강원도 농민전쟁의 경우에 최고 지도자 노릇을 했다는 것이지요.

김개남과 남원 농민군 활동

세번째 8월 25일 남원대회에 대해서 제 의견를 말씀 드리겠습니다. 제 개인적으로는 강원도 농민군 활동 못지 않게 김개남과 남원 농민군 활동에 대해서 쭉 관심을 기울여 왔습니다. 그런데 김개남이 7월 말 임실 상여암에 머물러 있었다고 합니다. 그런데 머물러 있는 동안의 활동은 전혀 보이지 않습니다. 그런 상황 속에서 「오하기문」의 표현으로는 피서를 갔다고 하는데 거기서 피서하면서 그냥 바람 쐬고 놀고 앉아만 있었겠느냐, 그렇지는 않으리라고 생각합니다. 박찬승 선생님 얘기대로 김개남 영향력하에 있었던 많은 사람들이 거기에 들락거리고 나름대로 그 다음의 활동을 전망하고 계획했으리라 생각됩니다. 그러다가 8월 19일 김개남 영향력하에 있는 농민군들로 남원을 장악하려는 계획하에 남원을 장악하고 남원을 완전히 점령한 상태에서 8월 25일 남원의 김개남 영향력하에 있는 농민군들이 집결한 것이 아닌가? 그래서 나름대로 자기 영향력과 자기 세를 과시하려고 한 것이 아닌가? 그래서 8월 25일 즈음에 커다란 농민군의 집회가, 김개남의 독자적 영향력하에 있던 농민들의 집회가 있었다고 추정합니다. 그리고 그 대회에서 대일항쟁을 누구는 하고 누구는 안 하려고 했다는 얘기가 단정적으로 나누어졌다는 것에는 저도 동의 안 합니다. 그 점에 대해서는 이이화 선생님하고 의견이 같고 농민군 3대 지도자의 「오하기문」의 발언도 철저히 검토해야 한다고 생각합니다만, 잘 아시는 세 가지 발언들은 농민군 3대 지도자들의 지향과 그 당시 정세 판단 이런 것들의 차이를 그런 식으로 대변하는 거라는 생각이 듭니다. 이것으로 마치겠습니다.

박맹수: 송 선생님 간단하게 해 주시지요.

송찬섭: 사금광부 이야기는 사금광부가 절반이 넘는다는 기록이 있어서 저도 상당히 주목하고 있습니다만, 부분적으로 산곡에 많이 모였다는 식의 기사하고 관련지어 보고자 했습니다. 그런데 다른 기록이 없기 때문에 주목은 하고 있습니다만 더 이상 진전시키지 못했습니다. 죄송스럽게 생각합니다.

그리고 『백범일지』는 제가 대충 보았습니다만 김구 선생이 그 당시 나이도 어렸고 그래서 주도적인 위치였을까 하는 의심이 들고 부분적으로는 과장된 표현이 있지 않느냐는 생각에 주의 깊게 봐야 되지 않을까 생각합니다. 안태훈, 노재석과의 관계는 같은 지역이기는 합니다만 노재석의 경우 산포수 쪽이 아닐까 싶어서 어느 정도 직접적인 관련성이 있는지는 잘 모르겠습니다. 그리고 안태훈 경우는 천주교 쪽이고 지주 쪽이기 때문에 일본에 대한 인식 부분이 문제가 되지 않을까 생각합니다. 그래서 속단하기 힘들지만 안중근의 경우 동양평화론에서 보이는 일본에 대한 인식과 연결지어서 볼 때 조금은 비판적으로 볼 필요가 있지 않을까 생각합니다.

그리고 최유현, 임종현의 단자, 감사에게 올린 글을 보면 지금 자료를 안 가지고 와서 확실하게 기억을 못 하겠는데 조희일의 경우 12월에 들어서 부임하기 때문에 조희일에게 보낸 글인지를 확인을 못 했습니다. 그런데 여러 가지 단자를 보면 정현석에 대해 비판적으로 보는 평가도 있지만 또 어떤 경우는 상당히 높이 평가하는 경우도 있기 때문에 일률적으로 어떻다고 파악하기는 힘들지 않을까 생각합니다. 조희일이 농민군을 도와 준 활동은 아직 정확히 파악하지 못했습니다. 자료상으로 더 보충될 수 있으면 이후에 보충하도록 하겠습니다. 이상 마치겠습니다.

박맹수: 강원도, 황해도지역의 동학농민혁명의 전개나 특성들에 대해 몇 가지 중요한 문제들이 제기되었습니다. 그러한 중요한 문제점들을 종합하고 또 아직 해명되지 못한 문제들을 잠시 후에 종합토론에서 좀 더 심도 깊게 다루도록 하겠습니다. 이상으로 제2부 강원도, 황해도지역 사례에 관한 연구 발표 및 질의토론을 모두 마치겠습니다. 약 5분간 쉬었다가 자리가 정리되는 대로 함께 종합토론에 모두 참석해 주시기 바랍니다. 감사합니다.

제3부 종합토론

사회 : 신순철(원광대)
토론 : 박명규/최현식(정읍문화원)/
박찬승/표영삼(천도교 중앙총부)/
신영우/이이화(역사문제연구소)/
이윤갑/박맹수/박준성/송찬섭

박맹수:'동학농민혁명의 지역적 전개와 사회변동'이라는 주제로 어제와 오늘에 걸쳐서 여섯 분의 발표와 그 발표에 대한 여섯 분의 지정토론이 있었습니다. 대체로 어제, 오늘의 발표와 토의를 통해서 정리된 가장 큰 것을 정리한다면 농민전쟁에 대한 인식의 변화가 하나의 성과라는 잠정적인 결론을 내릴 수 있을 것 같습니다. 그것은 다시 말하면 지금까지 동학농민혁명을 전라도 중심 내지는 전라도, 충청도 중심으로 이해해 왔고 또 전봉준, 김개남, 손화중 세 사람의 지도자 중심으로 주로 설명하고 이해해 왔습니다만, 어제, 오늘 발표를 통해서 경상도, 강원도, 경기도, 황해도를 포함한 전국적인 농민전쟁의 과정이었다라는 것이 두드러졌고 지역 사례의 세밀한 검토와 아울러 그 지역사회의 검토는 앞으로도 더 천착할 필요가 있다는 데 공감한 것 같습니다. 특히 지난 주에 있었던 광주 세미나에서도 그렇지만 우리가 지금까지 농민전쟁에 대한 이해는 어제 말씀이 계셨습니다만 1940년대에 쓴 오지영의 「동학사」가 입론한 틀을 크게 벗어나지 못했는데, 어제, 오늘의 발표와 토론은 이제 그것을 조금 수정 내지는 보완할 시기가 되었다는 점을 지적하는 것이었습니다. 어떻게 보면 100주년을 맞는 이번 학술

토론회를 계기로 해서 연구사의 하나의 진전이랄지 앞으로 연구과제가 어떤 부분이 있는가를 확인하게 되었다는 생각을 가질 수 있습니다. 아울러 역사문제연구소가 20권 분량의 방대한 자료집을 금년 9월까지 내놓기로 되어 있기 때문에 이런 지방사 연구는 앞으로 몇 년간에 걸쳐서 충분한 성과가 있으리라고 기대해도 되겠습니다.

농민전쟁 전개의 지역별 차별성

어제, 오늘 발표 내용을 몇 가지로 제 나름으로 요약해 본다면 우선 농민전쟁 과정에서 전라, 충청, 경상, 강원, 황해도지역이 각 지역별로 향촌사회의 사정에서 차별성이 있고 또 농민군 지도부의 형성이나 투쟁 방법과 대상 그리고 집강소를 통한 개혁의 내용이나 개혁의 수준에서 차별성이 분명히 존재한다, 이런 부분이 대체로 얘기가 된 것 같습니다. 그리고 농민전쟁의 시기도 지역에 따라서 약간의 차별성이 존재한다고 하는 것이 확인된 것 같습니다. 거기에서 더 나아가 그럼 이러한 지역별 차별성이 존재하는 원인이 뭐냐 하는 문제까지도 대체로 1890년대의 사회, 경제적인 배경에서 찾을 수 있는 것 같습니다. 가령 상품경제의 발전이라든가 농업 생산성의 차이라든지 또는 향촌사정 부분에서 사족과 빈농의 계급적인 대립관계 내지는 지주제문제, 이러한 요인 등이 대체로 설명이 되었고 그 외에 박명규 선생님의 논의에서 있었듯이 하나의 지역차별성을 규정하는 몇 가지 요인으로 설명이 될 수도 있겠다는 설명이 된 것 같습니다.

농민군 지도부의 형성과 농민군 조직

그리고 또 하나의 문제는 농민군 지도부의 형성문제가 조금은 논의가 되어야 할 부분이라고 생각이 됩니다. 특히 각 지역 사례를 천착하는 과정에서 어제 인적계보를 통한 누층적 구조를 가진 동학교단의 조직 구조가 과연 농민전쟁의 과정에서 그대로 적용이 된 것이냐, 아니면 새로운 조직으로 변화된 것이냐 하는 부분이 조금 논의될 필요가 있을 것 같습니다. 그와 관련해서 특히 서부 경남지역 진주, 하동지역의 경상도 활동이 과연 북접의 지시와 관련이 있는 것이냐, 아니면 더 얘기를 진전시킨다면 호남지역에 귀속될 수도 있지 않느냐는 얘기도 가능할 것 같습니다. 그래서 지도부 형성과 농민군 조직, 이 부분이 두 번째로 논의가 된 것 같습니다. 다음으로는 오늘 제기된 문제입니다만, 농민전쟁 시각과 관련해서 지역 농민항쟁과 전봉준을 중심으로 한 호남 주력군과의 관계에 너무 고심할 필요가 있겠느냐 하는 것입니다. 다시 말해서 각 지역 사례는 지역나름의 문제 해결 방식 내지는 투쟁의 대상과 개혁의 내용을 독자적으로 확보하고 진행한 것 아니겠느냐 하는 문제도 제기되었습니다.

그리고 농민군들이 갑오년 이후에 우리 민족운동과 어떤 관련이 있을 것이라고 생각하는데, 다시 말하면 농민군의 잔여 세력들이 의병운동이나 애국·계몽운동 더 나아가서 3·1운동이나 독립군 활동에도 관계했다고 얘기하는데 이 부분에 대한 확인이 필요하다며, 확인된 한두 가지 사례도 말씀하셨습니다.

그래서 대체로 큰 문제들만 앞에 말씀 드린 몇 가지로 요약을 해봤습니다만, 이런 주제를 대체로 감안하시고 우선 어제, 오늘 토론에서 말씀을 하지 않으셨던 이이화 선생님을 포함해서 네 분 말씀을 먼저 듣고 나서 쟁점을 한두 개만 요약해서 그 문제를 집중적으로 논의해 가기로 하겠습니다.

먼저 토론해 주실 선생님들께 부탁 드릴 말씀은 박맹수 선생님, 이이화 선생님, 표영삼 선생님 그리고 최현식 선생님께는 어제, 오늘 발표와 토론 과정에서 빠진 부분, 다시 말하면 경기도지역과 평안도지역 또는 함경도에는 없었는가 하는 문제하고 전라도지역은 박찬승 선생님께서 남원을 중심으로 말씀해 주셨기 때문에 남원을 제외한 나머지, 특히 전라남도 남부와 서부지역의 활동에 관해서 네 분께서 보완을 해주시라는 부탁을 드리고 전체적인 문제 가운데 제가 요약을 했습니다만 그것을 보완하면서 쟁점을 부각하는 입장에서 말씀을 해주십사 하는 부탁을 드립니다.

그리고 제가 시간 얘기를 또 타령을 했습니다만 1시까지 가려면 지금 열 분의 말씀을 들어야 하는데 한 분이 10분 정도 말씀하시면 끝납니다. 그러니까 10분을 두 차례 정도 나누어서 말씀하신다고 생각하시고 3분 이내에 말씀을 요약해서 해주시면 고맙겠습니다. 대단히 무리한 부탁인 줄 압니다만. 그리고 어제부터 쭉 지켜 보시고 듣고 계신 선생님들 의견을 받기로 약속을 했지만 사실 진행을 하다보니까 한 분도 받을 수가 없었습니다. 그래서 오늘 시간을 할애해서 한두 분이라도 말씀을 듣기로 하고 질의 내용을 서면으로 해서 보내 주시면 함께 처리하는 방법을 택해 보겠습니다. 그런 양해 말씀을 드리고 먼저 이이화 선생님께서 말씀을 해주시지요.

경기, 평안, 함경도지역의 농민항쟁

이이화:어제, 오늘에 걸쳐서 지역 전개에 대해서 발표했는데 아까 사회자가 말씀하신 대로 경기도, 서울 또는 평안도, 함경도가 빠져 있습니다. 사실 내용이 있든 없든 이 지역에 대해서도 일단 짚어 봐야 되는데 별 내용이 없기 때문에 설명만 간단히 하라는 것 같습니다.

경기도지역은 사실 대단히 활발했는데 특히 충청도와 접경지대인 죽산이라든가 안성, 여주, 이천은 관아도 점령한 것으로 나타납니다. 또 경기도 광주에도 상당한 활동이 있었던 것으로 보입니다. 그런데 사례를 보면 경기도 북쪽지방, 파주라든가 그 위 지방에는 거의 나타나지 않는데, 저도 자료를 본다고 봤지만 다 본 것도 아니고 앞으로 더 관심을 기울여야 되는데, 그 위쪽 지방은 경기도 남쪽지방보다 훨씬 덜 나타난다는 것이고 또 서울시 내에도 보이지 않는 활동이 상당히 있었다고 생각됩니다. 왜냐하면 다른 세력들, 서모씨라든가 이런 사람들이 서울 근방에 잠입해서 활동을 했다 하는 것도 있습니다. 그리고 평안도, 함경도지역은 『조선전사』에는 봉기지역을 표시한 것이 나오는데 평안도, 함경도 지역이 여러 군데가 나옵니다. 그런데 그 밑에 '주'가 없어요. 무슨 자료를 보았고 어떻게 해서 이 지역에서 일어났다 하는 것이 없습니다. 그러므로 그 쪽 지역의 구전인지 자료가 있는지를 확인할 길이 없습니다만 아무튼 『조선전사』에는 평안도와 황해도지역이 상당한 봉기지역으로 표시되어 있습니다. 그러나 남쪽에는 거의 자료가 없습니다. 또 동학도 1894년 당시에는 평안도 함경도가 별로 포덕되지 않은 것으로 나타나고 있습니다. 갑오년 이후에는 그 쪽에서 아주 떨쳐져서 여기 천도교의 표 선생님이 계시지만 서북 세력이 나중에 와서는 "천도교를 거의 다 잡았다"라는 말까지 나오지만 그 당시에는 그렇지 않았다 하는 것이고 아마 그 원인은 세 가지로 요약할 수 있겠습니다.

하나는 청·일전쟁이 일어나면서 그 격전지가 평양이었습니다. 그래서 평양사람들은 거의 다 피난은 갔다고 기록에 나옵니다. 피난을 가는데 물론 산악지대로 들어가지요. 그래서 청·일전쟁의 탓도 하나가 있는 것 같고 두번째는 사실 국경지대에 여러 가지 모순이 많이 있었습니다만 그것이 그 당시에는 국지적으로 봉기를 했고 전면적인 조직상태, 가령 산포수문제와의 연계 등 여러 가지 연계가 생겼는데 그런 문제와 연결지어서 볼 때 조직적인 봉기가 더 했다, 그리고 농민군들이 동학 조직을 이용했건 동학을 좋아했건 동학의 역할이 있었는데 그 당시 동학이 그 쪽 지방에 전파되지 않았던 것도 하나의 요인이 되지 않을까 생각됩니다. 안타까운 것은 우리가 통일이 되어서 그 지역에 가서 답사도 하고 현장에 가서 구전자료도 수집해야 하는데 그렇기 때문에 동학농민전쟁을 복원하기 위해서도 통일은 이루어져야겠지요.

신순철:이어서 박맹수 선생님 말씀해 주시지요. 그 부분에 관계되는 내용을.

박맹수:제일 연구를 왕성하게 하시고 연륜이 깊으신 이이화 선생님께서 공부가 부족하다는 말씀을 하시면 아마 저희들은 다 연단을 내려가야 할 것 같은데요. 총론적 수준에서 경기, 함경, 평안도 지역 말씀을 해 주신 것으로 이해가 되고 거기에 덧붙여서 단편적으로 제가 봤던 경기, 평안, 함경도지역의 봉기와 관련된 것을 몇 가지 말씀 드리겠습니다. 우선 경기도지역의 경우에 1893년 보은취회 때 경기도 수원이라든지 용인이라든지 이런 곳에서 수십 명 내지 수백 명 단위의 농민들 또는 동학교도라고 할 수도 있는 이들이 조직적으로 보은취회에 참여하고 돌아간 기록이 분명히 있습니다. 그렇기 때문에 그 이전부터 동학농민혁명이 전개될 만한 일정한 농민들의 조직이라든가 결속이 경기도지역에서도 광범위하게 형성되고 있었다는 것을 보은취회에 관련된 경기도지방의 참여자들 명단을 통해서 분명히 확인할 수 있습니다.

그리고 갑오년에 들어오면 9월에 조정에서 죽산, 안성에서 동학농민군들이 치열하게 반봉건 활동을 하기 때문에 이 지역에 성하영과 이두황을 특별히 안성부사, 죽산부사로 파견해서 진압을 합니다. 그런 내용을 봐도 죽산, 안성, 수원 일대에 농민군들의 활동이 활발했다고 하는 것을 알 수가 있는데 그런 부분에 대한 접근이나 이해가 아직 부족한 것은 기본적으로 그 지역 연구자들의 무관심에 1차 원인이 있습니다. 또 하나 제가 봤던 부분은 서울에 순무영이 설치되어서 농민군을 토벌하기 위한 토벌군들이 남쪽으로 세 길을 통해서 내려오는데 그 세 길의 대부분이 경기도를 다 통과하면서 거기에서 활동하던 농민군들을 1차적으로 진압을 한다는 기록이 이두황의 「양호우선봉일기」에 대단히 다양하고 자세하게 나옵니다. 용인, 안성, 죽산 일대에서 대대적으로 농민군을 체포해서 처형을 하지요. 그러니까 일부 세력은 그렇게 진압을 당하고 일부 세력은 남아서 충청도 진천이라든지 광해원, 청주, 옥천, 청산, 보은까지 남하해서 이른바 북접군으로 합류합니다. 그 지역의 농민군들이 그 쪽에서 버티지 못하고 남으로 토벌군에 밀려와 합류해서 활동하다 보니까 현지에 남아 있는 구전이나 기록들이 취약하고 이런 것들이 경기도지역의 사례를 연구하는 데 어려운 점으로 작용했던 것이 아닌가 합니다. 그러나 이 선생님 말씀대로 다른 지역 못지 않게 경기도 남부지역만큼은 대단히 활발하게 갑오년 이전부터 갑오년 말에 이르기까지 활동했다고 하는 것을 말씀 드릴 수가 있겠습니다.

다음에 평안도지역의 경우에 자료를 보니까 아까 청·일전쟁 말씀을 하셨는데 비교적 후대의 자료입니다만 천도교의 이론가였던 이돈화 선생이라는 분이 있습니다. 야뢰 이돈화라고 『천도교창건사』도 쓰고 광범위한 천도교 이론서들을 쓰신 분인데 그 분이 회고록을 『천도교회월보』에 실어 놓은 대목을 보니 청·일전쟁으로 인해서 그 지역의 농민들이 강원도 또는 황해도 내지는 경기도 같은 이른바 이남으로 많이 피신한 기록들이 보입니다. 그 지역에서도 제가 보기에 다른 지역만큼 활발했다고는 할 수 없어도 일정한 조직적 모습을 띤 농민군들의 봉기가 있었을 것으로 추론되는데 역시 그 지역이 청·일전쟁의 주무대였고 그로 인한 위기의식이 고조되면서 그 지역에 살던 많은 관련자들이 타지역으로 이주해 버림으로써 역시 자료들이 인멸되어 저희가 추적하기에 어렵지 않은가라는 것이 최근에 조규태라고 하는 서강대 사학과 출신의 연구자가 어느 정도 근거를 해명한 부분입니다. 이 지역도 역시 통일 이후에 저희가 더 자세하게 밝혀야 할 것으로 생각되고 함경도지역도 아주 단편적인 사실은 나오지만 봉기가 조직적으로 있었다고 단정하기는 어려운 실정으로 이해가 됩니다. 보완하는 의미에서 몇 말씀 드렸습니다.

신순철:표영삼 선생님 도움 말씀을 주시지요.

표영삼:미안한 말씀입니다만, 저는 어제 신영우 교수님께서 미룬 접포 조직에 대한 얘기로써 시간을 다 쓰고 마치려고 합니다.

신순철:선생님, 그럼 조금 뒤에 말씀해 주시죠. 최현식 선생님, 지역사례를 보완하는 문제에 대해서 말씀해 주시지요.

최현식:사실 발제문을 미리 검토를 했어야 했습니다만, 어제 와서 입수를 했고 또 어제 들은 가운데 몇 가지를 가지고 말씀을 드릴까 합니다.

신순철:선생님, 빠진 지역 얘기가 아니면 조금 후에 말씀을 해주시지요. 죄송합니다. 호남, 전라남도지역을 간단히 박찬승 선생님께서 보완을 해 주시겠습니다.

전라도지역 농민항쟁의 개관

박찬승:어제 제가 호남지방 말씀을 드리면서 그 가운데 주로 남원지방에 대해 말씀 드렸습니다. 따라서 호남지방의 다른 지역 경우에는 충분히 설명을 못 했기 때문에 그 지역에 대해서 말씀을 드릴까 합니다. 농민전쟁이 발발하기 전에 당시 호남지방에 동학 세력이 어떻게 분포해 있었는가 하는 부분은 아직 충분히 밝혀져 있지 않습니다. 다만 현재로서는 1880년대 이후에 오늘날의 전북지방에 동학이 본격적으로 포교되기 시작한 것으로 알려지고 있고 오늘날의 전남지방에는 1880년대 후반부터 1990년대 초에 본격적으로 포교된 것으로 알려져 있습니다. 그런데 호남지방에 포교된 동학의 세력은 흔히 우리가 남접이라고만

알고 있습니다만 사실 호남지방 안에도 남접과 북접이 다 같이 있습니다. 심지어 같은 군현 안에도 남접과 북접 세력이 있었다는 사실이 최근에 밝혀지고 있습니다. 남접 세력은 흔히 남접의 중요한 지도자였던 서장옥, 이 사람은 충청도 사람입니다만 서장옥의 이름을 따서 서포라고 불렸고 북접의 경우에는 최시형의 호인 법헌을 따라서 법포로 불렸던 것 같습니다.

최근에 나온 자료들을 보면 1894년 봄에 전봉준 등이 봉기를 할 때 그것을 "서포가 봉기를 한다, 서포가 기포를 한다" 이런 식으로 이야기를 했던 것 같고 호남지방 내에서도 거기에 대해서 반대하는 최시형 계열의 법포 세력이 있었던 것으로 확인되고 있습니다. 그래서 호남지방에서 봉기했던 서포 계열에 해당되는 지역에 대해서 살펴보면 충청도 쪽에서 연결되는 금산으로부터 시작해서 아래로 고산, 금구, 원평, 태인, 고창, 무장, 장수, 남원 이러한 지역에 걸쳤던 것이 아닌가 생각이 됩니다. 다만 이러한 서포 세력이 현재의 전라남도지역에 어떻게 연결되었는가 하는 부분은 사실 아직 미지수라고 하겠습니다. 최근에 발견된 자료들을 보면 이러한 서포의 기포에 반대해서 우리는 기포하지 말자고 서명했던 접주들이 30여 명이 있었다는 기록이 있습니다. 구체적으로 그들이 어느 지역에 있었는지는 확인되지 않고 있기 때문에 정확히 알 수 없지만 추정할 수 있는 것은 그러한 자료를 소장하고 있던 부안의 김낙철, 김낙봉 형제의 경우에는 확실한 것 같고, 어제도 얘기가 나왔습니다만 임실 같은 지역도 그 쪽 계열이 아니었을까 하고 막연하게 추정해 볼 수 있겠습니다.

봉기 후에 집강소기에 와서는 사실 우리가 동학 세력이라고 부르기보다는 농민군 세력이라고 불러야 할 텐데 농민군 세력은 호남지방에서 어떻게 분포하고 있었을까요? 이때는 자기의 출신 지역을 떠나서 상당한 이동을 합니다. 예를 들어서 전주 일대에는 집강소가 설치되어서 전봉준의 비서인 송희옥이 도집강을 맡게 되고 전주 일대를 관장했던 것으로 보입니다. 또 김개남의 경우에는 자기의 출신 고향인 태인을 떠나 남원으로 이동해서 남원 일대를 관장했습니다. 그래서 그 주변의 순창이라든가 담양, 곡성, 구례 일대에 상당한 세력을 미친 것으로 보입니다. 김덕명의 경우에는 원래 자기의 근거지인 원평을 중심으로 해서 그 지역에 상당한 세력을 떨쳤던 것으로 알려지고 있고 최경선의 경우에는 광주, 나주 일대로 이동해서 그 지역에서 나주성을 함락하는 데 총력을 기울이게 됩니다. 금구 출신인 김인배의 경우에는 순천으로 이동해서 순천, 광양, 하동, 진주 방면으로 세력을 떨치게 됩니다. 또한 장흥 일대에서는 이인환, 이방언, 이사경 등이 그 세력을 여전히 유지하고 있었습니다. 무안, 함평 일대에서는 배상옥이 역시 큰 세력을 갖고 있었습니다. 이처럼 집강소기 이후의 농민군의 세력은 각 권역별로 상당히 이동이 심하다고 말씀 드릴 수가 있겠습니다.

이러한 상황 속에서 집강소기에 반농민군 세력이 결성된 점도 주목해야 된다고 생각합니다. 예를 들어 나주의 경우에는 수성군이 조직되어서 농민군과 여전히 대결하고 있었고 운봉의 경우에도 역시 박봉양을 중심으로 민보군이 결성되어 남원 쪽의 농민군을 견제하고 있습니다. 그 외에도 여수의 좌수영 같은 곳이 농민군이 함락하지 못한 곳이었습니다. 그 밖에 일시 반농민군이 조직되었다가 해산된 곳이 상당히 있습니다. 장수, 곡성, 담양 같은 곳들은 현재 그렇게 확인되는 곳입니다.

집강소기 이후에도 제2차 봉기 이후에 반농민군 세력이 이 지역에서 광범위하게 조직되는데, 앞서 말씀 드린 나주, 운봉, 좌수영에서는 여전히 그 세력을 유지하면서 농민군과 대결했고 마침내 농민군을 압도했습니다. 또한 구례의 경우에는 해학 이기가 봉기를 해서, 의병을 일으켜서 농민군을 진압하는 데 앞장서게 되고 동복의 경우에는 향리 집안인 오씨들이 역시 수성군을 조직해서 최경선의 군대와 싸우게 됩니다. 그리고 강진의 경우에도 유생 김한섭이 이방언의 군대와 맞서 싸우게 됩니다. 이처럼 호남지방 내에서도 마치 농민군이 집강소기 이후에 전 지역을 장악한 것처럼 오해할 수 있습니다만 사실은 그렇지 않습니다. 이 지역도 반농민군의 세력이 만만치 않았다고 말씀 드릴 수 있겠습니다.

그리고 주요한 전투에 대해서 살펴본다면 그 동안 흔히 제1차 봉기시 황토재전투 그리고 황룡촌전투가 주로 언급이 되어 왔습니다만, 그 밖에도 최근에 알려진 나주성전투라든가 하동, 광양, 좌수영전투 그리고 제2차 봉기 이후에 있었던 금산, 진안전투, 고산전투, 원평, 태인전투, 장흥, 강진 병영전투들도 역시 주목해야 한다고 생각합니다. 이상 호남지방의 상황에 대해서 어제 제가 미처 말씀 못 드린 부분을 보충해서 간단히 말씀 드렸습니다.

신순철:빠진 부분에 대한 이해를 그 정도로 하고 최현식 선생님 먼저 말씀을 해주십시오.

전봉준의 9월 재봉기

최현식:어제 박찬승 선생님이 "유복만은 홍양사람이다"라고 하셨는데 유복만은 외금유자를 쓰며 태인사람입니다. 태인의 유복만은 동구내 사람이라고 하는 기록이 있습니다. 동구내라고 하면 태인면에서 한 2km쯤 떨어진 마을인데요. 그래서 거기 가 봤더니 외금유자 유씨들이 많이 살고 있습니다. 그렇기 때문에 한글이 아니고 한문으로 된 외금유자 유복만, 버들유(柳)자 유복만은 어느 경우에 홍양에서 그런 인물이 나왔는가 모르겠습니다만, 외금유자 유를 버들유자 유로 단정짓는 것은 좀 미흡한 점이 있지 않나, 저는 이렇게 생각하고, 신영우 선생님

께 한 가지 말씀을 드립니다.

발표문 가운데 이런 대목이 있어요. "9월에 들어오자 오래 기다렸던 전봉준은 다시 봉기를 결정했다. 무장 활동을 반대하던 교주 최시형도 대세를 받아들여 9월 18일 기포령을 내렸다" 이렇게 나와 있는데요. 여기에 보면 전봉준이 9월에 들어서 봉기를 결정했다, 그러니까 그 전에는 결정을 하지 않고 있다가 9월에 들어서 결정했다, 이런 대목이 나옵니다. 이것을 어떻게 해석하면 전봉준도 9월에서야 봉기를 결심했다 이런 얘기가 되는데요. 전봉준이 이후 7, 8월부터 봉기를 결정했다는 것은 「공초」 기록에도 나오고, 그 얘기를 듣고 나서 각 호남지방을 돌았다는 대목도 나옵니다. 또 한 가지는 전봉준이 9월 봉기에서 삼례에서 일어나 공주, 서울로 가다가 북접과 대치했고, 이 기간이 9월로 되어 있습니다. 그래서 오지영의 「동학사」를 보면, 그 동안의 교섭기간이, 절충기간이 상당히 있었는데 9월 18일에 천도교 최시형 교주의 기포령이 내렸고, 이 날짜가 틀림없다고 본다고 하면 9월쯤이면 이미 논산에 다달았을 때가 아닌가 생각합니다.

그리고 다음은 박준성 선생한테 한 마디 드려야겠습니다. 발표문에 "강원도에서 9월 4일 농민군이 강릉부를 점령했던 것이다" 해 놓고 "이러한 움직임들이 전봉준을 비롯한 농민군 지도부에 영향을 끼쳐 본격적인 제2차 농민전쟁이 전개되었다고 볼 수 있다" 하셨는데, 이 부분은 아까 지정토론에서 이진영 선생님도 지적했습니다만, 제가 다시 이런 얘길 하는 것은 아까 명백한 해명이 없었기 때문에 이 점에 대해서 좀 해명을 해주셨으면 해서입니다. 이상입니다.

신순철: 감사합니다. 세 분 말씀을 따로 듣기보다는 다음에 말씀하실 때 거기에 대한 말씀을 첨언해서 먼저 말씀을 해주시기를 부탁 드립니다. 아까 얘기가 농민군 조직문제와 관련해서 어제 신영우 선생님 발

표에서 어떻든 동학 조직과 농민군 조직의 관련문제, 이 문제를 먼저 몇 분 말씀을 듣기로 하겠습니다. 더구나 동학 내의 서포와 법포문제, 박찬승 선생님이 호남지역 내에도 북접이 있었다 이런 말씀이 계셨기 때문에 우선 표영삼 선생님, 그런 전반적인 문제를 한번 짚어 주시죠.

접·포의 유래와 기능

표영삼: 동학의 조직인 접(接), 포(包)에 대한 이해가 다양하게 나타나고 있습니다. 이것을 알기 위해서는 먼저 최초로 신앙공동체로 발족한 접이 어떻게 이루어졌는가를 먼저 알아야 되고 그 다음에 포가 이루어졌는데 포 조직은 언제 어떻게 이루어졌는가? 그 다음에 하나는 접, 포 조직이 다른 신앙공동체와 동학이 갖는 신념체제를 실현하는 공동체로서 접, 포는 어떻게 다른가? 기능면에서의 차이가 다루어져야 됩니다. 그 다음에는 이 접, 포 조직에 대한 인첩을 누가 주었는가? 육임과 접의 차이는 무엇인가? 이런 것이 다루여져야 되겠고 마지막에는 남, 북접의 실체가 무엇인가? 이렇게 다루어져야 되겠는데 제가 주제를 발표하는 것이 아니고 하나의 의견으로 제시하기 때문에, 교단에서 갖고 있는 의견을 제시하기 때문에 여러 부분에 대해서는 이 얘기를 할 수가 없습니다. 그러니까 10분간만 얘기를 하면 되겠지요?

정확하게 10분간만 될 수 있는 대로 줄여 보겠습니다. 접주가 처음 임명된 것은 1862년 음력으로 10월 그믐날입니다. 흥내에서 약 2km 떨어진 내곡 선동준의 집에서 했습니다. 이 앞뒤의 경위를 보게 되면 수운이 1861년 6월부터 동학의 신념체제를 민중들이 공감하게 하기 위한 포교 활동을 하다가 3개월이 지난 다음에 관으로부터 탄압을 받습니다. 직접 탄압을 받기 때문에 용담에 있지 못하고 이쪽 저쪽 한 두어 달, 정확하게는 한 달 반 가량 남행해서 남원에 도착합니다. 남원에서 약 한 6개월간을 계셨다고 봅니다. 그 다음에 돌아왔는데 용담으로 바로 돌아오지 못하고 박대현의 집에, 경주 근처에 있는 자기 집으로 돌아가지 못하고 거기에 머물면서 관의 동정을 살폈습니다. 그럼에도 불구하고 소문이 나서 사람이 모여 체포당합니다. 그러니까 그 당시는 여러 민란이, 임술년 민란이 많이 날 때인데 체포당하니까 수백 명이 떼를 지어서 영장에 항의를 합니다. 이것은 정운구의 「선전관장계」에도 나타난 기록이고, 교단기록에도 자세하게 나타나는데 다만 인원수에 차이가 있습니다.

이랬는데 한 5일간 있다가 석방이 됩니다. 여러 가지 다짐을 받는데 그 얘기는 생략하고, 그 다음에 용담에 있을 수가 없어요. 있으면 또 사람들이 모여드니까 떠납니다. 이곳 저곳 떠나다가 여러 경로를 통해서 11월 중에 선동준의 집에 갑니다. 이제부터는 용담에 찾아오는 사람을 교육하던 과거의 방법을 쓸 수가 없었습니다. 동시에 공감대를 형성한 민중들이 많이 동학도에 입도를 하기 때문에 혼자서 일일이 교육하고, 교화하고, 조직을 관리할 수가 없는 상황이 되었습니다. 여기에서 생각 끝에 접주를 임명합니다. 서당에서 말한, 유교에서 말한 접장이라고 하지 않고, 또는 보부상들이 말한 접장이라고 하지 않고 '주'라고 했다는 데 상당히 의의가 있습니다만 기록에 의하면 지금 16명 정도가 남아 있습니다. 그보다는 더 많은 접주가 임명되었을 것으로 봅니다만 그것이 후에 기록을 더듬어서 했기 때문에 인간관계나 여러 가지 연락이 있는 사람들만 기억을 더듬어서 썼기 때문에 15~16명만 남아 있지만, 당시에 공감대를 형성한 도인들의 비중을 추상적으로 생각해도 훨씬 많았으리라고 생각합니다.